Chemie *plus*

Gymnasium
Klasse 10
Sachsen

Barbara Arndt, Karin Arnold, Volkmar Dietrich,
Andreas Eberle, Lutz Finke, Uwe Lüttgens

Cornelsen

Volk und Wissen Verlag

AUTOREN
Dr. Barbara Arndt
Dr. Karin Arnold
Prof. Dr. Volkmar Dietrich
Andreas Eberle
Dr. Lutz Finke
Dr. Uwe Lüttgens

HERAUSGEBER
Dr. Karin Arnold, Prof. Dr. Volkmar Dietrich

Unter Planung und Mitarbeit der Verlagsredaktion:
Volkmar Kolleck, Rainer Münch, Heidi Riens, Dr. Claudia Seidel

Dieses Werk ist in allen seinen Teilen urheberrechtlich geschützt.
Jegliche Verwendung außerhalb der engen Grenzen des Urheberrechts bedarf
der schriftlichen Zustimmung des Verlages. Dies gilt insbesondere für
Vervielfältigungen, Mikroverfilmungen, Einspeicherung und Verarbeitung
in elektronischen Medien sowie für Übersetzungen.

Währungsangaben erfolgen in Euro.

Cornelsen im Internet   Volk und Wissen im Internet

http://www.cornelsen.de   http://www.vwv.de/webtipp_chemie.html

ISBN 3-06-031060-2

1. Auflage
5 4 3 2 1 / 07 06 05 04 03
Alle Drucke dieser Auflage sind unverändert und im Unterricht parallel nutzbar.
Die letzte Zahl bedeutet das Jahr dieses Druckes.
© vwv Volk und Wissen Verlag GmbH & Co. OHG, Berlin 2003
Printed in Germany
Illustrationen: Joachim Gottwald, Hans Wunderlich
Sachillustrationen: Marina Goldberg
Layout: Jürgen Brinckmann
Gesamtgestaltung und Einband: Wolfgang Lorenz
Repro: CityRepro, Berlin; Licht & Tiefe, Berlin
Druck und Binden: Universitätsdruckerei H. Stürtz AG, Würzburg

Inhalt

Liste von Gefahrstoffen	5
Naturstoffe	9
Gruppenarbeit Wir untersuchen Fette	10
Fette – wichtige natürliche Ester	11
Gruppenarbeit Wir untersuchen Eiweiße	13
Eiweiße	14
Trauben- und Fruchtzucker	18
Vom Einfachzucker zum Zweifachzucker	20
Projekt Von der Rübe zum Haushaltszucker	22
Stärke und Cellulose	24
Gruppenarbeit Wir untersuchen Nährstoffe	28
Gesundheit Gesunde Ernährung	30
Zusammenfassung	32
Kunststoffe	33
Gruppenarbeit Rund um die Kunststoffe	34
Kunststoffe heute	35
Aus der Welt der Chemie Makromolekulare Stoffe mit Silicium	37
Thermoplaste	38
Duroplaste	40
Elastomere	42
Chemiefasern	44
Umwelt Kunststoffrecycling	46
Zusammenfassung	48

Periodensystem der Elemente	49
Chemische Elemente im Periodensystem	50
Entdeckung und Bestätigung des Gesetzes der Periodizität	52
Periodizität bei den Eigenschaften von Hauptgruppenelementen	54
Metalle und Nichtmetalle	55
Gruppenarbeit Wir untersuchen Oxide und deren wässrige Lösungen	56
Chemische Reaktionen von Oxiden mit Wasser	57
Alkalimetalle	58
Erdalkalimetalle	59
Elemente der IV. Hauptgruppe	60
Aus der Welt der Chemie Silicium und Siliciumdioxid – polymere Stoffe	61
Halogene	62
Zusammenfassung	64
Stickstoffverbindungen	65
Stickstoff als Element der V. Hauptgruppe	66
Ammoniak	68
Technische Herstellung von Ammoniak – die Ammoniaksynthese	70
Aus der Welt der Chemie	
Geschichte der Ammoniaksynthese	72
Kreislauf des Stickstoffs	73
Gruppenarbeit Wir untersuchen Ammoniumverbindungen	74
Ammoniumverbindungen	75
Gruppenarbeit Verwendung von Ammoniumverbindungen	77
Oxide des Stickstoffs	78
Gruppenarbeit Wir untersuchen Salpetersäure	80
Salpetersäure	81
Vom Ammoniak zur Salpetersäure	82
Nitrate – Düngemittel	84
Umwelt Nahrungsnetze – Stickstoffverbindungen im Boden	86
Zusammenfassung	88

Wichtige Grundstoffe und ihre Herstellung — 89

Vom Eisenerz zum Stahl — 90
Vom Eisenerz zum Roheisen — 90
Vom Roheisen zum Stahl — 92

Vom Erdöl zum Kunststoff PVC — 94
Vom Rohöl zum Ethen — 94
Vom Ethen zum Polyvinylchlorid — 96

Vom Kalkstein zum Baustoff — 98
Vom Kalkstein zum Kalkmörtel — 98
Zement und Beton — 100
Gips — 101
Gruppenarbeit Wir untersuchen Baustoffe — 102

Aus der Welt der Chemie Schwefelabbau
 auf Java (Indonesien) — 103
Vom Schwefel zur Schwefelsäure — 104
Vom Schwefel zum Schwefeldioxid — 104
Vom Schwefeldioxid zur Schwefelsäure — 106

Vom Sand zum Glas — 108
Glas – altbewährter Werkstoff — 108
Glas – ein moderner Werkstoff — 110
Umwelt Ausflug zu den Glasbläsern — 112

Anhang — 113

Gefahrensymbole, Gefahrenhinweise — 114
Sicherheitsratschläge — 115
Entsorgung von Gefahrstoffabfällen — 116
Atombau der Elemente — 117

Register — 118

Liste von Gefahrstoffen

Gefahrstoff	Kenn-buchstabe	R-Sätze	S-Sätze	E-Sätze
Aceton (Propanon)	F, Xi	11-36-66-67	(2)-9-16-26	1-10-14
Aluminium, Grieß	F	10-15	(2)-7/8-43	6-9
Aluminium, Pulver	F	15-17	(2)-7/8-43	6-9
Aluminiumbromid, wasserfrei	C	22-34	7/8-26-36/37/39-45	2
Aluminiumchlorid, wasserfrei	C	34	(1/2)-7/8-28-45	2
Aluminiumiodid	C	34	26-36/37/39-45	2
Ameisensäure (Methansäure)				
$w \geq 90\,\%$	C	35	(1/2)-23-26-45	1-10
$10\,\% \leq w < 90\,\%$	C	34	(1/2)-23-26-45	1-10
$2\,\% \leq w < 10\,\%$	Xi	36/38	(1/2)-23-26-45	1-10
Ammoniak, wasserfrei	T, N	10-23-34-50	(1/2)-9-16-26-36/37/39-45-61	2-7
Ammoniaklösung				
$10\,\% \leq w < 25\,\%$	C	34	(1/2)-26-36/37/39-45-61	2
$5\,\% \leq w < 10\,\%$	Xi	36/37/38	(1/2)-26-36/37/39-45-61	2
Ammoniumchlorid	Xn	22-36	(2)-22	1
Anilin (Aminobenzol)	T, N	20/21/22-40-48/23/24/25-50	(1/2)-28-36/37-45-61	10
Bariumchlorid	T	20-25	(1/2)-45	1-3
Bariumchloridlösung				
$3\,\% \leq w < 25\,\%$	Xn	22	(1/2)-45	1
Bariumhydroxid	C	20/22-34	26-36/37/39-45	1-3
Bariumhydroxid-8-Wasser	C	20/22-34	26-36/37/39-45	1-3
Bariumoxid	Xn	20/22-36/38	26	1-3
Blei (bioverfügbar)	T	61-20/22-33	53-45	8
Blei(II)-acetat-3-Wasser	T, N	61-33-40-48/22-50/53-62	53-45-60-61	8-14
Brennspiritus (Ethanol)	F	11	(2)-7-16	1-10
Brom	T+, C, N	26-35-50	(1/2)-7/9-26-45-61	16
Bromethan (Ethylbromid)	F, Xn	11-20/22-40	(2)-36/37	10
Bromwasser $1\,\% \leq w < 5\,\%$	T, Xi	23-24	7/9-26	16
Bromwasserstoff	C	35-37	(1/2)-7/9-26-45	2
Butan	F+	12	(2)-9-16	7
1-Butanol	Xn	10-22-37/38-41-67	(2)-7/9-13-26-37/39-46	10
Butansäure (Buttersäure)	C	34	(1/2)-26-36-45	10
Caesium	F, C	14/15-34	(1/2)-5-8-45	6-12-16
Calcium	F	15	(2)-8-24/25-43	15
Calciumcarbid	F	15	(2)-8-43	15-16
Calciumchlorid	Xi	36	(2)-22-24	1
Calciumhydroxid	Xi	41	22-24-26-39	2
Calciumoxid	Xi	41	22-24-26-39	2
Chlor	T, N	23-36/37/38-50	(1/2)-9-45-61	16
Chlorethan (Ethylchlorid)	F+, Xn	12-40-52/53	(2)-9-16-33-36/37-61	7-12
Chlormethan (Methylchlorid)	F+, Xn	12-40-48/20	(2)-9-16-33	7-12
Chloroform (Trichlormethan)	Xn	22-38-40-48/20/22	(2)-36/37	10-12
Chlorwasser, gesättigt $w = 0,7\,\%$	Xn	20	9-45	16
Chlorwasserstoff	T, C	23-35	(1/2)-9-26-36/37/39-45	2

Gefahrstoff	Kenn-buchstabe	R-Sätze	S-Sätze	E-Sätze
Cyclohexan	F, Xn, N	11-38-50/53-65-67	(2)-9-16-33-60-61-62	10-12
1,2-**D**ibromethan	T, N	45-23/24/25-36/37/38-51/53	53-45-61	10-12
Diethylether (Ether)	F+, Xn	12-19-22-66-67	(2)-9-16-29-33	9-10-12
1,4-Dioxan	F, Xn	11-19-36/37-40	(2)-16-36/37	10-12
Eisen(III)-chlorid	Xn	22-38-41	26-39	2
Eisen(II)-sulfatlösung $w \geq 25\,\%$	Xn	22-38-41	26-39	2
Essigessenz	C	34	(1/2)-23-26-45	2-10
Essigsäure (Ethansäure)				
$w \geq 90\,\%$ (Eisessig)	C	10-35	(1/2)-23-26-45	2-10
$25\,\% \leq w < 90\,\%$	C	34	(1/2)-23-26-45	2-10
$10\,\% \leq w < 25\,\%$	Xi	36/38	23-26	2-10
Essigsäureethylester (Ethylacetat)	F, Xi	11-36-66-67	(2)-16-26-33	10-12
Ethan	F+	12	2-9-16-33	7
Ethanal (Acetaldehyd)	F+, Xn	12-36/37-40	(2)-16-33-36/37	9-10-12-16
Ethanallösung $w \geq 10\,\%$	Xn	36/37-40	(2)-16-33-36/37	9-10-12-16
Ethanol (Brennspiritus)	F	11	(2)-7-16	1-10
Ethen (Ethylen)	F+	12	(2)-9-16-33	7
Ethin (Acetylen)	F+	5-6-12	(2)-9-16-33	7
Fehling'sche Lösung II	C	35	(2)-26-27-37/39	2
Formaldehydlösung s. Methanallösung				
n-**H**eptan	F, Xn, N	11-38-50/53-65-67	(2)-9-16-29-33-60-61-62	10-12
n-Hexan	F, Xn, N	11-38-48/20-51/53-62-65-67	(2)-9-16-29-33-36/37-61-62	10-12
1-Hexen	F	11	9-16-23-29-33	10-12
1-Hexin	F	11	16	10-12
Hydrochinonlösung $w \geq 25\,\%$	Xn	22-40-41-43	(2)-26-36/37/39-61	10
Iod	Xn, N	20/21-50	(2)-23-25-61	1-16
Iodwasserstoff	C	35	(1/2)-9-26-36/37/39-45	1
Kalium	F, C	14/15-34	(1/2)-5-8-45	6-12-16
Kaliumdichromatlösung				
$0{,}5\,\% \leq w < 7\,\%$	T	49-46-43	53-45-60-61	6-12-16
Kaliumhydroxid (Ätzkali)	C	22-35	(1/2)-26-36/37/39-45	2
Kaliumhydroxidlösung (Kalilauge)				
$w \geq 25\,\%$	C	22-35	(1/2)-26-36/37/39-45	2
$5\,\% \leq w < 25\,\%$	C	35	(1/2)-26-36/37/39-45	2
$2\,\% \leq w < 5\,\%$	C	34	(1/2)-26-36/37/39-45	2
$0{,}5\,\% \leq w < 2\,\%$	Xi	36/38	26	1
Kaliumnitrat	O	8	16-41	1
Kaliumpermanganat	O, Xn, N	8-22-50/53	(2)-60-61	1-6
Kaliumpermanganatlösung				
$w \geq 25\,\%$	Xn	22	(2)-60	1-6
Kohlenstoffmonooxid	F+, T	61-12-23-48/23	53-45	7
Kupferacetat	Xn	22		11
Kupfer(II)-chlorid	T	25-36/37/38	37-45	11

Gefahrstoff	Kenn-buchstabe	R-Sätze	S-Sätze	E-Sätze
Kupfer(II)-chloridlösung				
3 % ≤ w < 25 %	Xn	22	37-45	11
Kupfer(I)-oxid	Xn	22	(2)-22	8-16
Kupfer(II)-sulfat	Xn, N	22-36/38-50/53	(2)-22-60-61	11
Kupfer(II)-sulfatlösung w ≥ 25 %	Xn	22-36/38	(2)-22-60	11
Lithium	F, C	14/15-34	(1/2)-8-43-45	15-1
Lithiumchlorid	Xn	22-36/38	26-36	1
Magnesium, Pulver (phlegma-tisiert)	F	11-15	(2)-7/8-43	3
Magnesium, Späne	F	11-15	(2)-7/8-43	3
Mangan(IV)-oxid (Braunstein)	Xn	20/22	(2)-25	3
Methan	F+	12	(2)-9-16-33	7
Methanallösung (Formaldehydlösung)				
w ≥ 25 %	T	23/34/25-34-40-43	(1/2)-26-36/37/39-45-51	10-12-16
5 % ≤ w < 25 %	Xn	20/21/22-36/3738-40-43	(1/2)-26-36/37/39-51	1-10
1 % ≤ w < 5 %	Xn	40-43	23-37	1
0,2 % ≤ w < 1 %	Xi	43	23-37	1
Methansäure s. Ameisensäure				
Methanol	F, T	11-23/24/25-39/23/24/25	(1/2)-7-16-36/37-45	1-10
Natrium	F, C	14/15-34	(1/2)-5-8-43-45	6-12-16
Natriumcarbonat	Xi	36	(2)-22-26	1
Natriumhydroxid (Ätznatron)	C	35	(1/2)-26-37/39-45	2
Natriumhydroxidlösung (Natronlauge)				
w ≥ 5 %	C	35	(1/2)-26-37/39-45	2
2 % ≤ w < 5 %	C	34	(1/2)-26-37/39-45	2
0,5 % ≤ w < 2 %	Xi	36/38	26	1
Natriumnitrat	O	8	16-41	1
Nickel(II)-sulfat-6-Wasser	Xn, N	22-40-42/43-50/53	(2)-22-36/37-60-61	11-12
Nicotin	T+, N	25-27-51/53	(1/2)-36/37-45-61	10-16
Octan	F, Xn, N	11-38-50/53-65-67	(2)-9-16-29-33-60-61-62	10-12
1-Octanol	Xi	36/38	23	10
Oxalsäure	Xn	21/22	(2)-24/25	5
Oxalsäurelösung w ≥ 5 %	Xn	21/22	(2)-24/25	5
Ozon	O, T	34-36/37/38		7
n-Pentan	F+, Xn, N	12-51/53-65-66-67	(2)-9-16-29-33-61-62	10-12
1-Pentanol	Xn	10-20	(2)-24/25	10-14
Petrolether	F	11	9-16-29-33	10-12
Petroleumbenzin	F	11	9-16-29-33	10-12
Phenol	T	24/25-34	(1/2)-28-45	10-12
Phenollösung 1 % ≤ w < 5 %	Xn	21/22-36/38	(1/2)-28-45	10-12
Phosphor, rot	F, N	11-16-50	(2)-7-43-61	6-9
Phosphor(V)-oxid	C	35	(1/2)-22-26-45	2
Phosphorsäure w ≥ 25 %	C	34	(1/2)-26-45	2
10 % ≤ w < 25 %	Xi	36/38	25	1

Gefahrstoff	Kenn-buchstabe	R-Sätze	S-Sätze	E-Sätze
Propan	F+	12	(2)-9-16	7
Propanal	F, Xi	11-36/37/38	(2)-9-16-29	9-10-12-16
1-Propanol	F, Xi	11-41-67	(2)-7-16-24-26-39	10
2-Propanol	F, Xi	11-36-37	(2)-7-16-24/25-26	10
Propanon s. Aceton				
Propansäure (Propionsäure)				
$10\% \leq w \leq 25\%$	Xi	36/37/38	(1/2)-23-36-45	2
Quecksilber	T, N	23-33-50/53	(1/2)-7-45-60-61	6-12-14-16
Resorcin (1,3-Dihydroxybenzol)	Xn, N	22-36/38-50	(2)-26-61	10
Salpetersäure $w \geq 70\%$	O, C	8-35	(1/2)-23-26-36-45	2
$20\% \leq w < 70\%$	C	35	(1/2)-23-26-27	2
$5\% \leq w < 20\%$	C	34	(1/2)-23-26-27	2
Salzsäure $w \geq 25\%$	C	34-37	(1/2)-26-45	2
$10\% \leq w < 25\%$	Xi	36/37/38	(2)-28	2
Sauerstoff	O	8	(2)-17	
Schiffs Reagenz	Xi	36/37	24-26	2
Schwefeldioxid	T	23-34	(1/2)-9-26-36/37/39-45	7
Schwefelsäure $w \geq 15\%$	C	35	(1/2)-26-30-45	2
$5\% \leq w < 15\%$	Xi	36/38	(2)-26	2
Schwefelwasserstoff	F+, T+, N	12-26-50	(1/2)-9-16-28-36/37-45-61	2-7
Schwefelwasserstofflösung				
$0{,}1\% \leq w \leq 1\%$	Xn	20	(1/2)-9-28-45-61	2
Schweflige Säure				
$5\% \leq w \leq 10\%$	Xi	36/37/38	24-26	2
Silbernitrat	C, N	34-50/53	(1/2)-26-45-60-61	12-13-14
Silbernitratlösung				
$5\% \leq w < 10\%$	Xi	36/38	(1/2)-26-45-60	12-13-14
Silberoxid	O, Xi	8-41-44	26-39	12-13-14
Stickstoffdioxid	T+	26-34	(1/2)-9-26-28-36/37/39-45	7
Stickstoffmonooxid	T+	26/27	45	7
Tetrachlormethan	T, N	23/24/25-40-48/23-52/53-59	(1/2)-23-36/37-45-59-61	10-12
Toluol	F, Xn	11-20	(2)-16-25-29-33	10-12
Trichlormethan (Chloroform)	Xn	22-38-40-48/20/22	(2)-36/37	10-12
Wasserstoff	F+	12	(2)-9-16-33	7
Wasserstoffperoxidlösung				
$w \geq 60\%$	O, C	8-34	(1/2)-3-28-36/39-45	1-16
$20\% \leq w < 60\%$	C	34	(1/2)-28-36/39-45	1
$5\% \leq w < 20\%$	Xi	36/38	(1/2)-28-36/39-45	1
Zinkbromid	C, N	34-50/53	26-60-61	1-11
Zinkchlorid	C, N	34-50/53	(1/2)-7/8-28-45-60-61	1-11
Zink, Pulver (stabilisiert)		10-15	(2)-7/8-43	3
Zink, Staub	F	15-17	(2)-7/8-43	3
Zinksulfat	Xi, N	36/38-50/53	(2)-22-25-60-61	1-11
Zinn(II)-chlorid	Xn	22-36/37/38	26	1-11

Naturstoffe

Kohlenhydrate, Fette und Eiweiße sind die wesentlichen Bestandteile der menschlichen Nahrung. Kohlenhydrate werden in Pflanzen durch Fotosynthese aufgebaut. Sie dienen ebenso wie Fette den Lebewesen zur Energiegewinnung und Energiespeicherung. Haare, Haut, Knochen – Eiweiße sind entscheidende Aufbaustoffe im Organismus.

→ Was sind Kohlenhydrate?
→ Welche Nahrungsmittel sind reich an Kohlenhydraten?
→ Welche Eigenschaften haben Eiweiße und welche Bedeutung besitzen sie für das menschliche Leben?
→ Wie lassen sich Fette darstellen und gewinnen?

Wir untersuchen Fette

Fette sind lebensnotwendig für die menschliche Ernährung. Welche Eigenschaften besitzen Fette? Wie lassen sich Fette in Nahrungsmitteln nachweisen und wie lassen sich pflanzliche Fette gewinnen?

EXPERIMENT 1 [S]
Führe die Fettfleckprobe durch.
Verstreiche jeweils einen Tropfen verschiedener Öle, Wasser und Ethanol (F) auf weißem Papier. Streiche wenig Butter, Margarine und Schmalz ebenfalls auf ein weißes Papier. Halte das Papier gegen das Licht. Vergleiche Öl- und Fettflecke mit denen von Wasser und Ethanol.

1 In vielen Pflanzensamen sind Fette enthalten.

EXPERIMENT 2 [S]
Stelle fest, welche Stoffe Fett enthalten.
Zerkleinere im Mörser verschiedene Nüsse, Sonnenblumenkerne, Mohn, verschiedene Getreidekörner, Obstkerne, Obststücke, Kohlrabistücke und Kartoffelstücke. Verreibe davon jeweils eine kleine Probe auf einem weißen Papier und ebenfalls Proben von Käse, Wurst, Fleisch, Brot und Honig. Lasse die Flecken trocknen und halte das Papier gegen das Licht. Stelle die Ergebnisse in einer Übersicht zusammen. Deute die Ergebnisse hinsichtlich des Fettanteils der Proben.

2 Oliven – die beste Qualität des Olivenöls wird durch Kaltpressen erhalten.

EXPERIMENT 3 [S]
Untersuche die Löslichkeit von Fetten.
Gib je 1 ml Pflanzenöl und je 1 g Butter in 3 ml Wasser, 3 ml 10%ige Salzsäure (Xi), 3 ml Ethanol (F), 3 ml Heptan (F, Xn, N) und 3 ml Petroleumbenzin (40 bis 60 °C, F). Schüttle die verschlossenen Gläser kräftig. Interpretiere die Beobachtungsergebnisse.

EXPERIMENT 4 [S]
Gewinne Öl durch Extrahieren.
Zerkleinere verschiedene Nüsse, Sonnenblumenkerne, Bucheckern, Mohn und Leinsamen in einem Mörser. Fülle 10 g der zerriebenen Proben in jeweils ein Becherglas. Gib in jedes Glas 15 ml Petroleumbenzin (40 bis 60 °C; F) und stelle die Gläser in einen Abzug. Rühre mit einem Glasstab etwa 5 min um. Filtriere anschließend und lasse die Gläser so lange im Abzug stehen, bis das Petroleumbenzin (40 bis 60 °C; F) verdampft ist. Prüfe Farbe und Geruch der Proben.

Entsorgung

Reste der Samen und der Lebensmittel in Sammelbehälter für Hausmüll.
Öl, Heptan, Alkohol und Petroleumbenzin in Sammelbehälter II.
Salzsäure in Sammelbehälter für Abwasser.

AUFTRÄGE

1. Zerkleinert verschiedene Nüsse, Sonnenblumenkerne, Bucheckern, Mohn und Leinsamen. Presst die zerkleinerten Stücke mithilfe einer Knoblauchpresse, in die jeweils ein kleines Leinenläppchen gelegt wurde, damit keine festen Stoffe hindurchgelangen können. Fangt die austretenden Flüssigkeiten mit Uhrgläsern auf. Prüft Farbe und Geruch der Proben und führt die Fettfleckprobe durch.
2. Sammelt Beispiele für pflanzliche und tierische Fette und Öle. Legt dazu eine Tabelle an.
3. Informiert euch über den Fettanteil von Lebensmitteln. Fertigt eine Übersicht an. Errechnet, wie viel Fett jeder täglich mit der Nahrung aufnimmt.
4. Plant ein Experiment zum Löseverhalten von orangenem Möhren-Carotin. Führt es nach Rücksprache durch und interpretiert das Ergebnis.

Fette – wichtige natürliche Ester

Fette sind in jeder lebenden Zelle enthalten. Bei Tieren findet sich Fettgewebe besonders unter der Haut sowie in der Bauchhöhle und in der Nähe von Organen, z. B. der Leber. Damit können die Tiere Zeiten mit einer geringeren Nahrungsaufnahme überbrücken. Beim Wal bildet das Fett eine dicke Isolationsschicht, es erleichtert so das Konstanthalten der Körpertemperatur und dient als Energiereserve. Zur Versorgung der Jungtiere enthält die Milch von Säugetieren Fett in Form fein verteilter Tröpfchen. Die Milch eines Wals besteht aus bis zu 50 % Fett. Mehrere hundert Liter dieser fettreichen Milch trinkt ein Walbaby täglich.

Pflanzen speichern Fett besonders in Samen und im Fruchtfleisch. Beispiele sind Kokosnuss, Oliven, Erdnüsse, Palm- und Sonnenblumenkerne, Sojabohnen und Leinsamen. Auch hier dient das Fett als Energiereserve. Fette sind für den Menschen wichtige Nährstoffe und dürfen in der Nahrung deshalb nicht fehlen.

EXPERIMENT 2 [L]
Brennbarkeit von Fetten.
Vorsicht! Schutzbrille!
In je eine Porzellanschale wird 1 ml Speiseöl und 1 g Butter gegeben. Die Schale wird auf einem Drahtnetz sehr stark erhitzt. Über die Schale wird ein langer brennender Holzspan gehalten.

EXPERIMENT 3 [L]
Löschversuch von brennendem Fett.
Vorsicht! Hinter einer Schutzscheibe arbeiten!
Etwas Speiseöl oder Kokosfett wird in einem Porzellantiegel erhitzt und entzündet. Aus einer Spritzflasche mit einem mindestens 60 cm langen Glasrohr ist Wasser auf das brennende Fett zu spritzen.

EXPERIMENT 1 [S]
Untersuche einen Milchtropfen unter dem Mikroskop.
Gib einen Tropfen Vollmilch auf einen Objektträger. Bedecke den Tropfen mit einem Deckglas und betrachte ihn unter dem Mikroskop. Zeichne das zu sehende Bild.
Entsorgung: Objektträger und Deckglas wieder verwenden.

Eigenschaften von Fetten. Tierische und pflanzliche Fette gibt es in fester und flüssiger Form, z. B. Kokosfett und Leinöl. In der Chemie wird die feste Form als **Fett** und die flüssige Form im Unterschied zu Mineralölen als **fettes Öl** bezeichnet.

Fette verursachen auf Papier durchscheinende Flecke. Diese **Fettfleckprobe** wird zum Nachweis von Fetten genutzt. Fette sind in Wasser nicht, in einigen unpolaren Lösemitteln dagegen gut löslich. Einige natürliche Farbstoffe lösen sich gut in Fetten, was zum Färben von Butter, Margarine oder Speiseeis mit Carotin ausgenutzt wird. Fette emulgieren in Seifenlösungen. Diese Eigenschaft wird zur Herstellung vieler Kosmetika und Cremes, aber auch von Majonäsen genutzt. Fette sind brennbar und können sich beim Erhitzen auf über 300 °C selbst entzünden. Fettbrände müssen durch Abdecken der Flammen und dürfen niemals mit Wasser gelöscht werden.

1 Schweine speichern viel Fett.

Naturstoffe

Bedeutung von Fetten. Fette haben einen hohen Sättigungswert, da ihr Energiegehalt mit 39 kJ/g mehr als doppelt so hoch ist wie der Energiegehalt der gleichen Masse Kohlenhydrate und Eiweiße. Sie dienen als Nahrungsmittel, verbessern deren Geschmack und lösen die Vitamine A, D und E. Fette sind Ausgangsstoffe zur Gewinnung von Glycerol und Fettsäuren, die wichtige Grundstoffe bei der Waschmittelherstellung sind. Außerdem dienen Fette der Herstellung von Kraftstoffen, z.B. dem Biodiesel.

Einteilung und Bau von Fetten. Fette werden nach ihrem Vorkommen in pflanzliche und tierische Fette eingeteilt. Sie sind Glycerolester (Glycerinester), die durch chemische Reaktion der drei Hydroxylgruppen des Glycerolmoleküls mit den Carboxylgruppen von drei Fettsäuremolekülen entstehen können. Pflanzliche Fette enthalten Fettsäuren mit gerader Anzahl von Kohlenstoffatomen im Molekül, tierische Fette können auch eine ungerade Kohlenstoffanzahl enthalten.

1 Majonäsen sind Fettemulsionen.

Formel eines Fettmoleküls	Molekülreste der enthaltenen Fettsäuren
$CH_2-O-OC-C_{17}H_{33}$	Ölsäuremolekülrest
$CH\ -O-OC-C_{17}H_{35}$	Stearinsäuremolekülrest
$CH_2-O-OC-C_{15}H_{31}$	Palmitinsäuremolekülrest

Bei festen Fetten, z. B. Butter und Kokosfett, sind überwiegend gesättigte Fettsäuren verestert. Bei fetten Ölen überwiegen ungesättigte Fettsäuren. In **gesättigten Fettsäuren** sind die Kohlenstoffatome im Alkylrest durch Einfachbindung gebunden. Zu ihnen gehören kurzkettige Fettsäuren mit mindestens vier Kohlenstoffatomen im Molekül wie Buttersäure und **höhere Fettsäuren** wie Stearinsäure mit 18 Kohlenstoffatomen im Molekül. **Ungesättigte Fettsäuren** enthalten mindestens eine Doppelbindung im Alkylrest, z. B. Ölsäure, oder mehrere Doppelbindungen, z. B. Linol- und Linolensäure. Mehrfach ungesättigte Fettsäuren haben als **essenzielle Fettsäuren** (lat. essentialis – lebensnotwendig) Bedeutung für den Fettstoffwechsel. Essenzielle Fettsäuren sind vom Organismus nicht synthetisierbar und müssen mit der Nahrung aufgenommen werden.
Durch den Nachweis von Mehrfachbindungen in den Fettmolekülen lässt sich feststellen, ob im Fett ungesättigte Fettsäuren verestert sind. Auch die Kettenlänge der Fettsäuren hat Einfluss auf die Eigenschaften des Fetts.

EXPERIMENT 4 [L]
Nachweis ungesättigter Fettsäuren in Fetten und fetten Ölen.
In Heptan (F, Xn, N) gelöstes Butterfett, Kokosfett, Leinöl und Olivenöl werden mit 3%igem Bromwasser (T, Xi) kräftig geschüttelt.

> Fette sind Gemische verschiedener Carbonsäureester des Glycerols.

Bildung und Abbau von Fetten. Bleibt Butter längere Zeit offen in der Wärme stehen, wird sie ranzig. Es lässt sich eine saure Reaktion nachweisen, u.a. ist Butansäure entstanden. Fette können wie alle Ester durch Reaktion mit Wasser gespalten werden. Dabei entstehen Glycerol und Fettsäuren.
Im Organismus findet neben dem Abbau auch die Bildung von Fetten statt. Bei gesunden Menschen befinden sich Fettabbau und Fettaufbau in einem Gleichgewicht. Wird aber deutlich mehr Nahrung aufgenommen als der Körper benötigt, ist dieses Gleichgewicht gestört. Die Nahrung wird umgewandelt und als Körperfett gespeichert. Fettabbau und Fettaufbau finden im Stoffwechsel unter Einwirkung von Enzymen statt.

$$\text{Fett} + \text{Wasser} \xrightleftharpoons[\text{Fettbildung}]{\text{Fettabbau}} \text{Glycerol} + \text{Fettsäuren}$$

AUFGABEN

1. Welche Unterschiede bestehen zwischen tierischen und pflanzlichen Fetten und fetten Ölen?
2. Informiere dich über Fette und fette Öle, die besonders viel essenzielle Fettsäuren enthalten.
3. Ermittle, wovon es abhängt, ob Fette, z. B. Butter, Schmalz, Kokosfett, Olivenöl und Sonnenblumenöl, bei Zimmertemperatur fest, halbfest oder flüssig sind.
4. Fettflecke lassen sich nicht mit Wasser, aber gut mit Alkohol entfernen. Begründe.

Wir untersuchen Eiweiße

Eiweiße, auch Proteine genannt (griech. proteuo – ich nehme den ersten Platz ein), sind wesentliche Aufbaustoffe aller Lebewesen. Welche Eigenschaften besitzen Eiweiße? Wie kann man Eiweiße experimentell nachweisen? Welche Lebensmittel enthalten besonders viel Eiweiß?

EXPERIMENT 1 [S]
Untersuche das Verhalten von Eiweiß bei starkem Erhitzen.
Abzug! Erhitze ein Stück gekochtes Hühnereiweiß in einem Reagenzglas sowie Haare und Fingernägel in einem anderen Reagenzglas. Halte über die entweichenden Dämpfe (T) feuchtes Universalindikatorpapier, feuchtes Bleiacetatpapier und blaues Cobaltchloridpapier.
Betrachte den Rückstand im Reagenzglas, stelle vorsichtig den Geruch fest und notiere mögliche Färbungen der Papierstreifen.

EXPERIMENT 2 [S]
Untersuche das Verhalten von Eiweiß beim Erhitzen, bei Zusatz von Säuren und bei Zusatz von Alkohol.
Gib je 2 ml Eiklar eines Hühnereis in drei Reagenzgläser. Erhitze ein Glas, setze zu einem Glas 2 ml Ethanol (F) und zu dem dritten einige Tropfen 10 %ige Salzsäure (Xi) zu.
Vergleiche und diskutiere die Ergebnisse.

1 Eiweiß beim Erhitzen

EXPERIMENT 3 [S]
Versetze Eiweiß mit Kupfersulfatlösung und Natriumhydroxidlösung.
Schüttle 2 ml Eiklar eines Hühnereis, 2 ml 10 %ige Natriumhydroxidlösung (C) und 4 Tropfen 5 %ige Kupfersulfatlösung in einem Reagenzglas. Notiere die Beobachtung.

EXPERIMENT 4 [S]
Untersuche das Verhalten von Eiweiß bei Zusatz von Schwermetallsalzen.
Gib in drei Reagenzgläser jeweils 5 ml Eiklar. Füge unter Schütteln je 5 ml 2 %ige Kupfersulfatlösung bzw. 10 %ige Chrom(III)-sulfatlösung hinzu.
Betrachte die Gläser und notiere die Beobachtungsergebnisse.

Entsorgung

Reste von Farbstoffen und Nachweispapieren in Sammelbehälter für Hausmüll, Kupfer- und chromhaltige Lösungen in Sammelbehälter I „Anorganische Chemikalienreste" und übrige Lösungen in Sammelbehälter für Abwasser.

AUFTRÄGE

1. Der Mensch hat einen bestimmten täglichen Eiweißbedarf. Wozu muss man Eiweiße mit der Nahrung aufnehmen? Vergleicht euren Eiweißbedarf mit dem von Kleinkindern und älteren Menschen. Durch welche Faktoren wird der Eiweißbedarf beeinflusst? Aus welchen Quellen soll das Eiweiß zur Deckung des Bedarfs in der menschlichen Nahrung stammen? Fertigt dazu Übersichten in Posterform an.
2. Sammelt Beispiele für pflanzliche und tierische Eiweiße.
3. Informiert euch über Möglichkeiten, Eiweiß in Lebensmitteln experimentell nachzuweisen.
4. Ermittelt anhand von Materialien aus der Verbraucherzentrale, aus Bibliotheken oder von Ernährungsberatungsstellen Lebensmittel mit hohem Eiweißgehalt. Fertigt dazu eine tabellarische Übersicht an.

Eiweiße

Eiweiße im menschlichen Körper:
Muttermilch etwa 1 %
Muskelgewebe etwa 18 %
Blut etwa 21 %
Knochen etwa 28 %
Haut etwa 95 %
Haare und Fingernägel etwa 90–100 %

1 Eiweiße im menschlichen Körper

2 Die hauchdünnen Fäden eines Spinnennetzes werden aus Eiweißstoffen gebildet.

3 Lupinen sind eiweißreiche Futterpflanzen.

Vorkommen und Bedeutung von Eiweißen. Eiweiße oder Proteine finden sich in Wolle, Haaren, Hörnern, Hufen und Nägeln, in Knochen und in Milch, aber auch in Seidenfäden der Seidenraupe oder von Spinnen, in Vogeleiern und in Schalen von Weichtieren. Mehr als 50 % der Trockenmasse bei Mensch und Tier bestehen aus Eiweiß.

Pflanzliches Eiweiß ist besonders in den Samen und Knollen von Pflanzen gespeichert, z. B. zu 2 % in Kartoffelknollen, in Getreidekörnern zu 10 bis 12 %, in Sojabohnen zu 36 % und in Lupinensamen zu 37 %.

Eiweiße bestimmen die Struktur und Funktion jeder Zelle im Organismus. Sie sind am Stoffwechsel als Enzyme, Hormone und Regulatoren beteiligt und spielen eine wichtige Rolle bei der Fortpflanzung und der Vererbung der Lebewesen. Auch Schlangengifte, Bienen- und Wespengifte sowie bakterielle Giftstoffe enthalten Eiweiße.

Eiweißhaltige Stoffe sind wichtige Nahrungsmittel für den Menschen und Futtermittel für Tiere. Besonders zu Beginn des 21. Jahrhunderts spielt die artgerechte Fütterung von Tieren bei der Fleischproduktion eine zunehmende Rolle. Die Verwendung von tierischem Eiweiß in Futtermitteln für Pflanzenfresser, z. B. in Form von Tiermehl, wird beispielsweise für das Ausbrechen der Rinderkrankheit BSE verantwortlich gemacht. Auch der Einsatz von Enzymen, Hormonen und bestimmter Pharmazeutika bei der Tierfütterung kann mit großen Risiken für die menschliche Ernährung verbunden sein und ist deshalb verboten.

Einige Eiweiße werden bei der Herstellung von Kosmetika, in der Waschmittelindustrie und als Schaumbildner bei Feuerlöschern eingesetzt.

Eigenschaften von Eiweißen. Eiweiße werden bei starkem Erhitzen und bei Erhitzen mit Natriumhydroxid zerstört. Reaktionsprodukte sind dabei unter anderem Ammoniak, Schwefelwasserstoff und Wasser. Bei vorsichtigem Erhitzen gerinnen Eiweiße, bei Zugabe von Alkohol, Säuren und Schwermetallsalzen flocken sie aus. Dabei werden die Strukturen der Eiweiße verändert. Dadurch verlieren sie ihre biologische Wirksamkeit, weshalb diese Vorgänge als **Denaturierung** bezeichnet werden. Eier werden durch Kochen, Milch durch Gerinnen denaturiert. Denaturiertes Eiweiß aus Lebensmitteln kann leichter vom Körper verwertet werden.

Übermäßiger Alkoholgenuss schädigt das Eiweiß in den Körperzellen, besonders der Leber und des Gehirns. Starke Hitze schädigt besonders die Hautzellen.

EXPERIMENT 5 [L]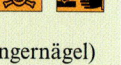
Erhitzen von Eiweiß mit Natriumhydroxid.
Festes Eiweiß (Haare, Fingernägel) wird mit Natriumhydroxidplätzchen (C) stark erhitzt.
Die Dämpfe (T) werden mit feuchtem Universalindikatorpapier und feuchtem Bleiacetatpapier geprüft.

Eiweiße

Aminosäuren – Bausteine der Eiweiße. Eiweiße sind makromolekulare Naturstoffe, die die Elemente Kohlenstoff ($w \approx 50\%$), Wasserstoff ($w \approx 7\%$), Stickstoff ($w \approx 16\%$), Sauerstoff ($w \approx 25\%$) und Schwefel ($w \approx 2\%$) in fast konstantem Verhältnis enthalten. Werden Eiweiße hydrolytisch gespalten, entstehen Aminosäuren, die die Grundbausteine aller Eiweiße bilden. In einem Eiweißmolekül können weit über 100 Aminosäurereste verknüpft sein, sodass die molare Masse $6 \cdot 10^3$ bis etwa $4 \cdot 10^7$ g/mol betragen kann.

EXPERIMENT 6 [S]
Untersuche das Verhalten von Aminosäuren beim Erhitzen sowie bei Zugabe von Säuren und Basen.
Gib jeweils eine Spatelspitze verschiedener Aminosäuren auf eine Magnesiarinne und erhitze stark. Beobachte.
Gib je 1 g Alanin in 3 Reagenzgläser. Gib in das erste Reagenzglas 5 ml Wasser, in das zweite 5 ml 10 %ige Salzsäure (Xi) und in das dritte 10 ml 10 %ige Natronlauge (C). Vergleiche die Beobachtungen.
Entsorgung: Feste Rückstände in Sammelbehälter für Hausmüll, Lösungen in Sammelbehälter für Abwasser.

EXPERIMENT 7 [S]
Untersuche die Reaktion von Aminosäuren mit Ninhydrin.
Löse in zwei Reagenzgläsern je eine Spatelspitze Glycin und Alanin in 5 ml Wasser. Versetze die Lösungen mit 1 ml 1 %iger Ninhydrinlösung und erwärme leicht. Versetze außerdem 5 ml 10 %ige Essigsäure (Xi) mit 1 ml Ninhydrinlösung und erhitze ebenfalls.
Vergleiche die Beobachtungsergebnisse.
Entsorgung: Lösungen in Sammelbehälter II.

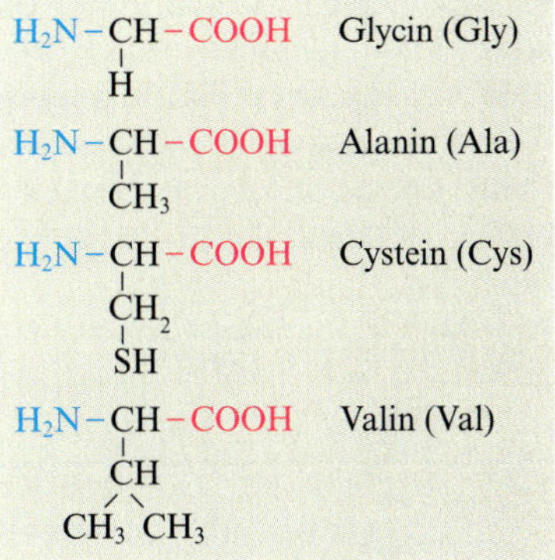

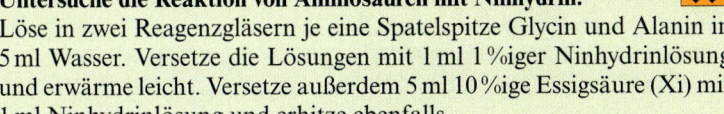

1 Verschiedene Aminosäuren

2-Aminosäure: Allgemeine Formel und funktionelle Gruppen

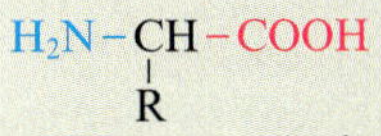

$H_2N-CH-COOH$
       $|$
       R

$-NH_2$ Aminogruppe
$-COOH$ Carboxylgruppe

Beispiele:
Name	R (Molekülrest)
Serin (Ser)	$-CH_2OH$
Lysin (Lys)	$-(CH_2)_3-CH_2-NH_2$
Glutaminsäure (Glu)	$-CH_2-CH_2-COOH$

Eigenschaften von Aminosäuren. Aminosäuren sind bei Zimmertemperatur feste, kristalline Stoffe. Sie sind gut in Wasser und schlecht in unpolaren Lösemitteln löslich. Bei starkem Erhitzen zersetzen sie sich und verbrennen vollständig.
Aminosäuren zeigen mit Ninhydrin eine intensive violette Farbreaktion. Diese Reaktion ist ein empfindlicher Nachweis für Aminosäuren.
Aminosäuren sind amphoter (griech. *amphóteros* – jeder von beiden). Das bedeutet, dass sie sich je nach Reaktionspartner als Säure oder als Base verhalten können. Aufgrund der Carboxylgruppe im Molekül können sie wie andere Carbonsäuren mit Hydroxidlösungen Salze bilden. Wegen der Aminogruppe im Molekül können sie wie andere Basen mit Säuren ebenfalls Salze bilden.

Molekülstruktur von Aminosäuren. Aminosäuren gehören zu den organischen Verbindungen, deren Moleküle mehrere funktionelle Gruppen haben. Aminosäuren sind Carbonsäuren, in deren Molekülen mindestens eine **Carboxylgruppe (−COOH)** und eine **Aminogruppe (−NH₂)** enthalten sind. In der Natur kommen über 500 verschiedene Aminosäuren vor. Von besonderer Bedeutung sind die 20 Aminosäuren, aus denen alle Eiweiße aufgebaut sind. Bei diesen Aminosäuren befindet sich die Aminogruppe am zweiten Kohlenstoffatom im Molekül, dem Kohlenstoffatom neben der Carboxylgruppe.
Aminosäuren besitzen historisch entstandene Namen, deren Verwendung international üblich ist, z. B. Glycin – Aminoethansäure; Alanin – 2-Aminopropansäure; Serin – 2-Amino-3-hydroxypropansäure.

AUFGABEN

1. Informiere dich, welche Aminosäuren zu den Bausteinen der Eiweiße gehören.
2. Fertige eine Übersicht mit besonders eiweißhaltigen Lebensmitteln an.
3. Um verschiedene Lebensmittel miteinander vergleichen zu können, wurde der Begriff „biologische Wertigkeit" eingeführt. Informiere dich im Internet oder in anderen Informationsquellen, was darunter zu verstehen ist.
4. Begründe die Notwendigkeit, täglich Eiweißstoffe mit der Nahrung aufzunehmen.

Essenzielle Aminosäuren. Acht Aminosäuren, bei Kleinkindern sogar 10, können vom menschlichen Organismus nicht aus anderen Stoffen hergestellt werden. Diese so genannten **essenziellen Aminosäuren** müssen über die Nahrung zugeführt werden. Beispiele für essenzielle Aminosäuren sind Valin, Leucin und Lysin. Nicht essenzielle Aminosäuren kann der Organismus selbst aufbauen, das sind z. B. Glutamin, Glycin, Alanin und Serin.

Strukturformeln von Aminosäuremolekülen		
Glutaminsäure (Glu)	Serin (Ser)	Phenylalanin (Phe)
$H_2N-CH-COOH$ $\quad\ \ \ \vert$ $\quad\ \ \ CH_2$ $\quad\ \ \ \vert$ $\quad\ \ \ CH_2$ $\quad\ \ \ \vert$ $\quad\ \ \ COOH$	$H_2N-CH-COOH$ $\quad\ \ \ \vert$ $\quad\ \ \ CH_2$ $\quad\ \ \ \vert$ $\quad\ \ \ OH$	$H_2N-CH-COOH$ $\quad\ \ \ \vert$ $\quad\ \ \ CH_2$ $\quad\ \ \ \vert$ $\quad\ \ \ C_6H_5$

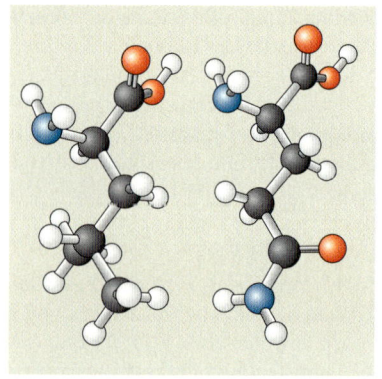

2 Molekülmodelle der essenziellen Aminosäure Leucin und der nicht essenziellen Aminosäure Glutamin

Peptide. Bei der Bildung von Peptiden wird Wasser in einer Kondensationsreaktion abgespalten. Ein Dipeptidmolekül besitzt immer noch mindestens eine Carboxyl- und eine Aminogruppe. Es kann deswegen mit weiteren Aminosäuren reagieren, sodass längere Peptidketten entstehen. Alle Peptide besitzen in ihren Molekülen als Strukturmerkmal $-\mathbf{CO-NH}$-Gruppen. Diese werden als **Peptidgruppen** bezeichnet. Peptide aus vielen Aminosäuremolekülresten (zwischen 10 und 100) werden als **Polypeptide** bezeichnet. Sie gehören zu den **makromolekularen Stoffen** (griech. makros – groß).

Aminosäure	+ Aminosäure	→ Dipeptid	+ Wasser
$H_2N-CH-COOH$ $\quad\ \ \ \vert$ $\quad\ \ \ H$ Glycin (Gly)	$+ H-N-CH-COOH$ $\quad\ \ \vert\quad\ \ \vert$ $\quad\ \ H\ \ CH_3$ Alanin (Ala)	$\to H_2N-CH-\overset{O}{\underset{\vert}{C}}-N-CH-COOH$ $\qquad\quad\ \vert\qquad\ \vert\quad\ \vert$ $\qquad\quad\ H\qquad H\ CH_3$ Dipeptidmolekül Gly-Ala	$+ H_2O$

Aminosäuren sind Carbonsäuren mit mindestens einer Carboxylgruppe und einer Aminogruppe im Molekül. Aminosäuren reagieren unter Bildung von Wassermolekülen zu Peptidmolekülen.

Vielzahl der Kombinationen

Tripeptide aus Glycin (Gly) und Alanin (Ala) ($2^3 = 8$ Möglichkeiten)

Gly-Gly-Gly	Gly-Gly-Ala
Gly-Ala-Gly	Ala-Gly-Gly
Ala-Ala-Ala	Ala-Ala-Gly
Ala-Gly-Ala	Gly-Ala-Ala

Für ein Peptid aus 3 verschiedenen Aminosäuren bei einer Peptidlänge von 10 Aminosäuren ergeben sich $3^{10} = 59\,049$ Möglichkeiten.

1 Nahrungsmittel mit hohem Eiweißanteil

Eiweiße

Bau von Eiweißen – Abbau von Eiweißen. Eiweiße sind makromolekulare Stoffe, die aus Polypeptidmolekülen bestehen. In jedem Polypeptidmolekül sind teilweise mehr als 100 Aminosäuremolekülreste durch die Peptidgruppe miteinander verbunden. Die Verknüpfungsmöglichkeiten bei 100 Aminosäuremolekülresten von 20 verschiedenen Aminosäuren im Polypeptidmolekül ergeben 20^{100} mögliche Strukturen, eine unvorstellbare Anzahl. Im menschlichen Organismus finden sich über 100 000 verschiedene Eiweiße. Eiweiße werden im Verdauungssystem bei Einwirkung von Enzymen (z. B. Pepsin) und Salzsäure unter Wasseraufnahme gespalten. Diese als **Hydrolyse** bezeichnete Reaktion ist die Umkehrung der Kondensation. Die beim Abbau der Eiweiße im Organismus entstehenden Spaltprodukte, Peptide und Aminosäuren, lassen sich an viele Stellen im Körper transportieren, wo sie zu körpereigenen Eiweißen auf- und umgebaut werden.

> **EXPERIMENT 8** [L]
> **Reaktion von konzentrierter Salpetersäure mit Eiweiß.**
> Auf gekochtes Hühnereiweiß und in Eiklar werden einige Tropfen konzentrierte Salpetersäure (C) gegeben.

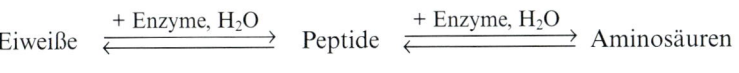

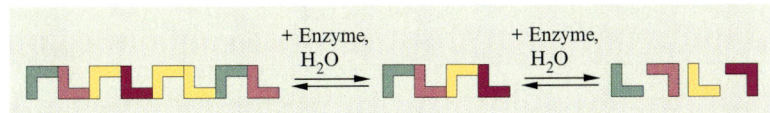

> Eiweiße bestehen aus langen Molekülketten, die aus sehr vielen, durch die Peptidgruppe verbundenen Aminosäuremolekülen aufgebaut sind.

Nachweis von Eiweißen. Eiweiße reagieren mit konzentrierter Salpetersäure unter Gelbfärbung. Diese als **Xanthoproteinreaktion** bezeichnete Reaktion dient dem Nachweis von Eiweißen. Mit Kupfersulfat- und Natriumhydroxidlösung reagieren Eiweiße unter Violettfärbung. Alle Stoffe mit Peptidgruppen reagieren auf diese Weise. Dieser Nachweis für Peptidgruppen in Peptiden und in Eiweißen wird als **Biuret-Reaktion** bezeichnet.

Eiweiß und Nahrung. Der menschliche Körper setzt bei Stoffwechselreaktionen täglich etwa 300 g an Eiweißen um. Dabei werden Eiweiße bei Wachstumsvorgängen zum Aufbau neuer Zellen, z. B. beim Haarwachstum, benötigt. Defekte Zellen, z. B. Hautzellen, werden aber auch regelmäßig abgebaut. Zur Deckung des Eiweißbedarfs reichen die Spaltprodukte des Eiweißabbaus jedoch nicht aus. Deshalb benötigen Erwachsene täglich etwa 50 bis 60 g Eiweißzufuhr durch die Nahrung, das entspricht einem Richtwert von 0,8 g Eiweiß je Kilogramm Körpergewicht für einen gesunden Menschen. Kinder und Jugendliche haben wegen des Wachstums und des damit verbundenen Aufbaus an Körpersubstanz einen Bedarf von 1,2 bis 2,0 g Eiweiß je Kilogramm Körpergewicht.

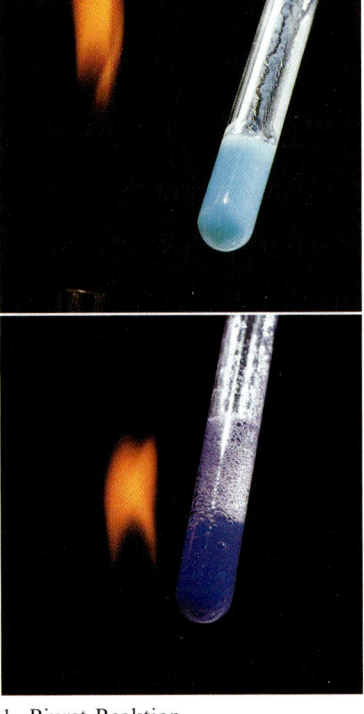

1 Biuret-Reaktion

AUFGABEN

1. Für die menschliche Ernährung werden essenzielle und nicht essenzielle Aminosäuren unterschieden. Kennzeichne die Begriffe und gib für jede Gruppe drei Beispiele mit Namen und Formeln an.
2. Formuliere eine Reaktionsgleichung für die Darstellung eines Tripeptidmoleküls aus Glycin, Alanin und Serin.
3. Vergleiche die Peptidbildungs- mit der Esterbildungsreaktion.
4. Nenne Strukturmerkmale, die einen Ester bzw. ein Peptid kennzeichnen.
5. Erläutere am Beispiel der Bildung und des Abbaus von Eiweißen die Begriffe Kondensation und Hydrolyse.

Trauben- und Fruchtzucker

Die Süße in Weintrauben, Orangen und vielen anderen reifen Früchten entsteht durch Fotosynthese von grünen Pflanzen. Die Süße rührt vom **Traubenzucker** (Glucose) und einem weiteren Zucker, dem **Fruchtzucker** (Fructose) her. Was aber sind Zucker?

> **EXPERIMENT 9** [S]
> **Erhitze Traubenzucker und Fruchtzucker.**
> *Abzug!* Fülle zwei trockene Reagenzgläser jeweils 1 cm hoch mit Traubenzucker und Fruchtzucker. Erhitze erst vorsichtig, dann kräftiger. Prüfe das Kondensat an der Reagenzglaswand mit Watesmo-Indikatorpapier.
> Wiederhole den Versuch mit Haushaltszucker, Stärke und Zellstoffwatte. Beschreibe deine Beobachtungen. Leite Schlussfolgerungen daraus ab.
> *Entsorgung:* Reste in Sammelbehälter für Hausmüll.

Glucose und Fructose – Kohlenhydrate. Trauben- und Fruchtzucker zersetzen sich beim Erhitzen. Sie verkohlen. Dabei bildet sich Wasserdampf. Das gleiche Ergebnis zeigt sich bei der Zersetzung von Traubenzucker durch Schwefelsäure. Auch Haushaltszucker, Stärke und Cellulose verhalten sich beim Erhitzen oder gegenüber Schwefelsäure ähnlich. Alle diese Beobachtungen lassen den Schluss zu, dass diese Stoffe mindestens aus den Elementen Kohlenstoff, Wasserstoff und Sauerstoff bestehen.
Die Summenformel von Glucose und Fructose lautet $C_6H_{12}O_6$. Früher wurde als Formel auch manchmal dafür $C_6(H_2O)_6$ geschrieben. Von solchen Darstellungen leitet sich die Bezeichnung **Kohlenhydrate** für die ganze Stoffgruppe ab. Da viele Stoffe der Kohlenhydrate süß schmecken, werden sie auch **Zucker** oder **Saccharide** (lat. saccharum – Zucker) genannt.

> **EXPERIMENT 10** [S]
> **Ermittle Eigenschaften von Glucose und Fructose.**
> Untersuche die Löslichkeit von Glucose und Fructose in Wasser und in n-Heptan (F, Xn, N). Prüfe die Flüssigkeiten mit Universalindikatorpapier und auf elektrische Leitfähigkeit.
> Notiere deine Beobachtungen. Deute das Ergebnis.
> *Entsorgung:* Heptanhaltige Flüssigkeiten in Sammelbehälter II, andere Flüssigkeiten in Sammelbehälter für Abwasser.

> **EXPERIMENT 11** [L]
> **Einwirkung von konzentrierter Schwefelsäure auf Glucose.**
> *Abzug!* In einem hohen Becherglas wird etwas Traubenzucker mit 96%iger Schwefelsäure (C) versetzt.

Schon gewusst?

Die im Blut gelöste Glucose wird als Blutzucker bezeichnet. Der Normalwert der Blutzuckerkonzentration weist im Laufe des Tages in Abhängigkeit von den Mahlzeiten natürliche Schwankungen auf. Die Konzentration liegt beim gesunden Menschen zwischen 70 und 115 mg Glucose pro 100 ml Blut. Eine ständig erhöhte Blutzuckerkonzentration tritt bei der Zuckerkrankheit (Diabetes mellitus) auf.

Eigenschaften von Glucose und Fructose. Glucose ist ein weißer, kristalliner Stoff mit süßem Geschmack, der in Wasser gut löslich, in unpolaren Lösemitteln unlöslich ist. Glucoselösungen reagieren neutral und leiten den elektrischen Strom nicht.
Glucose ist energiereich, im Organismus leicht transportierbar und am Stoffwechsel von Menschen, Tieren und Pflanzen beteiligt.
In vielen Eigenschaften ähnelt Fructose der Glucose. Eine Fructoselösung schmeckt aber z. B. süßer als eine Glucoselösung bei gleichem Masseanteil. Sie kristallisiert aus wässrigen Lösungen schlecht aus und bildet stattdessen sirupartige Flüssigkeiten.

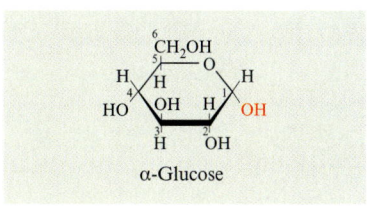

1 Strukturformel des Glucosemoleküls

2 Strukturformel des Fructosemoleküls

Bau der Moleküle von Glucose und Fructose. Im Molekül der Glucose sind sechs Kohlenstoffatome durch Einfachbindungen miteinander verbunden. Sie bilden eine unverzweigte Kette mit fünf Hydroxylgruppen und einer Aldehydgruppe am endständigen Kohlenstoffatom. Die Hydroxylgruppen im Glucosemolekül bedingen das hydrophile Verhalten der Glucose und rufen außerdem ihren süßen Geschmack hervor.
Weitere Untersuchungen haben gezeigt, dass die Glucosemoleküle auch ringförmig vorliegen können. Beim Glucosemolekül schließen sich dabei das erste und das fünfte Kohlenstoffatom über ein Sauerstoffatom zu einem Sechsring zusammen. Nach der Stellung der Hydroxylgruppe am 1. Kohlenstoffatom wird zwischen α-Glucose- und β-Glucosemolekülen unterschieden.
In wässrigen Lösungen liegen Moleküle aller drei Formen nebeneinander vor, wobei der Anteil der Moleküle in den Ringformen 99 % beträgt. In kristallisierter Glucose kommen die Moleküle nur in der Ringstruktur vor. Die Ringstruktur der Moleküle wird meistens in einer vereinfachten ebenen Form dargestellt.
Fructosemoleküle kommen ebenfalls in Ketten und Ringform vor. Anstelle der Aldehydgruppe im Glucosemolekül enthält das Fructosemolekül am 2. Kohlenstoffatom eine **Ketogruppe** $>\!C = O$.
Glucose und Fructose sind **Isomere**. Glucose und Fructose zählen aufgrund ihres Molekülbaus zu den **Einfachzuckern**, den **Monosacchariden**.

EXPERIMENT 12 [S]
Prüfe Glucose und Fructose mit FEHLING'scher Lösung.
Vorsicht! Schutzbrille! Gib 2 ml FEHLING'sche Lösung (C) in ein Reagenzglas. Füge 2 ml Glucoselösung zu und erhitze im siedenden Wasserbad 5 min. Prüfe anschließend eine Glucoselösung mit Glucoseteststäbchen. Wiederhole die Experimente mit Fructoselösung.
Notiere deine Beobachtungen. Vergleiche die Ergebnisse.
Entsorgung: Lösungen filtrieren. Filtrate in Sammelbehälter für Abwasser, Niederschläge in Sammelbehälter I.

Nachweis. Glucose und Fructose wirken reduzierend, daher kann zum Nachweis FEHLING'sche Lösung verwendet werden. Dabei bildet sich ein rotbrauner Niederschlag.
In der Medizin wird Glucose spezifisch mittels Teststäbchen nachgewiesen. Die Glucoseteststäbchen zeigen durch eine Farbreaktion die Anwesenheit und den Konzentrationsbereich der Glucose im Harn an.

> Glucose und Fructose sind Monosaccharide. Ihre Moleküle treten in Ketten- und Ringform auf. Sie sind Bausteine der Kohlenhydrate.

AUFGABEN

1. Erläutere anhand der Fotosynthese die Bildung von Glucose.
2. Informiere dich über die Verwendung von Glucose und Fructose.
3. Wie kann sicher nachgewiesen werden, ob ein süß schmeckendes Getränk Glucose enthält?
4. Glucose und Fructose haben die gleiche Summenformel. Wodurch unterscheiden sich die Moleküle beider Stoffe? Notiere die Formel und erläutere.
5. Glucose ist ein wichtiger Energiespender. Begründe.

Vom Einfachzucker zum Zweifachzucker

1 Mandel- und Sesamkrokant

Schon gewusst?

Der Name **Krokant** kommt vom französischen croquer „knabbern". Um Mandel- oder Sesamkrokant herzustellen, müsst ihr in einem Pfännchen 30 g Zucker und 20 g Butter erhitzen, 100 g Mandelstifte bzw. Sesam zugeben und goldbraun karamellisieren. Anschließend die Masse auf einer geölten Fläche abkühlen lassen. Guten Appetit!

Saccharose – unser Haushaltszucker. Der im Haushalt zum Kochen und Backen fast unentbehrliche Zucker heißt Saccharose. Nach seiner Herkunft wird er auch **Rohrzucker** oder **Rübenzucker** genannt.
Wie unterscheidet sich Saccharose von Glucose?

EXPERIMENT 13 [S]
Ermittle Eigenschaften von Saccharose.
Gib in ein Reagenzglas 2 g Saccharose. Erhitze vorsichtig bei kleiner Flamme bis zur Schmelze. Untersuche danach die Löslichkeit von Saccharose in Wasser und in Petroleumbenzin (F). Prüfe die Flüssigkeiten mit Universalindikatorpapier und auf elektrische Leitfähigkeit.
Notiere deine Beobachtungen. Welche Schlussfolgerungen lassen sich aus ihnen ableiten?
Entsorgung: Petroleumbenzinhaltige Flüssigkeiten in Sammelbehälter II, andere Flüssigkeiten in Sammelbehälter für Abwasser.

2 Zuckerrohr

EXPERIMENT 14 [S]
Prüfe eine Saccharoselösung mit FEHLING'scher Lösung.
Vorsicht! Schutzbrille! Löse 2 g Haushaltszucker in 6 ml Wasser. Teile diese Lösung in 3 gleiche Portionen. Prüfe die erste Probe mit FEHLING'scher Lösung (C). Gib in die 2. und 3. Probe einige Tropfen 10 %ige Salzsäure (Xi). Erhitze vorsichtig bis zum Sieden. Neutralisiere die Proben nach Abkühlung mit 10 %iger Natronlauge (C). Prüfe anschließend die 2. Probe mit FEHLING'scher Lösung (C) und die 3. Probe mit Glucoseteststäbchen. Vergleiche die Ergebnisse.
Entsorgung: Lösungen filtrieren, Flüssigkeiten in Sammelbehälter für Abwasser, Niederschläge in Sammelbehälter I.

Schon gewusst?

Bienen spalten die im Nektar enthaltene Saccharose in ein Gemisch aus Fructose und Glucose, den Bienenhonig.
Dieser Vorgang verläuft mithilfe von Enzymen.
Auch im menschlichen Verdauungstrakt ist ein Saccharose spaltendes Enzym vorhanden.

Saccharose gleicht in vielen Eigenschaften dem Trauben- bzw. Fruchtzucker. Sie bildet weiße Kristalle, löst sich sehr gut in Wasser, jedoch nicht in unpolaren Lösemitteln, wie z. B. in Petroleumbenzin. Saccharoselösungen reagieren neutral und leiten den elektrischen Strom nicht.

Vom Einfachzucker zum Zweifachzucker

Beim Erhitzen karamellisiert Zucker. Der geschmolzene Zucker nimmt dabei eine braune Farbe und einen besonderen Geschmack an.
Die Saccharoselösung zeigt mit FEHLING'scher Lösung keine Reaktion. Wird sie aber unter Säurezugabe erhitzt, verläuft die Reaktion wie auch die Prüfung mit Glucoseteststäbchen positiv. Beim Erhitzen mit Säure wird Saccharose unter Aufnahme von Wasser in Einfachzucker gespalten (**Hydrolyse**), wobei die Säure als Katalysator wirkt. Die Untersuchung der Reaktionsprodukte zeigt, dass Saccharosemoleküle aus je einem Molekül Glucose und Fructose gebildet werden.
Zucker, die aus zwei Monosaccharidmolekülen aufgebaut sind, werden als **Zweifachzucker** oder **Disaccharide** bezeichnet. Alle Disaccharide liegen nur in Ringform vor und haben die **Summenformel $C_{12}H_{22}O_{11}$**.

$$C_{12}H_{22}O_{11} + H_2O \underset{\text{Kondensation}}{\overset{\text{Hydrolyse}}{\rightleftharpoons}} C_6H_{12}O_6 + C_6H_{12}O_6$$
Saccharose   Glucose   Fructose

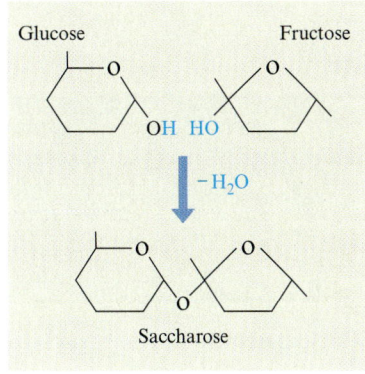

3 Vereinfachte Darstellung der Bildung von Saccharose

1 Nahrungsmittel, die Malzzucker enthalten

2 Vollmilch enthält 4 bis 5 % Milchzucker.

Zweifachzucker aus Malz und Milch. Maltose (Malzzucker) kommt in der Natur in keimendem Getreide und in Kartoffelkeimen vor. Sie ist im Malzextrakt und im Malzbier enthalten. Malzzucker schmeckt weniger süß als Rohrzucker.
Maltose hat wie alle Disaccharide die Formel $C_{12}H_{22}O_{11}$, ihre Moleküle sind aber anders aufgebaut als z. B. Saccharosemoleküle. Im Maltosemolekül sind zwei α-Glucosemoleküle miteinander verknüpft. Ein Maltosemolekül wird deshalb durch Hydrolyse in zwei Glucosemoleküle gespalten. Dieser Vorgang verläuft im Stoffwechsel von Lebewesen unter dem Einfluss von Enzymen.

$$C_{12}H_{22}O_{11} + H_2O \longrightarrow 2\ C_6H_{12}O_6$$
Maltose   Glucose

Das Disaccharid **Lactose** (Milchzucker) $C_{12}H_{22}O_{11}$ bildet farblose Kristalle und schmeckt noch weniger süß als Malzzucker. Lactose ist ein wichtiger Bestandteil der Säuglingsnahrung. In der Muttermilch beträgt der Milchzuckeranteil 5 bis 7 %. Milchzucker wird aus tierischer Milch gewonnen. Von der Milch werden zunächst Rahm und Eiweiß abgetrennt. Aus der verbliebenen Molke kristallisiert schließlich Lactose aus.
Ein Lactosemolekül ist aus Molekülen der Einfachzucker Galactose und Glucose aufgebaut.

> Disaccharide sind Kohlenhydrate, deren Moleküle aus zwei Monosaccharidbausteinen bestehen. Sie lassen sich durch Hydrolyse wieder in Monosaccharide spalten.

Schon gewusst?

Manche Menschen bevorzugen synthetisch hergestellte Süßstoffe, wie Saccharin, Cyclamat oder Aspartam.
Sie besitzen eine stärkere Süßkraft als Rohrzucker, aber keinen entsprechenden Brennwert. Ihre Verwendung ist allerdings nicht unumstritten.

AUFGABEN

1. Stelle mithilfe eines Molekülbaukastens die Bildung eines Saccharosemoleküls dar.
2. Wende die Begriffe Hydrolyse und Kondensation auf die Bildung und Spaltung von Malzzucker an.
3. Erkunde den Maltosegehalt (Massenanteil) in verschiedenen Biersorten.
4. Nenne Isomere des Kohlenhydrats $C_{12}H_{22}O_{11}$.

Von der Rübe zum Haushaltszucker

1 Zuckergewinnung um 1600

Zucker ist etwas ganz Selbstverständliches in unserem Leben. Jeder kennt ihn und weiß, was gemeint ist, wenn jemand im Café nach Zucker verlangt. Doch wo kommt der Zucker eigentlich her?

Planung. Bei der Durchführung eines Projekts lassen sich diese und viele weitere Fragen beantworten. Hier einige weitere Anregungen:
„Jede Pflanze enthält Zucker." Ist das richtig? Warum wird Zucker bei uns aus Zuckerrüben gewonnen? Warum gibt es keinen Kirschzucker? Wie entsteht der Zucker in der Rübe und wie wird er gewonnen? Welche technologischen Verfahren spielen bei der Zuckergewinnung eine Rolle?
Wo befinden sich in Deutschland die wichtigsten Anbaugebiete? Welche Länder erzeugen überhaupt Zucker? Wie viel Tonnen Zucker werden heute pro Jahr in Deutschland oder weltweit produziert?
Welche Rolle spielte der Zucker in der Geschichte der Menschheit? Wie groß ist unser Zuckerkonsum? Was ist Invertzucker? Wird die Zuckerkrankheit (Diabetes mellitus) durch Zuckerverzehr hervorgerufen? Was bewirkt Zucker in unserem Körper?

Arbeiten am Projekt. Zur Bearbeitung des Projekts können Arbeitsgruppen gebildet werden. Nutzt Lehr- und Fachbücher und das Internet zur Informationsrecherche. Zuckerfabriken stellen sicherlich auch Material zur Thematik zur Verfügung. Sucht auch nach Experimenten entsprechend euren gewählten Themenkomplexen. Auch eine Exkursion in ein Zuckermuseum könnte hilfreich sein.

2 In der verdickten Wurzel der Zuckerrübe ist Zucker gespeichert.

Von der Rübe zum Haushaltszucker

EXPERIMENT 1 [S]
Gewinne Rohsaft aus Zuckerrüben.
Reinige eine frische Zuckerrübe mit Wasser. Schäle sie und zerkleinere sie mit einem Gurkenhobel. Lauge die Rübenschnitzel in heißem Wasser aus. Beachte, dass der entstehende Saft noch viele Verunreinigungen enthält.
Dicke ihn im Wasserbad unter ständigem Rühren ein, bis ein zäher Sirup entsteht. Verdünne eine Portion des Sirups mit Wasser und schüttle sie danach mit gekörnter Aktivkohle.

Info
100 kg Zuckerrüben ergeben:
12 bis 15 kg Zucker
3,4 kg Melasse
45 kg feuchte Rübenschnitzel

EXPERIMENT 2 [S] (Xn, Xi, N)
Prüfe Saccharose mit Seliwanoff-Reagenz.
Gib in je ein Reagenzglas eine reichliche Spatelspitze gemörserten Würfelzucker, Puderzucker und Feinzucker. Löse die Proben in je 2 ml destilliertem Wasser und versetze sie danach mit 5 ml Seliwanoff-Reagenz (Resorcin-Salzsäure-Gemisch) (Xn, Xi, N). Schüttle vorsichtig und stelle anschließend die Proben für 1 min in ein siedendes Wasserbad. Führe eine Blindprobe durch.
Wiederhole den Versuch mit etwas Sirup aus dem Experiment 1.

EXPERIMENT 3 [S] (Xn, Xi, N)
Löse Würfelzucker in Wasser und gewinne ihn wieder zurück.
Wiege zwei Stück Würfelzucker und löse sie in 30 ml Wasser.
Überlege, wie der Zucker zurückgewonnen werden könnte. Plane das Experiment und führe es durch. Bestimme die Masse des rückgewonnenen Zuckers. Führe als Nachweis für den Haushaltszucker den Test mit Seliwanoff-Reagenz durch.
Erkunde zu Hause die Süßkraft von Haushaltszucker, Trauben- und Fruchtzucker.

1 Andreas Sigismund Marggraf (1709 bis 1782) entdeckte 1747 den Zucker in der Runkelrübe.

EXPERIMENT 4 [S]
Stelle Karamell und Zuckercouleur her.
Erhitze unter ständigem Rühren etwa 30 g Zucker in einem hellen Topf, bis sich der Zucker goldbraun gefärbt hat. Gieße einen Teil der Masse in eine Porzellanschale. Erhitze weiter, bis der Zucker dunkelbraun ist. Gib diese Masse ebenfalls in eine Porzellanschale. Löse den Rest der Masse vollständig in heißem Wasser auf.
Erkunde die Bedeutung dieser Zuckersorten.
Was versteht man unter „glasieren"? Plane den Versuch und führe ihn zu Hause durch.

Präsentation der Ergebnisse. Stellt die Ergebnisse und Schlussfolgerungen den anderen Arbeitsgruppen vor. Überlegt, welche Ergebnisse in Form eines Posters einem größeren Publikum vorgestellt werden könnten. In einem Vortrag, unter Einbeziehung der Eltern, könnten auch die hergestellten Produkte präsentiert werden. Eine weitere Möglichkeit ist sicherlich, die Ergebnisse für eine Internetseite aufzubereiten.
Überprüft auch, ob und wie ihr euer Projektziel erreicht habt und welche Konsequenzen sich für weitere Projektarbeiten ableiten lassen.

Info
Zuckersüße Tipps
– Speisen süßen, solange sie heiß sind.
– Säurehaltige Speisen erst nach dem Kochen süßen.
– Pikante Speisen wie Salate, Gemüse, Wildgerichte mit einer Prise Zucker würzen.
– Konfitüren und Gelees mit Gelierzucker statt normalem Zucker schmecken fruchtiger, sind aber nicht so lange haltbar.

Stärke und Cellulose

Wie überleben Pflanzen Mangelzeiten?
Die Pflanzen legen hierfür einen Nährstoffvorrat an. Einer der wichtigsten Reservestoffe ist die Stärke. Sie wird in Knollen, Wurzelstöcken, Stämmen, Samen und Früchten gespeichert.

EXPERIMENT 15 [S]
Untersuche das Verhalten von Stärke in Wasser.
Rühre in einem Becherglas etwa 5 g trockene Kartoffelstärke zu einem dünnen Brei an. Erhitze in einem zweiten Becherglas 100 ml Wasser bis zum Sieden. Gieße den Brei unter ständigem Rühren langsam in das siedende Wasser und lasse abkühlen. Beschreibe deine Beobachtungen. Streiche mit einem Pinsel etwas von der Masse auf ein Blatt Papier und falte es. Entfalte das Blatt nach einer halben Stunde.
Entsorgung: Feste Stoffe in Sammelbehälter für Hausmüll, Flüssigkeiten in Sammelbehälter für Abwasser.

EXPERIMENT 16 [S]
Untersuche Nahrungsmittel auf Stärke.
Mische etwa 3 g Stärke mit 100 ml Wasser. Koche die Lösung kurz auf und lasse sie abkühlen. Gib danach einige Tropfen Iod-Kaliumiodid-Lösung zu. Erwärme dann die Lösung und kühle sie anschließend unter fließendem Wasser wieder ab. Beschreibe deine Beobachtungen.
Prüfe nun Kartoffeln, Mehl, Reis und Käse auf Stärke. Zerreibe eine kleine Menge des Nahrungsmittels im Mörser. Gib davon kleine Stoffportionen in ein Reagenzglas mit etwa 5 ml Wasser. Erhitze bis zum Sieden, kühle bis auf Zimmertemperatur ab und versetze die Proben mit je einem Tropfen Iod-Kaliumiodid-Lösung. Deute das Ergebnis.
Entsorgung: Feste Stoffe in Sammelbehälter für Hausmüll, Flüssigkeiten in Sammelbehälter für Abwasser.

Eigenschaften und Nachweis von Stärke. Stärke ist ein weißer fester Stoff, der sich beim Erhitzen zersetzt. In kaltem Wasser löst sich die Stärke kaum, in heißem etwas besser. Im warmen Wasser quillt sie zu einer klebrigen Masse auf, dem Stärkekleister. Stärke kann durch die **Blaufärbung** mit **Iod-Kaliumiodid-Lösung** nachgewiesen werden. Diese Färbung verschwindet beim Erhitzen und erscheint beim Abkühlen erneut.

Schon gewusst?

Stärke wird in Pflanzenzellen in Form von 5 bis 200 µm großen Stärkekörnern gespeichert. Jede Pflanzenart bildet dabei für sie typische Kornformen. Diese lassen sich leicht gewinnen und mikroskopieren. Beispielsweise wird eine Kartoffel einfach gerieben und anschließend durch ein Tuch gepresst. Die Stärkekörner lassen sich dann leicht durch Sedimentieren und Dekantieren aus dem Filtrat gewinnen. Bei 100- bis 200facher Vergrößerung lassen sich die Formen unter dem Mikroskop leicht betrachten.

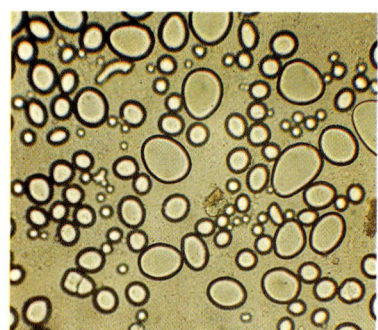

1 Kartoffelstärkekörner

2 Iod-Kaliumiodid-Lösung auf Stärkepulver

Stärke und Cellulose

> **EXPERIMENT 17** [S]
> **Prüfe eine Stärkelösung mit FEHLING'scher Lösung.**
> *Vorsicht! Schutzbrille!* Gib etwa 2 ml Stärkekleister in ein Reagenzglas und prüfe mit einem Glucoseteststäbchen und mit FEHLING'scher Lösung (C). Beobachte.
> Fülle zwei weitere Reagenzgläser mit je 2 ml Stärkekleister. Versetze die Proben mit 2 ml 10%iger Salzsäure (Xi). Erhitze etwa 3 min im siedenden Wasserbad. Neutralisiere die Proben nach Abkühlung mit 10%iger Natronlauge (C). Prüfe danach mit FEHLING'scher Lösung (C) und mit Glucoseteststäbchen. Vergleiche die Ergebnisse.
> *Entsorgung:* Reaktionsgemische mit Niederschlägen dekantieren, Flüssigkeiten in Sammelbehälter für Abwasser, Niederschläge und Lösungen in Sammelbehälter I.

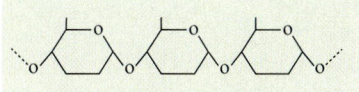

1 Vereinfachte Strukturformel eines Stärkemoleküls (Ausschnitt)

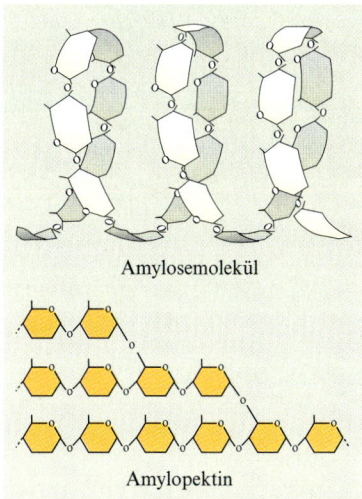

2 Ausschnitt aus einem Stärkemolekül

Bau der Moleküle von Stärke. Bei der Prüfung von Stärke mit FEHLING'scher Lösung oder Glucoseteststäbchen lässt sich keine Glucose nachweisen. Nach Erhitzen mit Säure fällt die Prüfung positiv aus. Die Stärke wird bei diesem Vorgang durch Hydrolyse in Glucose aufgespalten, die sich nachweisen lässt. Stärkemoleküle sind nämlich ausschließlich aus α-Glucosemolekülresten aufgebaut. In der Stärke sind jeweils mehrere tausend Glucosemolekülreste zu **Makromolekülen** (griech. makros – groß) miteinander verbunden. Deshalb wird sie auch als **Vielfachzucker** oder **Polysaccharid** (griech. poly – viel) bezeichnet.

Die Größe der Stärkemoleküle ist bei den einzelnen Pflanzenarten unterschiedlich. Für Stärke kann deshalb die **allgemeine Summenformel $(C_6H_{10}O_5)_n$** angegeben werden.

$$\text{Stärke} + \text{Wasser} \underset{\text{Kondensation}}{\overset{\text{Hydrolyse}}{\rightleftarrows}} \text{Glucose}$$
Polysaccharid · · · · · · · · · · · · · · · · · · · Monosaccharid

Wie die Untersuchungen mit heißem Wasser zeigten, ist Stärke kein einheitlicher Stoff. Sie ist ein Gemisch aus zwei unterschiedlichen Vielfachzuckern. **Amylose** (griech. amylon – Stärke) befindet sich im Inneren des Stärkekorns. Sie besteht aus 250 bis 350 Glucosemolekülresten, die unverzweigte, spiralig angeordnete Ketten bilden. Amylose ist in heißem Wasser löslich. Amylose zeigt mit Iod-Kaliumiodid-Lösung eine Farbreaktion, da sich die Iodmoleküle in das Innere der Amylosespirale schieben. Dies führt zu einer intensiven Blaufärbung. Amylose macht etwa 20 bis 30 % der pflanzlichen Stärke aus.

Amylopektin, der Hauptbestandteil des Stärkekorns (meist 70 bis 80 %), bildet dessen Hüllschichten. Amylopektin besteht aus Tausenden von Glucosemolekülresten, die neben der spiraligen Anordnung auch noch zahlreiche verzweigte Ketten bilden. Amylopektin ist wasserunlöslich, in heißem Wasser quillt es auf und verkleistert. Das Quellen und Verkleistern der Stärke wird z. B. beim Backen und bei der Herstellung von Süßspeisen, Soßen, Textilstärken, Holzleimen und Tapetenkleistern genutzt.

Stärke – ein Nährstoff. In lebenden Zellen werden Hydrolyse und Kondensation der Stärke durch Enzyme gesteuert. Im menschlichen Körper bauen bereits im Mund Verdauungsenzyme des Speichels (Amylasen) Stärkemoleküle unter Bildung von Malzzucker ab. Bei der weiteren Verdauung im Dünndarm erfolgt unter Mitwirkung von Enzymen die vollständige Zerlegung in Glucose, die ins Blut aufgenommen wird. Stärke ist somit ein wichtiger Nährstoff für die Energieversorgung des Körpers.

AUFGABEN

1. Stärke wird als Polysaccharid bezeichnet. Begründe.
2. Kaue einen Löffel voll Haferflocken mindestens 5 min lang. Beschreibe und deute deine Geschmacksempfindung.
3. Nenne Gemeinsamkeiten und Unterschiede der Moleküle von Amylose und Amylopektin.
4. Beschreibe die Vorgänge beim Stärkeabbau.
5. Koche einen Vanillepudding. Erkläre das Festwerden dieses Stärkeprodukts.

1 Baumwollkapsel

Die höchsten Bäume auf der Erde ragen über 150 m in die Höhe. Um sich aber im Kampf um das Sonnenlicht überhaupt vom Erdboden zu erheben, brauchen die Pflanzen verstärkende Gerüstsubstanzen. **Cellulose** ist die wichtigste **Gerüstsubstanz** der Pflanzen. Cellulosefasern, die in die Zellwände eingelagert sind, verleihen den Pflanzen Festigkeit und Stabilität. Holz enthält 40 bis 60% Cellulose. Baumwolle besteht fast nur aus Cellulose, auch Hanf hat einen sehr hohen Celluloseanteil. Cellulose kann durch Violettfärbung einer Iod-Zinkchlorid-Lösung nachgewiesen werden.

> EXPERIMENT 18 [S]
> **Führe den Cellulosenachweis durch.**
> Gib einen kleinen Wattebausch auf ein Uhrglas und beträufle ihn mit Iod-Zinkchlorid-Lösung (C, Xn). Beobachte.
> Fülle etwa 300 ml Wasser in ein Becherglas und lege den benetzten Wattebausch hinein. Beschreibe deine Beobachtungen.
> Wiederhole den Versuch mit Filterpapier.
> *Entsorgung:* Feststoffe in Sammelbehälter für Hausmüll, Flüssigkeiten in Sammelbehälter für Abwasser.

2 Hanffasern

Cellulosegewinnung. Cellulose (Zellstoff) wird aus cellulosehaltigen Pflanzen, z. B. aus Holz, gewonnen. Dazu wird das Holz entrindet und geschnitzelt. Anschließend werden die Holzschnitzel von unerwünschten Begleitstoffen, wie Lignin und Hemicellulosen, befreit. Ein Beispiel für ein solches Aufschlussverfahren ist das **Acetosolv-Verfahren**. Dabei werden die Holzschnitzel gemeinsam mit etwas Salzsäure als Katalysator eine Stunde in konzentrierter Essigsäure bei 110 °C gekocht. Die Begleitstoffe Lignin und Hemicellulose lösen sich in der Essigsäure und können von der Cellulose abgetrennt werden.

> EXPERIMENT 19 [S]
> **Ermittle Eigenschaften von Cellulose.**
> *Vorsicht! Schutzbrille!* Tauche nacheinander etwas Watte und Filterpapier in kaltes und heißes Wasser. Gib danach vorsichtig einige Tropfen 96%ige Schwefelsäure (C) auf die Watte und das Filterpapier. Prüfe anschließend die Watte und das Filterpapier mit Iod-Kaliumiodid-Lösung (Xn). Notiere alle Beobachtungen. Welche Eigenschaften der Cellulose lassen sich ableiten?
> *Entsorgung:* Feststoffe in Sammelbehälter für Hausmüll, Flüssigkeiten in Sammelbehälter für Abwasser.

> EXPERIMENT 20 [L]
> **Säurehydrolyse von Cellulose.**
> Ein Wattebausch wird mit FEHLING'scher Lösung (C) geprüft. Ein anderer Wattebausch wird im Erlenmeyerkolben mit 40 ml 10%iger Schwefelsäure (Xi) versetzt. Der Kolben wird 30 min im Trockenschrank bei einer Temperatur von 90 °C aufbewahrt. Anschließend wird mit 10%iger Natronlauge (C) neutralisiert. Etwa 1 ml der neutralisierten Lösung wird dann ebenfalls mit FEHLING'scher Lösung (C) geprüft.

Stärke und Cellulose

Eigenschaften und Bau der Cellulosemoleküle. Cellulose ist in reinem Zustand weiß und geruchlos. Sie ist in Wasser unlöslich und reagiert nicht mit FEHLING'scher Lösung.
Cellulose ist wie Stärke ein Polysaccharid und aus Makromolekülen aufgebaut. Wird Cellulose mit starken Säuren hydrolysiert, zeigt der Nachweis mit FEHLING'scher Lösung ein positives Ergebnis. Die Makromoleküle der Cellulose bestehen demnach aus Glucosemolekülresten. Ihre Molekülketten sind jedoch länger als die der Stärke. Bis zu 12 000 Glucosemolekülreste können miteinander verknüpft sein. Sie bilden unverzweigte, gestreckte und parallel ausgerichtete Molekülketten. Das ist darauf zurückzuführen, dass die Cellulosemoleküle nur aus β-Glucosemolekülresten aufgebaut sind.

$$\text{Cellulose} + \text{Wasser} \underset{\text{Kondensation}}{\overset{\text{Hydrolyse}}{\rightleftarrows}} \text{Glucose}$$
Polysaccharid   Monosaccharid

2 Cellulose bei 30 000facher Vergrößerung

Obwohl sich die Moleküle der α-Glucose und der β-Glucose nur durch die Stellung einer Hydroxylgruppe unterscheiden, wirkt sich dieser Unterschied entscheidend auf die Sauerstoffbrücke zwischen den Glucosemolekülresten aus.
In der Cellulose kommt es zur so genannten β-Verknüpfung.

1 Ausschnitt aus einem Cellulosemolekül

3 Cellulosereiche Nahrungsmittel

Diese Verknüpfung kann durch Stärke spaltende Enzyme nicht hydrolysiert werden. Die Cellulose ist deshalb für viele Tierarten und den Menschen unverdaulich. Der scheinbar geringfügige Unterschied im Aufbau der Stärke- und Cellulosemoleküle bedingt also die beachtlichen Unterschiede der Eigenschaften des Nährstoffes Stärke und der Gerüstsubstanz Cellulose.

Bedeutung der Cellulose für die Ernährung. Cellulose gehört wie die Stärke zu den Kohlenhydraten. Sie dient aber nicht der Energieversorgung, da sie für den menschlichen Organismus nicht verdaulich ist. Trotzdem ist Cellulose für den Menschen unverzichtbar. Als **Ballaststoff** regt sie die Darmbewegung an und wirkt so verdauungsfördernd. Ballaststoffreiche Nahrung beugt zahlreichen Krankheiten vor.
Cellulose kann aber auch unter Einwirkung von bestimmten Enzymen abgebaut werden. Im Pansen von Wiederkäuern, z. B. von Kühen, werden solche Enzyme von Mikroorganismen gebildet. Sie bauen die Cellulose jedoch nicht zu Glucose ab, sondern zu Methan und Kohlenstoffdioxid, Ethan-, Propan- und Butansäure, die den Wiederkäuern zum Aufbau von körpereigenem Eiweiß dienen.

Stärke und Cellulose sind Polysaccharide, deren Moleküle aus vielen Glucosemolekülresten aufgebaut sind. Die unterschiedlichen Eigenschaften von Stärke und Cellulose beruhen auf der unterschiedlichen Struktur ihrer Moleküle.

AUFGABEN

1. Gib die allgemeine Summenformel der Cellulose an.
2. Vergleiche Eigenschaften von Stärke und Cellulose. Begründe die Unterschiede.
3. Informiere dich, was unter Viskosefasern zu verstehen ist.
4. Bei der Cellulosegewinnung kann es zu erheblichen Umweltbelastungen kommen. Führe dazu eine Recherche im Internet durch.
5. Warum sollten wir mit der Nahrung möglichst viele Ballaststoffe zu uns nehmen?

Wir untersuchen Nährstoffe

Falsche Ernährung macht auf Dauer krank. Richtige Ernährung ist von vielen Faktoren abhängig. Ihr sollt nun eure Kenntnisse über die Nährstoffe Kohlenhydrate, Fette und Eiweiße anwenden und deren Vorhandensein in verschiedenen Nahrungsmitteln nachweisen.

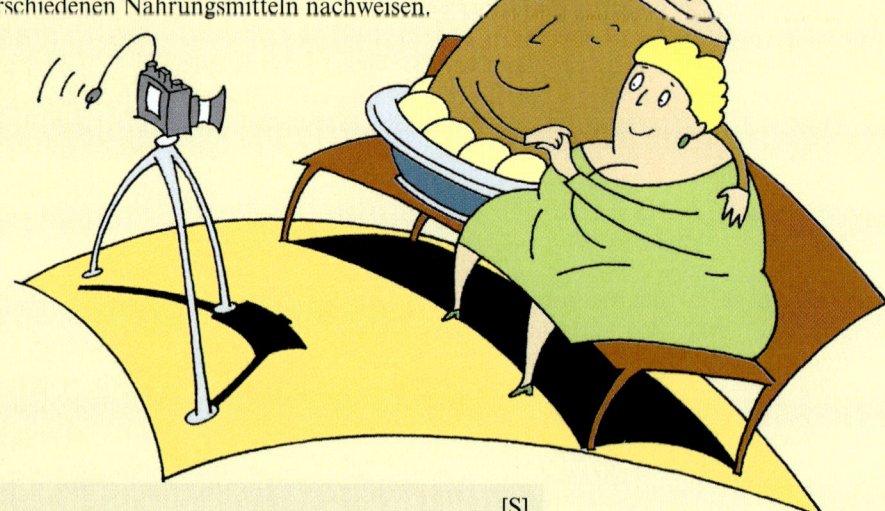

EXPERIMENT 1 [S]
Bereite Nahrungsmittel für nachfolgende Untersuchungen vor.
Zerreibe oder zerquetsche in je einem Mörser Weintrauben, Beeren, einen Apfel, eine Möhre; Graupen, Weizen- oder Maiskörner; verschiedene Nüsse, Leinsamen, Kürbiskerne; Hülsenfrüchte und Haferflocken. Stelle die Nachweismöglichkeiten der Kohlenhydrate, Fette und Eiweiße übersichtlich zusammen.

EXPERIMENT 2 [S]
Prüfe Nahrungsmittel mit FEHLING'scher Lösung auf Glucose.
Vorsicht! Gib in je ein Reagenzglas 2 ml frischen, möglichst farblosen Obstsaft, Radler und eine kleine Portion von den zerkleinerten Nahrungsmitteln. Versetze jede Probe mit 5 ml Wasser, schüttle, erhitze bis zum Sieden und lasse absetzen. Dekantiere die Nahrungsmittelauszüge. Gib dann zu jeder Probe 3 ml FEHLING'sche Lösung (C) und erhitze etwa 5 min im siedenden Wasserbad.
Wiederhole das Experiment mit Glucosestäbchen.
Notiere deine Beobachtungen. Vergleiche und diskutiere die Ergebnisse.

1 Nahrungsmittelauszug versetzt mit FEHLING'scher Lösung

EXPERIMENT 3 [S]
Weise Eiweiß in Nahrungsmitteln mit der Biuret-Reaktion und mit der Xanthoprotein-Probe nach.
Verwende Milch, Wurst, Käse und kleine Mengen von den zerkleinerten Nahrungsmitteln sowie einen Brei aus rohen Kartoffeln und etwas Wasser.
Plane die Durchführung der Experimente. Welche Ergebnisse erwartest du? Führe die Experimente nach Rücksprache durch.
Notiere alle Beobachtungen. Vergleiche die Ergebnisse. Welche Beobachtungen wurden erwartet und welche waren überraschend?

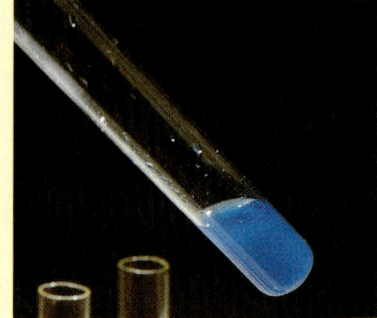

2 Etikett einer Suppentüte

EXPERIMENT 4 [S]
Untersuche die Rolle der Magensäure bei der Eiweißverdauung.
Gib je einen Spatellöffel gekochtes und zerkleinertes Eiklar in 3 Reagenzgläser. Füge zur ersten Probe 10 ml 10%ige Salzsäure (Xi), zur zweiten eine Lösung aus 10 ml Wasser und etwa 10 mg Pepsin und zur dritten Probe eine Lösung aus 10 ml 10%ige Salzsäure (Xi) und 100 mg Pepsin zu. Erwärme die Reagenzgläser im Wasserbad bei 40 °C 20 min lang. Notiere deine Beobachtungen. Welche Folgerungen ergeben sich daraus für den Verdauungsvorgang?

EXPERIMENT 5 [S]
Untersuche rohe und gekochte Kartoffeln.
Schneide eine geschälte rohe Kartoffel in zwei Teile. Zerteile eine Hälfte in kleine Stücke und koche diese 5 Minuten im Becherglas mit Wasser. Zerteile auch die andere Hälfte für verschiedene Untersuchungen.
1. Tropfe Iod-Zinkchlorid-Lösung (C) auf rohe und gekochte Kartoffelstücke.
2. Prüfe mit Iod-Kaliumiodid-Lösung. Verwende auch das Kochwasser.
3. Verwende zur Prüfung aller drei Proben Teststäbchen für Vitamin C.
4. Drücke je ein Stück der rohen und der gekochten Kartoffel fest auf Löschpapier. Lasse das Papier trocknen.

Notiere deine Beobachtungen. Vergleiche und deute die Ergebnisse.

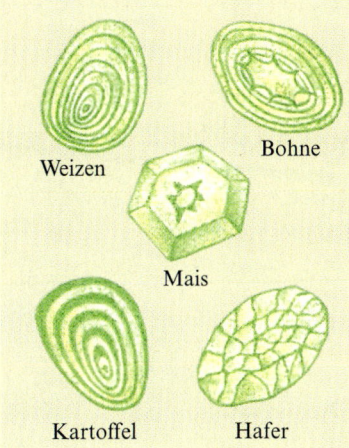

1 Stärkekörner

EXPERIMENT 6 [S]
Prüfe die Wirkung von Speichel beim Stärkeabbau.
Gib in zwei Reagenzgläser Stärkelösung. Vermische diese in einem der Gläser mit reichlich Speichel. Erwärme dann beide Reagenzgläser 20 Minuten bei 40 °C im Wasserbad. Anschließend ist mit FEHLING'scher Lösung (C) zu prüfen.
Notiere deine Beobachtungen. Deute das Ergebnis. Leite Schlussfolgerungen für deine Essgewohnheiten ab.

EXPERIMENT 7 [S]
Untersuche Weizenkleie.
Gib etwa 5 Esslöffel Weizenkleie mit reichlich Wasser in ein Becherglas. Färbe das Wasser mit Tinte. Lasse die Probe etwa 30 Minuten stehen. Filtriere danach die Flüssigkeit. Interpretiere das Beobachtungsergebnis.

Entsorgung

Reste von festen Stoffen in Sammelbehälter für Hausmüll.
Lösungen bei den Experimenten 2 und 6 filtrieren. Filtrate in Sammelbehälter für Abwasser, Niederschläge in Sammelbehälter I.
Reste der Biuret-Reaktionen in Sammelbehälter I.
Übrige Lösungen verdünnen, neutralisieren und in Sammelbehälter für Abwasser.

AUFGABEN

1. Überlegt einen experimentellen Nachweis für Fett in Nahrungsmitteln. Plant die Durchführung mit Quark, Toastbrot, Dressing und den Nahrungsmitteln aus Experiment 1. Führt die Experimente nach Rücksprache durch und diskutiert die Ergebnisse.
2. Fertigt anhand eurer Untersuchungsergebnisse eine Übersicht mit Nahrungsmitteln an, die Kohlenhydrate, Fette und Eiweiße enthalten. Vergleicht eure Ergebnisse mit einer Nährwerttabelle.
3. Erkundet, welche Lebensmittel bzw. Backwaren aus welchen Getreidearten hergestellt werden. Beurteilt den Nährstoffgehalt dieser Getreideerzeugnisse.
4. Stellt zusammen, was ihr am vergangenen Tag gegessen habt. Überprüft, ob damit euer Eiweißbedarf richtig gedeckt wurde.
5. Manche „Plastiktüten" werden heute schon aus abbaubaren Kohlenhydraten hergestellt. Plant und führt ein Experiment zur Abbaubarkeit durch.

Gesunde Ernährung

1 Die Vielfalt verschiedenster Nahrungsmittel ist für einen Supermarkt charakteristisch. Wichtig ist, die richtige Auswahl zu treffen.

Essen – Lebensnotwendigkeit und Kultur. Der Mensch ist auf eine regelmäßige Zufuhr von Nahrung angewiesen, wenn er gesund und leistungsfähig bleiben will. Durch Hunger und Durst meldet der Körper seinen Nahrungsbedarf an. Unsere Ernährung dient der Zufuhr von Baustoffen für den Aufbau und die Erhaltung des Körpers und der Energiegewinnung für alle lebenserhaltenden Funktionen und Stoffwechselprozesse sowie für die geistige und körperliche Arbeit.

„Zu viel, zu fett, zu süß", so charakterisiert die Deutsche Gesellschaft für Ernährung die Essgewohnheiten der Deutschen in ihrem Ernährungsbericht (1996). Gleichzeitig wird auf eine nicht ausreichende Versorgung mit Vitaminen und Mineralstoffen bei Jugendlichen, jungen Erwachsenen und älteren Menschen hingewiesen. Auch die Ballaststoffaufnahme ist mit ca. 12 g pro Tag gemessen an einem Bedarf von ca. 30 g viel zu niedrig.

Grundbestandteile unserer Nahrung. Nahrungsmittel enthalten zahlreiche Stoffe, die je nach Bedeutung für den Körper zu verschiedenen Gruppen zusammengefasst werden. Sie werden in pflanzliche und tierische Nahrungsmittel unterteilt, roh oder verarbeitet gegessen.

Schon gewusst?

Essgewohnheiten werden, wie viele Verhaltensweisen, anerzogen. Ernährungsfehlverhalten kann eine Ursache von Krankheiten sein, wie z. B. Übergewicht, Verstopfung, Bluthochdruck und Fettstoffwechselstörung.

Häufige Fehler bei der Aufnahme der Nahrung:
– es wird zu hastig gegessen
– zu unkontrolliert
– zu unregelmäßig
– statt fünf Mahlzeiten werden drei eingenommen, mit meist zu großen Portionen

Mehr Lust auf Essen durch
– einen abwechslungsreichen Speiseplan
– gemeinsames Planen und Kochen von Mahlzeiten
– Einräumen von genügend Zeit zum Essen in einer angenehmen Atmosphäre.

	Nahrungsmittel			
Wasser	Nährstoffe	Wirkstoffe	Ballaststoffe	Farb-, Duft- und Geschmacksstoffe
	Eiweiße / Kohlenhydrate Fette	Mineralstoffe / Vitamine	z. B. Cellulose	z. B. Blattgrün
Transport- und Lösemittel	Aufbau von Körperzellen und Gewebe / Energieversorgung	Regelung von Körperfunktionen / Regelung von Körperfunktionen	Anregung der Darmbewegung	Anregung des Appetits, der Verdauung

2 Inhaltsstoffe der Nahrung

Gesunde Ernährung

Eine ausgewogene Ernährung muss eine Vielfalt von Stoffen aus diesen Gruppen in angemessenem Verhältnis enthalten. Nahrungsmittel wie Milch und Milchprodukte, Fett, Brot und Teigwaren oder Kartoffeln haben einen hohen Nährstoffgehalt. Mit ihnen kann der Minimumbedarf an Eiweiß, Fetten, Kohlenhydraten, Vitaminen und Mineralstoffen bei normalen Verzehrmengen bereits gedeckt werden. Zur Ergänzung dienen Obst und Gemüse. Sie liefern zusätzlich Mineralstoffe und Vitamine bei geringem Energiegehalt und die für die Verdauungstätigkeit notwendigen Ballaststoffe. Tierisches Eiweiß in Form von Fleisch, Fleischwaren, Fisch und Eiern rundet die Zusammenstellung der Nahrung ab.

Energiegehalt der Nährstoffe. Im Körper wird durch Abbau der Inhaltsstoffe der Energiegehalt der Nährstoffe nutzbar gemacht. Die in den Nährstoffen enthaltene Energie wird zur Leistung mechanischer Arbeit, zur Aufrechterhaltung der Funktionen von Leber und Gehirn, der Verdauungstätigkeit, zur Regulation der Körpertemperatur und für die Synthese körpereigener Stoffe verwendet.
Die in den Nährstoffen enthaltene chemische Energie wird also in mechanische Energie, Wärme oder wieder in chemische Energie umgewandelt. Von den Nährstoffen hat Fett den höchsten Wert. Der Energiegehalt der Nährstoffe wird in Kilojoule (kJ) gemessen.

1 Beispiel für ein gesundes Frühstück

Energiebedarf. Unser Körper braucht ständig Energie, beispielsweise zum Atmen, zum Wachstum und für andere Körperfunktionen.
Die Energie, die ein Mensch nüchtern, bei völliger Ruhe, im Liegen und bei 20 °C Umgebungstemperatur zur Erhaltung der Körperfunktionen benötigt, ist der **Grundumsatz**. Er ist vor allem vom Alter, vom Geschlecht, von der Größe und vom Gewicht des Menschen abhängig.
Es gilt: Grundumsatz pro Stunde = 4 kJ je Kilogramm Körpergewicht. Bei der Arbeit, beim Sport, aber auch bei der Verdauung steigt der Energiebedarf an. Die Energie, die ein Mensch für zusätzliche Leistungen über den Grundumsatz hinaus benötigt, wird als **Leistungsumsatz** bezeichnet. Er ist von der Art und Dauer der Tätigkeit abhängig.
Der **Gesamtenergiebedarf** eines Menschen ergibt sich aus dem Grundumsatz und dem Leistungsumsatz.

Fehlernährung. Durch falsche Ernährungsgewohnheiten und falsche Lebensweise entwickelt sich meist langsam und stetig **Übergewicht**. In Deutschland sind etwa 30 % der Erwachsenen und 10 % der Kinder übergewichtig. Sowohl das Schlankheitsideal, das die Medien ständig vermitteln, als auch die Nahrungsfülle unterstützen das Entstehen von Essstörungen wie **Magersucht** und **Bulimie (Ess-Brech-Sucht)**. Man schätzt, dass in Deutschland etwa 500 000 Menschen daran erkrankt sind.

Energiegehalt der Nährstoffe	
Nährstoff	Energiegehalt
1 g Fett	39 kJ
1 g Eiweiß	17 kJ
1 g Kohlenhydrate	17 kJ

Grundumsatz – Anteile der benötigten Energie für einzelne Organe	
Organ	Anteil am Grundumsatz
Gehirn	25 %
Magen-Darm-Trakt, Leber, Niere	35 %
Skelettmuskeln	20 %
Herz	6 %
Rest	14 %

AUFGABEN

1. Fertige eine Übersicht mit Nahrungsmitteln an, die besonders nährstoff-, wirkstoff- und ballaststoffreich sind.
2. Was bedeutet Diabetes mellitus? Erstelle ein Informationsblatt zum Thema Diabetes.
3. Diskutiert über das Für und Wider der Entwicklung und Verwendung gentechnisch hergestellter Nahrungsmittel.
4. Erarbeite mithilfe einer Nährwerttabelle einen Tageskostplan mit mehreren Mahlzeiten für einen 16-jährigen Jugendlichen (Energiebedarf: 12 500 kJ).
5. Das Normalgewicht wird heute nach dem Body-Mass-Index bestimmt. Was ist darunter zu verstehen? Überprüfe dein Gewicht nach dem BMI.
6. Entwickle ein Poster mit Tipps für eine gesunde Ernährung.

ZUSAMMENFASSUNG

Nahrungsmittel

Nahrungsmittel enthalten neben den Nährstoffen Kohlenhydrate, Fette, und Eiweiße auch Wasser, Mineralstoffe, Vitamine, Ballaststoffe sowie Geruchs- und Geschmacksstoffe.

Fette

Wasserunlösliche Naturstoffe; Verbindungen aus den Elementen Kohlenstoff, Wasserstoff und Sauerstoff.
Grundbausteine: Moleküle von Glycerol und Fettsäuren

Formel eines Fettmoleküls	Molekülreste der enthaltenen Fettsäuren
$CH_2-O-OC-C_{17}H_{33}$	Ölsäuremolekülrest
$CH\ \ -O-OC-C_{17}H_{35}$	Stearinsäuremolekülrest
$CH_2-O-OC-C_{15}H_{31}$	Palmitinsäuremolekülrest

Eiweiße

Hitze- und chemikalienempfindliche Naturstoffe; Verbindungen aus den Elementen Kohlenstoff, Wasserstoff, Sauerstoff, Stickstoff, teilweise auch Schwefel.
Grundbausteine: Aminosäuren mit mindestens einer Carboxyl- und einer Aminogruppe im Molekül.

Strukturformeln von Aminosäuremolekülen

$H_2N-CH-COOH$ $\quad$ $H_2N-CH-COOH$ $\quad$ $H_2N-CH-COOH$
$\quad\ \ \ |$ $\qquad\qquad\qquad\ \ |$ $\qquad\qquad\qquad\ \ |$
$\quad\ \ \ H$ $\qquad\qquad\qquad\ \ CH_3$ $\qquad\qquad\ \ \ CH_2$
$\qquad\qquad\qquad\qquad\qquad\qquad\qquad\qquad\qquad\ \ |$
$\qquad\qquad\qquad\qquad\qquad\qquad\qquad\qquad\ \ SH$

Glycin (Gly) $\qquad$ Alanin (Ala) $\qquad$ Cystein (Cys)

Kohlenhydrate

Meistens wasserlösliche Naturstoffe; Verbindungen aus den Elementen Kohlenstoff, Wasserstoff und Sauerstoff.
Grundbausteine: Moleküle von Monosacchariden

Strukturformeln von Monosaccharidmolekülen (Ringform)

α-Glucose $\qquad\qquad\qquad$ Fructose

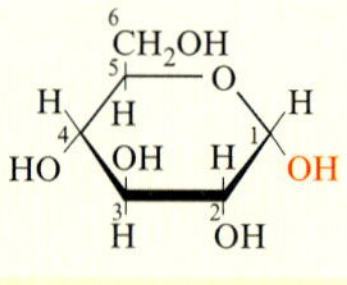

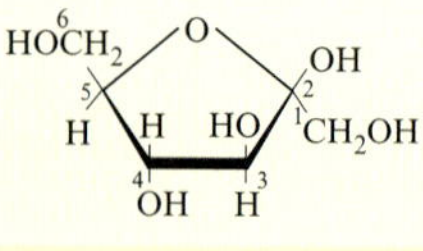

Nährstoffe im Stoffwechsel

Fette $\qquad\qquad$ Kohlenhydrate $\qquad\qquad$ Eiweiße
⇓ $\qquad\qquad\qquad$ ⇓ $\qquad\qquad\qquad$ ⇓

Abbau durch Hydrolyse unter Einwirkung von Enzymen bis zu Grundbausteinen, die vom Körper aufgenommen werden können.

⇓ $\qquad\qquad\qquad$ ⇓ $\qquad\qquad\qquad$ ⇓

Glycerol, Fettsäuren $\qquad$ Monosaccharide $\qquad$ Aminosäuren
⇓ $\qquad\qquad\qquad$ ⇓ $\qquad\qquad\qquad$ ⇓

Vorwiegend Oxidation zur Energiegewinnung sowie zum Aufbau körpereigener Stoffe $\qquad$ Vorwiegend Aufbau v. körpereigenem Eiweiß

Kunststoffe

Moderne Architektur benötigt Baumaterialien mit besonderen Eigenschaften. Für aufwändige Dachkonstruktionen sind leichte und dennoch stabile Kunststoffe das geeignete Material.
Raumfahrt- und Satellitentechnik, moderne Medizin und Verkehrstechnik sind Bereiche, die ohne die Vielfalt der Kunststoffprodukte nicht denkbar wären.

→ Was sind Kunststoffe?
→ Durch welche Eigenschaften unterscheiden sich die Kunststoffe von anderen Materialien?
→ Welche Entwicklungen sind durch den Einsatz von Kunststoffen erst möglich geworden?
→ Wie werden Kunststoffe hergestellt und weiterverarbeitet?

Rund um die Kunststoffe

In jedem Haushalt findet sich heute eine große Zahl verschiedener Kunststoffe – Kunststoffe sind aus unserem Leben nicht mehr wegzudenken. Unterhaltungselektronik, Bekleidung, Sportausrüstung, Baumaterialien, Verpackungsmaterialien … Die Liste der Verwendungsgebiete ist nahezu endlos. Dabei kennen die Menschen die Kunststoffe erst seit etwa 100 Jahren. Zuerst als Ersatz für Naturstoffe hergestellt, wurden sie bald für moderne technische Entwicklungen unersetzlich.
Welche Eigenschaften zeichnen Kunststoffe aus?

EXPERIMENT 1 [S]
Untersuche mechanische Eigenschaften von Kunststoffproben.
Sammle Proben unterschiedlicher Kunststoffe (z. B. Badeschwamm, Gummiring, Styropor®-Verpackung, Einkaufsbeutel, Kugelschreiberhülse). Untersuche die Materialien auf Stabilität, Druckfestigkeit, Dehnbarkeit und Elastizität. Prüfe die Kunststoffproben durch mehrmaliges Abknicken auf ihr Bruchverhalten und versuche sie mittels eines Nagels zu ritzen.
Deute deine Beobachtungen.

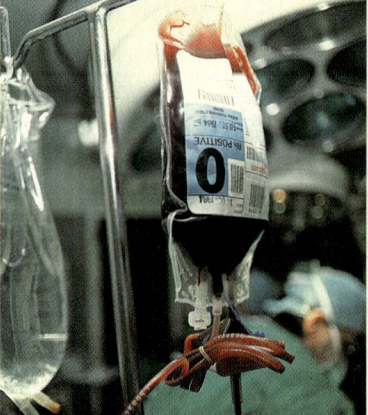

1 Medizinische Versorgung durch Produkte aus Kunststoff, z. B. PVC

EXPERIMENT 2 [S] [F]
Bestimme die Dichte von verschiedenen Kunststoffen.
Zerkleinere Proben der für Experiment 1 gesammelten Kunststoffe in Streifen mit etwa 6 cm Länge und 1,5 cm Breite. Ermittle die Masse der Kunststoffproben.
Fülle einen Messzylinder ($V = 250$ ml) mit genau 150 ml Brennspiritus (F). Gib die Kunststoffproben vorsichtig in den Messzylinder, lies das neue Volumen ab und notiere die Werte tabellarisch.
Berechne die Dichte der Kunststoffproben.

2 Musikgenuss durch Compactdiscs aus dem Kunststoff Polycarbonat.

EXPERIMENT 3 [S]
Untersuche das Verhalten von Kunststoffproben beim Erwärmen.
Fülle in eine große Kristallisierschale etwa 6 cm hoch Sand und stecke in die Mitte ein Thermometer ($\vartheta = 300$ °C). Verwende die Kunststoffproben aus Experiment 2 und stecke diese zur Hälfte in den Sand. Erhitze das Sandbad auf einer Heizplatte und lasse die Temperatur kontinuierlich auf $\vartheta \approx 290$ °C ansteigen.
Notiere die Erweichungstemperatur der Kunststoffproben. Deute deine Beobachtungen.

Entsorgung

Kunststoffreste in Sammelbehälter für Kunststoffabfälle, Brennspiritus in Sammelbehälter II (Organische Reste halogenfrei).

AUFTRÄGE

1. Trage die Beobachtungsergebnisse für die untersuchten Kunststoffproben in einer Tabelle zusammen. In der Tabelle sollten folgende Eigenschaften den untersuchten Kunststoffproben zugeordnet werden: Stabilität, Druckfestigkeit, Dehnbarkeit, Elastizität, Bruchverhalten, Ritzbarkeit, Dichte, Erweichungsverhalten.

2. Vergleiche die experimentell ermittelten Eigenschaften verschiedener Kunststoffe mit vergleichbaren Eigenschaften anderer Werkstoffe (Holz, Metalle, Glas u. a.). Diskutiere und bewerte die Materialeigenschaften. Leite daraus die Verwendungsmöglichkeiten der Kunststoffe im Vergleich zu Holz, Metallen, Glas ab.

Kunststoffe heute

1 Skispringer heute ...

4 ... und früher (1928)

Kunststoffe sind moderne Werkstoffe. Kaum ein Bereich unseres modernen Lebens kommt heute ohne die Verwendung von Kunststoffen aus.
Viele Sportarten sind ohne Kunststoffe nicht mehr denkbar. Spitzenleistungen im Sport setzen neben dem Können des Sportlers auch modernes Material voraus. So würden sich die früher verwendeten Sprungskier aus Holz wegen ihrer Masse weder zum Skifliegen eignen noch würden sie wegen ihrer zu geringen Festigkeit bei den heute erreichten Weiten eine sichere Landung ermöglichen.
Kunststoffe zeichnen sich durch geringe Dichte, hohe Beständigkeit gegen Verrottung und Korrosion, gutes elektrisches Isolierverhalten und gute Wärme- und Schallschutzwirkung aus. Sie lassen sich leicht verarbeiten, gut färben und aus preiswerten Rohstoffen herstellen.
Für besondere Anwendungsbereiche werden Kunststoffe mit speziellen Eigenschaften entwickelt, z. B. elektrisch leitfähige Kunststoffe. Andere Kunststoffe spielen als Lichtwellenleiter bei der Datenübertragung oder als optische Speicher in der Elektronik und im Computerbau eine wichtige Rolle. Wegen ihrer guten Verträglichkeit mit menschlichem Gewebe sind bestimmte Kunststoffe heute für die Medizin unentbehrlich.
Als Werkstoffe mit herausragenden Eigenschaften werden sie nicht nur im Sport, sondern auch in der Weltraumtechnik und beim Flugzeugbau eingesetzt. Ein Airbus A 320 besteht zu etwa 15 % aus Kunststoffen. Die dadurch außerdem mögliche Masseeinsparung lässt eine größere Nutzlast zu und führt zu einem geringeren Treibstoffverbrauch.

5 Ohne Kunststoffe keine modernen Flugzeuge

2 Bekleidung aus Mikrofasern

3 Getränkeflaschen aus PET

AUFGABEN

1. Ermittle, welche Kunststoffe heute bei verschiedenen Sportarten verwendet werden. Begründe deren Verwendung.
2. Gib Beispiele für die Anwendung von Kunststoffen im Haushalt. Erläutere, welche Vorteile und welche Nachteile sich gegenüber den früher verwendeten Materialien ergeben.
3. Von den etwa 5000 Einzelteilen eines Autos bestehen etwa 1500 aus Kunststoff. Nenne Beispiele.

Kunststoffe

Eigenschaften und Einteilung von Kunststoffen. Bei der Vielfalt der Kunststoffprodukte fällt die Verschiedenartigkeit der Einsatzgebiete auf. Es gibt sehr harte Kunststoffe (Lineal aus Polystyrol) aber auch biegsame, weiche (Schnellhefter aus PVC). Einige Kunststoffe besitzen eine sehr geringe Dichte (z. B. Styropor®) oder sind elastisch (z. B. Gummi).

Besonders wichtig für die Verarbeitung der Kunststoffe ist ihr Verhalten beim Erhitzen. Einige Kunststoffe erweichen beim Erhitzen und erstarren nach dem Abkühlen wieder, andere Kunststoffe werden in starker Hitze zersetzt. Auch die Brennbarkeit von Kunststoffen ist für die Kunststoffsorten charakteristisch.

Kunststoffe, die beim Erhitzen erweichen und nach dem Abkühlen erstarren, werden als **Thermoplaste** bezeichnet. Sie sind durch Erwärmen und Druck beliebig plastisch formbar. Zu den Thermoplasten gehören weiche, biegsame Kunststoffe (z. B. Polyethylen) und starre, spröde Kunststoffe (z. B. Polystyrol).

Kunststoffe, die bleibend hart und unschmelzbar sind, werden als **Duroplaste** (z. B. Bakelit, Phenoplaste) bezeichnet. Bei starkem Erhitzen zersetzen sich Duroplaste. Sie sind thermisch nicht verformbar.

Kunststoffe die nach dem Einwirken einer äußeren Kraft wieder ihre ursprüngliche Form annehmen, heißen **Elastomere** (Elaste). Gummi – synthetisch veränderter Kautschuk – ist das bekannteste Elastomer. Elastomere sind ähnlich wie Duroplaste nicht schmelzbar und lassen sich nicht umformen.

> Kunststoffe werden nach ihren Eigenschaften in Thermoplaste, Duroplaste und Elastomere eingeteilt.

> **EXPERIMENT 1 [L]**
> **Brennbarkeit von Polyethylen, Polypropen, Polyvinylchlorid, Polystyrol.**
> *Vorsicht! Abzug!* Einige Kunststoffproben werden mit der Tiegelzange in die Flamme gehalten. Ihr Brennverhalten wird verglichen.

1 Synthetische Fasern aus dem Thermoplast Perlon®

Einteilung von Kunststoffen

Kunststoffart	Thermoplaste	Duroplaste	Elastomere
Eigenschaften	erweichen und schmelzen beim Erhitzen	zersetzen sich in der Hitze ohne zu erweichen	gummielastisch
Beispiele	Polyethylen Polystyrol	Phenoplast Bakelit	Gummi

Naturstoffe – Kunststoffe. Leder, Holz, Pflanzenfasern – über Jahrtausende versorgten sich Menschen mit Werkstoffen aus der Natur. Diese Naturstoffe bestanden oft aus Eiweißen oder Cellulose, deren Makromoleküle aus miteinander verbundenen kleinen Molekülresten bestehen.

Dieses Prinzip findet sich auch bei den synthetisch hergestellten Kunststoffen. Kunststoffe werden aus zahlreichen gleichartigen, kleinen Molekülen hergestellt. Aufgrund ihres Baus reagieren diese Moleküle, die **Monomere** (griech. monos – einer, allein, einzig; griech. meros – Teil), in vielen gleich ablaufenden Reaktionsschritten zu Makromolekülen. In den Makromolekülen sind etwa 2000 bis 20 000 Monomere gebunden. Die Makromoleküle, die auch als **Polymere** bezeichnet werden, bilden die Kunststoffe.

> Kunststoffe sind Stoffe, die aus synthetisch hergestellten Makromolekülen aufgebaut sind.

2 Aufgeschäumte Kunststoffe zur Dämmung und Wärmeisolierung

Makromolekulare Stoffe mit Silicium

Das Element Silicium steht dem Element Kohlenstoff im Periodensystem nahe und bildet eine Reihe ähnlicher Verbindungen. Die ersten Makromoleküle auf Siliciumbasis, die so genannten **Silicone**, wurden in Deutschland 1947 zum ersten Mal hergestellt. Heute sind schon über 1000 verschiedene Siliconverbindungen bekannt.

Anders als bei den Kunststoffen, bei denen Kohlenstoff-Kohlenstoff-Bindungen vorherrrschend sind, können Siliciumatome nicht mit weiteren Siliciumatomen Bindungen eingehen. Makromolekulare Strukturen entstehen vielmehr durch Silicium-Sauerstoff-Bindungen, wobei ketten- oder netzförmige Makromoleküle entstehen.

Silicone können thermoplastische, elastische oder duroplastische Kunststoffeigenschaften aufweisen. Sie sind wasserabweisend und werden zum Imprägnieren von Textilien (Siliconsprays) oder beim Bautenschutz (Lacke) verwendet. Mit Siliconpasten werden Fugen abgedichtet. Sie zeichnen sich durch eine hohe Kälte- und Wärmebeständigkeit aus und besitzen eine hohe Beständigkeit gegenüber Chemikalien.

Siliconöle werden industriell als Hochtemperaturheizflüssigkeit, Transformatorenöl, Hochtemperaturschmiermittel oder in der Pharmazie als Salbengrundstoff verwendet. In Flüssigkeiten und Waschmitteln verhindern Zusätze von Siliconölen unerwünschte Schaumbildung. So kommen Siliconöle auch als Medikament zur Vermeidung von Blähungen im Magen-Darm-Trakt zum Einsatz. In der Medizintechnik kommen Silicone wegen ihrer hervorragenden Verträglichkeit mit menschlichem Gewebe z. B. als künstliche Gelenke zum Einsatz. Siliconkautschuk dient u. a. in der Elektrotechnik als temperaturbeständiges Isoliermaterial und zur Herstellung hoch beanspruchter Dichtungen.

1 Kunstherz aus Silicon

2 Siliconbeschichtete Zelte sind besonders wasserdicht und haltbar.

3 Siliconlacke dienen als Schutzanstrich, z. B. beim ICE.

4 Terrarien werden mit Silicongummi geklebt.

Thermoplaste

1 Polyethylen-Folie zum Abdichten eines Teiches

Eigenschaften und Verwendung von Polyethylen. Wegen seiner vielfältigen Verwendung und kostengünstigen Herstellung ist Polyethylen (Polyethen, PE) der weltweit am meisten hergestellte Kunststoff. Es ist thermoplastisch verformbar. Polyethylen ist beständig gegen die meisten Lösemittel und Chemikalien und ist elektrisch nicht leitfähig.
Vielfach wird Polyethylen zu Folien verarbeitet, die in der Landwirtschaft, im Bauwesen und als Verpackungsmaterial eingesetzt werden. Aber auch Behälter aus Polyethylen werden z. B. als Eimer oder Schüsseln im Haushalt, als Fässer, als Getränkekästen oder als Transportbehälter in der Lebensmittelverarbeitung verwendet.

Herstellung von Polyethylen durch Polymerisation. Monomere, die mindestens eine Doppelbindung besitzen, können in einer rasch ablaufenden Kettenreaktion zu Makromolekülen reagieren. Bei dieser als Polymerisation bezeichneten Reaktion entstehen als Produkte **Polymerisate**.
Bei der Herstellung von Polyethylen reagieren viele Monomere, die Ethenmoleküle, miteinander. Unter dem Einfluss von Licht, Wärme oder eines Initiators (Reaktionsstarter) spaltet sich die Kohlenstoff-Kohlenstoff-Doppelbindung des Ethenmoleküls auf. Durch Addition entstehen kettenförmige Makromoleküle aus Polyethen, dabei bilden sich Einfachbindungen zwischen den Kohlenstoffatomen aus.

$$\cdots + \underset{\underset{H}{|}}{\overset{\overset{H}{|}}{C}}=\underset{\underset{H}{|}}{\overset{\overset{H}{|}}{C}} + \underset{\underset{H}{|}}{\overset{\overset{H}{|}}{C}}=\underset{\underset{H}{|}}{\overset{\overset{H}{|}}{C}} + \underset{\underset{H}{|}}{\overset{\overset{H}{|}}{C}}=\underset{\underset{H}{|}}{\overset{\overset{H}{|}}{C}} + \cdots \longrightarrow \cdots -\underset{\underset{H}{|}}{\overset{\overset{H}{|}}{C}}-\underset{\underset{H}{|}}{\overset{\overset{H}{|}}{C}}-\underset{\underset{H}{|}}{\overset{\overset{H}{|}}{C}}-\underset{\underset{H}{|}}{\overset{\overset{H}{|}}{C}}-\underset{\underset{H}{|}}{\overset{\overset{H}{|}}{C}}-\underset{\underset{H}{|}}{\overset{\overset{H}{|}}{C}}- \cdots$$

$$n\,[\underset{\underset{H}{|}}{\overset{\overset{H}{|}}{C}}=\underset{\underset{H}{|}}{\overset{\overset{H}{|}}{C}}] \longrightarrow [\underset{\underset{H}{|}}{\overset{\overset{H}{|}}{C}}-\underset{\underset{H}{|}}{\overset{\overset{H}{|}}{C}}]_n$$

Ethen → Polyethen

> Bei einer Polymerisation reagieren Monomere mit mindestens einer Doppelbindung im Molekül zu makromolekularen Stoffen.

Schon gewusst?

Die Polymerisation von Ethen kann bei unterschiedlich hohen Drücken durchgeführt werden. Danach unterscheidet man „Hochdruckpolyethylen" und „Niederdruckpolyethylen". Niederdruckpolyethylen besteht aus meist unverzweigten Ketten und wird wegen der größeren Dichte als **HDPE** (high density polyethylene; engl. high density – hohe Dichte) bezeichnet. Dagegen besteht Hochdruckpolyethylen v. a. aus verzweigten Ketten. Es hat eine geringere Dichte und heißt **LDPE** (low density polyethylene; engl. low density – niedrige Dichte).

2 Telefon- und Ausweiskarten aus Hart-PVC

3 Thermoplastische Kunststoffe sind schmelzbar.

Thermoplaste

Struktur von Thermoplasten. Thermoplaste bestehen aus kettenförmigen oder wenig verzweigten Makromolekülen. Die einzelnen Makromoleküle liegen parallel angeordnet, in manchen Bereichen auch geknäuelt vor. Der Zusammenhalt der Makromoleküle erfolgt über zwischenmolekulare Wechselwirkungen (VAN-DER-WAALS-Kräfte). Sind die Makromoleküle parallel angeordnet, wirken stärkere VAN-DER-WAALS-Kräfte als im geknäuelten Zustand.

Die Molekülstruktur erklärt das thermische Verhalten der Thermoplaste. Beim Erwärmen geraten die Moleküle zunehmend in Schwingungen, die zwischenmolekularen Kräfte werden kleiner, der Thermoplast erweicht und kann verformt werden.

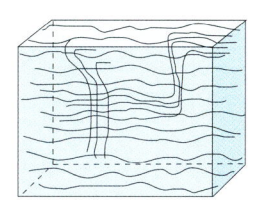

2 Makromolekulare Struktur von Thermoplasten

> Thermoplaste sind aus unverzweigten oder leicht verzweigten kettenförmigen Makromolekülen aufgebaut. Durch Erwärmen sind sie plastisch formbar.

EXPERIMENT 2 [L]
Beilsteinprobe.
Vorsicht! Abzug! Auf einem ausgeglühten, erkalteten Kupferblech wird eine winzige Probe von Polyvinylchlorid (PVC) in die nichtleuchtende Brennerflamme gehalten.

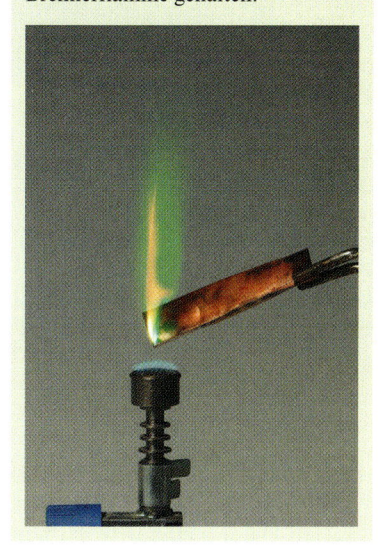

Verarbeitung von Thermoplasten. Der größte Teil der Thermoplaste wird in Form von Pulver oder Granulat in einen **Extruder**, einen beheizten Zylinder, eingefüllt. Im Extruder dreht sich eine Schnecke, wobei das Granulat eingezogen und zum Werkzeug befördert wird. Auf dem Weg durch den Extruder schmilzt das Granulat und wird verdichtet. In Abhängigkeit von dem gewünschten Produkt wird die flüssige Kunststoffmasse durch eine Düse gepresst. Dabei nimmt der Kunststoff die entsprechende Form an, die er durch sofortiges Abkühlen beibehält. Es entstehen verschieden geformte Rohre, Profile, Gussteile oder auch Folien.

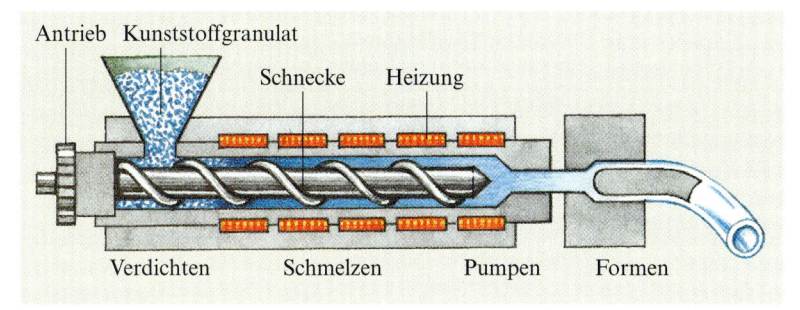

1 Extruder

Polyvinylchlorid (PVC). Auch Polyvinylchlorid (PVC) ist ein Thermoplast. PVC wird durch Polymerisation von Vinylchlorid (Monochlorethen) gebildet.

PVC ist ein starrer Kunststoff, der beim Erwärmen schnell weich wird. PVC brennt in der Flamme, erlischt aber nach Entfernen derselben. Die Beilsteinprobe weist mit einer grünen Flammenfärbung auf chemisch gebundene Chloratome im PVC hin. Die Verbrennungsprodukte enthalten Chlorwasserstoff und sehr giftiges Dioxin.

Je nach dem Anteil an Weichmachern wird zwischen **Hart-PVC** ($w = 0$ bis 12% Weichmacher) und **Weich-PVC** ($w > 12\%$ Weichmacher) unterschieden. Weichmacher sind große Moleküle, die sich zwischen die PVC-Makromoleküle lagern und so die zwischenmolekularen Kräfte verringern.

Weich-PVC wird zu Regenbekleidung, Büroartikeln wie Schnellheftern, Fußbodenbelägen, Kunstleder und Kabelisolierungen verarbeitet. Aus Hart-PVC werden Fenster, Türen, Rohrleitungen, Schallplatten und Verpackungsbehälter gefertigt.

AUFGABEN

1. PVC wird durch Polymerisation von Monochlorethen gebildet. Stelle die Reaktionsgleichung auf.
2. Begründe, weshalb die Verwendung von PVC als Pfannengriff gefährlich wäre.
3. Erkunde weitere Kunststoffe die durch Polymerisation hergestellt werden.
4. Entwickle einen Steckbrief von Polyethylen.

Duroplaste

1 Autokarosserie aus Phenoplast

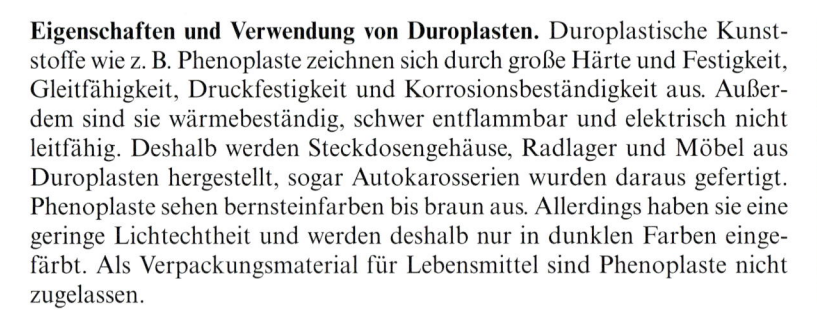

2 Flugzeugverkleidung innen mit glasfaserverstärktem Phenoplast

Eigenschaften und Verwendung von Duroplasten. Duroplastische Kunststoffe wie z. B. Phenoplaste zeichnen sich durch große Härte und Festigkeit, Gleitfähigkeit, Druckfestigkeit und Korrosionsbeständigkeit aus. Außerdem sind sie wärmebeständig, schwer entflammbar und elektrisch nicht leitfähig. Deshalb werden Steckdosengehäuse, Radlager und Möbel aus Duroplasten hergestellt, sogar Autokarosserien wurden daraus gefertigt. Phenoplaste sehen bernsteinfarben bis braun aus. Allerdings haben sie eine geringe Lichtechtheit und werden deshalb nur in dunklen Farben eingefärbt. Als Verpackungsmaterial für Lebensmittel sind Phenoplaste nicht zugelassen.

EXPERIMENT 3 [L]
Herstellung eines Phenoplasts.
Vorsicht! Gleiche Volumenanteile einer 40%igen Methanallösung (T) und Phenol (T) werden im Reagenzglas mit wenigen Tropfen einer 5%igen Natronlauge (C) versetzt und vorsichtig erwärmt.

Struktur von Duroplasten. Die Makromoleküle der Duroplaste entstehen durch eine enge räumliche Vernetzung der Ausgangsstoffe über Atombindungen. Diese Struktur bleibt wegen der Stabilität der Atombindungen auch beim Erwärmen bestehen. Duroplaste sind deshalb unschmelzbar. Bei sehr hohen Temperaturen werden die Bindungen gespalten und der duroplastische Kunststoff zersetzt sich.

Duroplaste sind aus engmaschig vernetzten Makromolekülen aufgebaut.

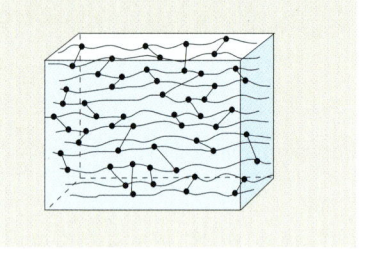

3 Makromolekulare Struktur von Duroplasten

Phenoplaste durch Polykondensation. Ausgangsstoffe für die Herstellung von Phenoplast sind Phenol und Formaldehyd (Methanal). Zunächst reagiert jeweils ein Phenolmolekül mit einem Formaldehydmolekül unter Bildung eines Zwischenprodukts. Danach werden weitere Phenolmoleküle an die Moleküle des Zwischenprodukts unter Abspaltung von Wassermolekülen gebunden.
Da die Kondensationsreaktion vielfach und schnell hintereinander erfolgt, wird die Reaktion als **Polykondensation** bezeichnet.

$$\text{Phenol} + \text{Formaldehyd} \xrightarrow{\text{Polykondensation}} \text{Phenoplast} + \text{Wasser}$$

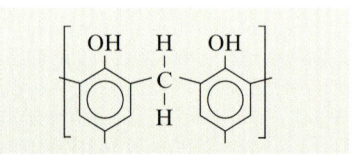

4 Phenoplast, Ausschnitt aus der Molekülstruktur

Duroplaste

Im Phenolmolekül ist an drei Kohlenstoffatomen eine Reaktion mit Formaldehyd möglich. Deshalb entstehen im Verlauf der Polykondensation dreidimensional vernetzte Makromoleküle.

> Die Polykondensation ist eine chemische Reaktion, bei der aus Monomeren meist zweier Ausgangsstoffe unter Abspaltung kleiner Moleküle, z. B. Wassermolekülen, makromolekulare Stoffe entstehen.

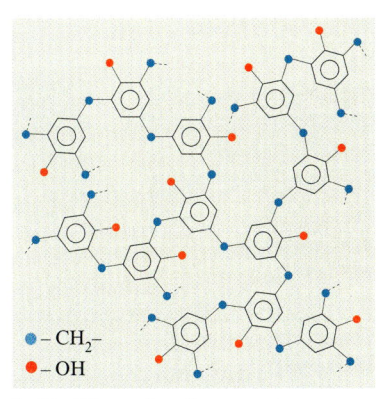

Verarbeitung von Duroplasten. Werkstücke aus duroplastischem Kunststoff müssen bereits bei der Herstellung ihre endgültige Form erhalten, weil sie danach nicht mehr plastisch verformbar sind. Sie können nur noch mechanisch, z. B. durch Bohren, Feilen oder Sägen bearbeitet werden.
Zur formgebenden Verarbeitung wird die Polykondensationsreaktion unterbrochen. Die Zwischenprodukte liegen in einem harzähnlichen Zustand vor. Daher leitet sich der Name „Kunstharz" ab. Dieses harzähnliche Material kann in Formen gegossen werden („Gießharz"). Anschließend wird durch Erhitzen die Polykondensation als „Aushärtung" zu Ende geführt. Das dabei entstehende Wasser wird aus dem Werkstück entfernt.

Pressstoffe. Der größte Teil der Phenoplaste wird im Gemisch mit weiteren, als Füllstoffe bezeichneten Materialien verwendet. Diese aus dem Phenoplastharz, Füll- und Farbstoffen gemischten Pressmassen werden in Formen gepresst und durch Erhitzen zu Pressstoffen ausgehärtet. Als Füllstoffe können Holzmehl, Zellstoff, Textilfasern oder -gewebe, Papier, aber auch Steinmehl oder Glasfasern eingesetzt werden. Diese Stoffe werden mit dem Phenolharz gemischt oder mit ihm getränkt und anschließend ausgehärtet. So entstanden die Karosserieteile des Trabants aus dickem Papier, Baumwolle und Phenoplastharz.
Es ergibt sich ein sehr breites Anwendungsspektrum in der Elektrotechnik, im Haushaltsbereich und der Hausgerätetechnik. Geringe Harzanteile liegen in Spanplatten vor, in denen das Harz v. a. als Bindemittel dient. Wegen des früher in höherem Maße austretenden Formaldehyds waren Möbel aus solchen Platten gesundheitsschädlich.

● – CH_2–
● – OH

2 Dreidimensionale vernetzte Phenoplast-Makromoleküle

Schon gewusst?

Der älteste vollsynthetische Kunststoff ist ein von HENDRIK BAEKELAND (1863 bis 1944) hergestellter Phenoplast. Zu Ehren seines Erfinders hat sich der Name Bakelit erhalten. Ab 1909 wurden daraus z. B. Telefon- und Radiogehäuse gefertigt.

3 Telefonzentrale mit einem Gehäuse aus Bakelit

1 Vielfältige Verwendungsmöglichkeiten für unschmelzbare Duroplaste

---

AUFGABEN

1. Erläutere den Verlauf einer Polykondensation am Beispiel der Bildung eines Phenoplasts.
2. Beschreibe Verarbeitungsmöglichkeiten eines Phenoplasts. Vergleiche mit der Verarbeitung von Thermoplasten.
3. Begründe Verwendungsmöglichkeiten für Phenoplaste mit deren Eigenschaften.
4. Erkunde weitere Kunststoffe, die durch Polykondensation hergestellt werden, und informiere dich über die benötigten Ausgangsstoffe.

Elastomere

1 Durch Anritzen der Rinde wird Latex gewonnen.

2 Am Gummiband in die Tiefe

Schon gewusst?

Kautschuk fand im 18. Jh. in Europa eine erste Anwendung als Radiergummi. Ab 1791 wurden im regenreichen England von SAMUEL PEAL und CHARLES MACINTOSH (1766 bis 1843) durch Gummierung von Textilgewebe Regenmäntel hergestellt. Auch wasserdichte Postsäcke für den Verkehr Englands mit seinen Kolonien wurden so gefertigt.

Naturkautschuk ist der einzige natürlich vorkommende Rohstoff eines Kunststoffes. Schon im 11. Jahrhundert waren in der Kultur der Maya die besonderen Materialeigenschaften bekannt. Kautschuk (indian. Cahuchu – weinender Baum) kommt im Milchsaft verschiedener Pflanzen, besonders in dem des Kautschukbaumes *Hevea brasiliensis* vor. Aus dem durch Anritzen der Rinde gewonnenen Milchsaft, dem Latex, wird der Kautschuk durch Zusatz von Essigsäure ausgefällt.

Gummi – vulkanisierter Kautschuk. Die Materialeigenschaften von Naturkautschuk sind teilweise ungünstig. Bei 3 °C wird das Material spröde und brüchig, ab etwa 150 °C weich und klebrig. Außerdem verhält sich Naturkautschuk nur gering elastisch.
CHARLES GOODYEAR (1800 bis 1860) entwickelte 1839 ein Verfahren, mit dem aus Kautschuk wärmebeständiger und hochelastischer Gummi, ein Elastomer, hergestellt werden konnte. Durch Verkneten von Naturkautschuk mit Schwefel und unter anschließendem Erhitzen entstand Gummi. Das als **Vulkanisation** bezeichnete Verfahren verbessert die Materialeigenschaften von Naturkautschuk erheblich.
Beim Vulkanisieren reagieren Schwefelatome mit den Kautschukmolekülen unter Bildung von „Schwefelbrücken", dabei werden die Makromoleküle vernetzt.

Eigenschaften und Struktur von Elastomeren. Nach Einwirken einer verformenden Kraft nehmen Elastomere ihre ursprüngliche Form wieder an. Die Makromoleküle der Elastomere sind weitmaschig vernetzt angeordnet, sie bilden Knäuel. Beim Dehnen der Elastomere werden die Knäuel auseinander gezogen. Wirkt die verformende Kraft nicht mehr, nehmen die Makromoleküle wieder ihre geknäuelte Struktur an.
An den Vernetzungspunkten sind die Makromoleküle durch Atombindung miteinander verbunden. Deshalb zersetzen sich Elastomere bei starkem Erhitzen ähnlich wie Duroplaste.

EXPERIMENT 4 [L]
Nachweis von Schwefel in Gummi.
Abzug! An den Innenrand eines Reagenzglases wird mit 2%iger Silbernitratlösung befeuchtetes Filterpapier gedrückt. Einige Stückchen Gummi werden in dem Reagenzglas erhitzt (T+, F+, N).

unvulkanisierter Kautschuk

vulkanisierter Kautschuk

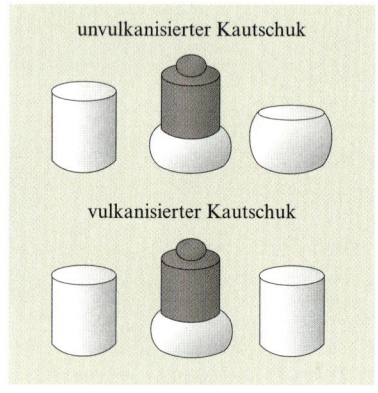

3 Verhalten von Kautschuk und Gummi bei Krafteinwirkung

> Elastomere sind aus weitmaschig vernetzten Makromolekülen aufgebaut.

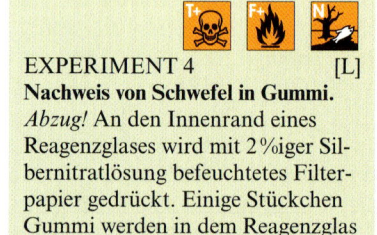

Elastomere

Synthetischer Kautschuk. Die zunehmende Technisierung und Motorisierung mit Beginn des 20. Jahrhunderts führte zu einem wachsenden Bedarf z. B. an Reifengummi. Die Nachfrage konnte durch Naturkautschuk nicht mehr gedeckt werden.

Seit 1929 konnte Kautschuk in großem Maße auch synthetisch durch **Polymerisation** von **Buta-1,3-dien** hergestellt werden. Als Katalysator dient Natrium. Aus den Anfangsbuchstaben der beiden Stoffe entstand die Bezeichnung Buna (**Bu**ta-1,3-dien, **Na**trium).

$n\ CH_2=CH-CH=CH_2 \longrightarrow \;{\{\!\!\{} CH_2-CH=CH-CH_2 {\}\!\!\}}_n$
Buta-1,3-dien Polybutadien

Um dem Naturkautschuk ähnliche Verzweigungen der kettenförmigen Moleküle zu erreichen, können zusätzlich Stoffe wie Acrylnitril oder Styrol im Gemisch mit Butadien polymerisiert werden. Es entstehen Mischpolymere, deren Eigenschaften durch das Mischungsverhältnis beeinflusst werden können.

Durch Polymerisation von Monochlorbutadien erhält man Chloropren (Neoprene®). Im Vergleich zu Kautschuk besitzt Chloropren eine höhere UV-Licht- und Wärmebeständigkeit.

Verarbeitung von Elastomeren. Auch synthetischer Kautschuk wird bei der Verarbeitung zu Gummi vulkanisiert. Die elastischen Eigenschaften können über den Grad der Vernetzung, d. h. über den zugemischten Schwefelanteil beeinflusst werden. **Weichgummi** enthält zwischen 3 und 5 % Schwefel. Bei hohem Schwefelanteil gehen wegen der starken Vernetzung die elastischen Eigenschaften verloren. Es entsteht **Hartgummi**.

Über 60 % des hergestellten Gummis werden für die Produktion von Autoreifen verwendet. Bei der Herstellung von Reifengummi werden Ruß und Harze als Füllstoffe zur Verringerung des Abriebs zugemischt. Durch Veränderung der Kautschuksorten und der Beimengungen lassen sich unterschiedliche Gummieigenschaften erzielen, wie sie für Sommer- und Winterreifen benötigt werden. Auch die rutsch- und abriebfesten Laufflächen und die elastischen Seitenflanken eines Reifens für die immer schneller fahrenden Kraftfahrzeuge erfordern spezielle Gummimischungen. Als Stabilisatoren bezeichnete Stoffe verlangsamen das Ersetzen der Schwefelatome durch Sauerstoffatome. Durch diesen Prozess wurde Gummi früher besonders schnell brüchig und porös.

Durch Heißvulkanisation werden Gummischläuche, Dichtungen, Keilriemen, Schuhsohlen oder Förderbänder hergestellt. Besonders dünnwandige Gummierzeugnisse wie Luftballons oder Kondome werden durch „Kaltvulkanisation" hergestellt. Dabei wird eine Form abwechselnd in Latex und in eine schwefelhaltige Lösung getaucht.

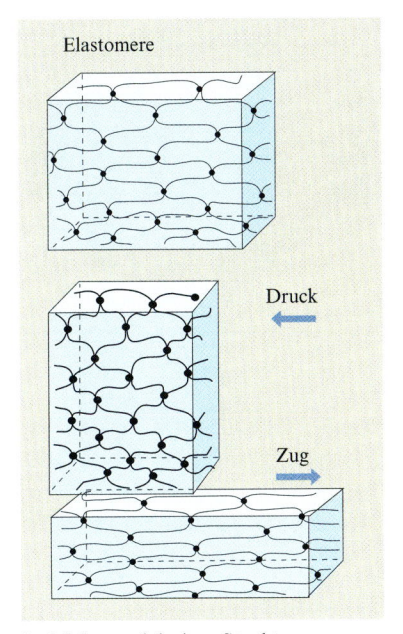

1 Makromolekulare Struktur von Elastomeren und Verhalten beim Einwirken einer äußeren Kraft

2 Tauchanzüge werden oft aus Neoprene® hergestellt.

AUFGABEN

1. Kaugummi ist mit Zucker bzw. Zuckeraustauschstoffen und Geschmacksstoffen versetzter Kautschuk. Beschreibe die Eigenschaften von Kautschuk anhand dieses Beispiels.
2. Gib Verwendungsmöglichkeiten von Gummi an.
3. Erläutere den Vorgang der Vulkanisation.
4. Wodurch können die Eigenschaften von Gummi beeinflusst werden?
5. Recherchiere, welche anderen Kunststoffsorten mit elastomeren Eigenschaften hergestellt werden. Informiere dich über Anwendungen und Produkte.
6. An Sommer- und Winterreifen werden unterschiedliche Anforderungen gestellt. Nenne die jeweils erforderlichen Eigenschaften und überlege, durch welche Verfahren geeigneter Gummi hergestellt werden kann.

Chemiefasern

1 Verkaufsschlager Nylonstrümpfe

2 Gleitschirm aus Nylon®

Schon gewusst?

Naturseide war als kostbarer Rohstoff für Bekleidung begehrt. Doch der Rohstoff war knapp, sodass gegen Ende des 19. Jahrhunderts der französische Chemiker Graf HILAIRE DE CHARDONNET (1839 bis 1924) versuchte, seidenartige Fäden aus Schießbaumwolle (Cellulosenitrat) herzustellen. 1891 konnte die kommerzielle Fertigung der halbsynthetischen Faser aufgenommen werden, doch Chardonnetseide erwies sich als leichtentzündlich. Die Produktion wurde nach einem tragischen Unfall, bei dem ein Ballkleid in Brand geriet, eingestellt.

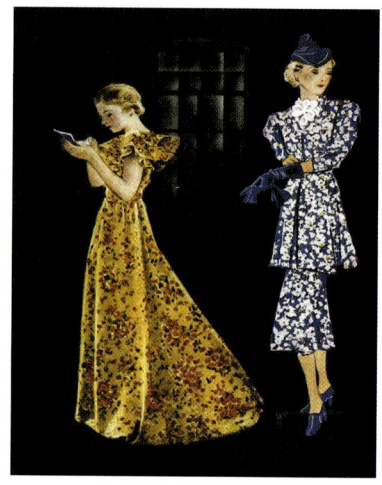

Am 15. Mai 1940 kamen die ersten Nylonstrümpfe in New York (USA) auf den Markt. Sie wurden zu einem Verkaufsschlager – auf Anhieb wurden 5 Millionen Paar verkauft.

Nylon® und Perlon® – erste Synthesefasern aus Polyamid. Die erste vollsynthetische Faser war Nylon®, das seit 1939 in den USA produziert wurde. Bei dem Versuch, die aus Eiweiß bestehende Naturseide synthetisch nachzuahmen, gelang 1935 WALLACE HUME CAROTHERS (1896 bis 1937) die Synthese des Nylons®. Ähnlich wie bei der Bildung der Eiweiße führte CAROTHERS eine Polykondensation durch, wobei die Ausgangsstoffe im Molekül Amino- und Carboxylgruppen enthielten. Die dabei entstehenden Polyamidmoleküle besitzen eine **Säureamid-Gruppe** $-CO-NH-$. Diese ist mit der dir bereits bekannten Peptidgruppe der Eiweiße identisch. Sowohl synthetisch hergestellte Fasern wie auch natürliche Eiweiße werden aufgrund der Säureamid-Gruppe auch als **Polyamide** bezeichnet.

In Deutschland wurde 1938 von PAUL SCHLACK (1897 bis 1987) das in seinen Eigenschaften dem Nylon® sehr ähnliche Polyamid **Perlon®** entwickelt. Wie Nylon® besteht Perlon® aus kettenförmigen Makromolekülen und wird durch Polykondensation hergestellt.

3 Damenkleider aus Chardonnet-Seide

EXPERIMENT 5 [S]
Stelle Polyamidfäden her.
Fülle eine große Kristallisierschale mit Sand und stelle sie auf eine Heizplatte. Wähle eine Temperatur von $\vartheta = 220$ bis $260\,°C$. Überprüfe diese Temperatur mithilfe eines im Sandbad platzierten Thermometers. Stelle ein Becherglas (250 ml) in das Sandbad und gib Polyamidfaserschnitzel hinein und lasse sie schmelzen. Rühre weitere Poyamidfaserschnitzel ein, bis sich eine etwa 10 mm hohe Schmelze gebildet hat. Tippe die Schmelze mit einem kalten Glasstab an und ziehe ihn vorsichtig heraus. Notiere deine Beobachtungen.
Versuche, die erkalteten Fäden anschließend durch Auseinanderziehen zu strecken. Welchen Längenunterschied kannst du erreichen?
Entsorgung: Polyamidfäden in Sammelbehälter für Hausmüll, Sand wieder verwenden.

Vergleich der Bindungen in Peptiden und Polyamiden

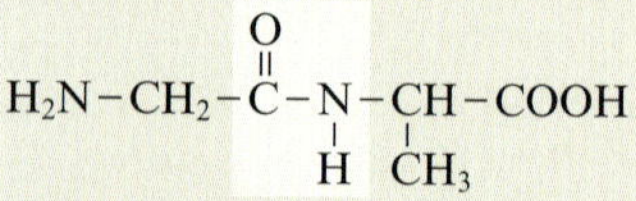

$$H_2N-CH_2-\underset{}{\overset{O}{\overset{\|}{C}}}-\underset{H}{\overset{}{N}}-\underset{CH_3}{\overset{}{CH}}-COOH$$

Dipeptid Gly-Ala

$$\left[-\underset{}{\overset{O}{\overset{\|}{C}}}-(CH_2)_4-\underset{}{\overset{O}{\overset{\|}{C}}}-\underset{H}{\overset{}{N}}-(CH_2)_6-\underset{H}{\overset{}{N}}-\right]$$

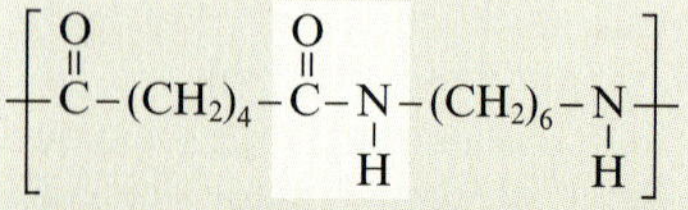

Ausschnitt von einem Polyamidmolekül Nylon®

Chemiefasern

Verarbeitung und Verwendung von Polyamidfasern. Nylon® und Perlon® sind thermoplastische Kunststoffe. Bei der industriellen Herstellung von Polyamidfäden wird geschmolzenes Nylon® bzw. Perlon® durch feine Düsen gepresst und im kalten Luftstrom weiter transportiert. Dabei erstarrt der Kunststoff zu feinen Fäden. Anschließend werden die Fäden verstreckt, wobei sie bis zum Zehnfachen ihrer Länge gedehnt werden. Dadurch richten sich die Makromoleküle parallel aus und es kommt zu einer erheblichen Vergrößerung der Reißfestigkeit des Fadens.
Nylon® zeichnet sich ebenso wie Perlon® durch besonders hohe Zugfestigkeit aus und kann nahezu beliebig versponnen, gestrickt und gewebt werden.
Die Polyamidfasern Nylon® und Perlon® werden zur Herstellung von Kleidung, Gardinen, Möbelstoffen und Teppichen verwendet. Außerdem werden sie als technische Fasern für Schiffstaue, Fischereinetze und bei der Reifenherstellung eingesetzt.

2 Spinnen von Polyamidfäden

Polyesterfasern. Trevira®, Terylen® oder Diolen® sind nur einige der vielen Markennamen der heute wichtigsten Synthesefaser. Polyester wird als dünner Faden zu Polyesterseide gesponnen oder in Form vieler noch feinerer Fädchen als „Mikrofasern" verwendet. Sie sind sehr reiß- und knickfest, sowie form- und temperaturbeständig. Deswegen lässt sich daraus hergestellte Kleidung gut bügeln und ist andererseits recht knitterfrei. Polyestermembranen (z. B. SympaTex®) werden in Regenbekleidung eingesetzt.

1 Bekleidung aus SympaTex® ist atmungsaktiv und schützt vor Wind und Regen.

Die Herstellung beruht auf einer Polykondensation. Durch den Einsatz von Ausgangsstoffen mit jeweils zwei funktionellen Gruppen im Molekül kommt es zur Bildung kettenförmiger Makromoleküle.

Acrylfasern. Durch Polymerisation von Acrylnitril wird Polyacrylnitril (PAN) hergestellt. Es kann aus der Polymerisationslösung direkt zu einer Faser versponnen werden. Polyacrylfasern laden sich elektrostatisch relativ stark auf. Deswegen sind sie aufgrund der gegenseitigen Abstoßung der Fasern knitterfrei und flauschig, aber auch etwas schmutzanziehend. Sie werden zu verschiedenen Textilien verarbeitet, u. a. zu Strickwaren, Velour, Plüsch oder Teppichen.
Durch Hitzebehandlung lassen sich aus Acrylfasern Kohlefasern herstellen.

AUFGABEN

1. Suche Anwendungsbeispiele von Nylon und begründe diese mit dessen Eigenschaften.
2. Welchen Nachteil haben aus Polyamidfasern hergestellte Gardinen?
3. Vergleiche die Struktur eines Eiweißmoleküls mit dem eines Polyesters.
4. „Acryl" findet als Kunststoff vielseitige Verwendung. Suche weitere Beispiele.

Kunststoffrecycling

1 Sortierte Kunststoffabfälle

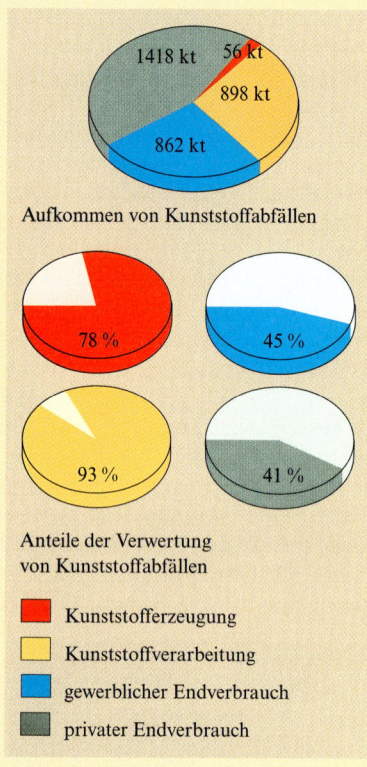

2 Aufkommen und Verwertung von Kunststoffabfällen in verschiedenen Verursacherbereichen (1997)

Kunststoffe besitzen eine Reihe von Eigenschaften, die sie vor allem für die Verpackungsindustrie und für die Hersteller von Einwegartikeln attraktiv machen. Kunststoffartikel sind – um nur einige Eigenschaften zu nennen – stabil, in unendlich vielen Formen herstellbar, leicht, beständig, langlebig. Der Anteil der Kunststoffverpackungen und Einwegartikel im Müll steigt deswegen beständig an. Kunststoffabfälle machen etwa ein Drittel des Müllaufkommens im Hausmüllbereich aus, 1997 waren das 1 418 000 t. Etwa 40 % der Kunststoffabfälle werden mithilfe der Bevölkerung getrennt vom übrigen Müll gesammelt.

Bei der jährlich getrennt gesammelten Masse von 580 kt Kunststoffabfällen muss unter ökologischen und ökonomischen Gesichtspunkten über die Art der Wiederverwertung entschieden werden. Zur Schonung der Rohstoffvorräte und zum sparsamen Umgang mit Energie hat es sich als besonders günstig erwiesen Stoffkreisläufe zu entwickeln.

Kunststoffrecycling als Ersatz für Neukunststoff. Der Idealfall eines Wiederverwertungskreislaufs führt vom Abfallprodukt zum neuen Produkt. Dieses als „werkstoffliches Recycling" bezeichnete Prinzip ist jedoch bei vielen Anwendungsbereichen nur eingeschränkt möglich. Oft sind die Materialeigenschaften des recycelten Kunststoffs im Vergleich zum Kunststoff aus Primärproduktion schlechter.

Dabei ist chemisch betrachtet das Umschmelzen von Thermoplasten, z. B. von Getränkekästen aus dem Polyethylen LDPE, problemlos möglich. Getränkekästen aus recyceltem LDPE sind für den Verwendungszweck jedoch zu wenig stabil, weil Polyethylen mit der Zeit durch Lichteinwirkung altert und brüchig wird. Deshalb werden z. B. mechanisch weniger beanspruchte Komposttonnen daraus gefertigt.

Für die Lebensmittelverpackung müssen strenge Hygienevorschriften erfüllt werden. Deshalb werden meist Mehrschicht-Verfahren angewendet. Bei diesen liegt der Anteil des recycelten Kunststoffs in einer äußeren Schicht während der Kunststoff mit Kontakt zum Lebensmittel aus Primärproduktion stammt. Beim Mehrschichtverfahren können nur 40 bis 60 % wiederverwerteter Kunststoff eingesetzt werden.

3 Downcycling – Komposttonne aus recyceltem Polyethylen

Kunststoffrecycling

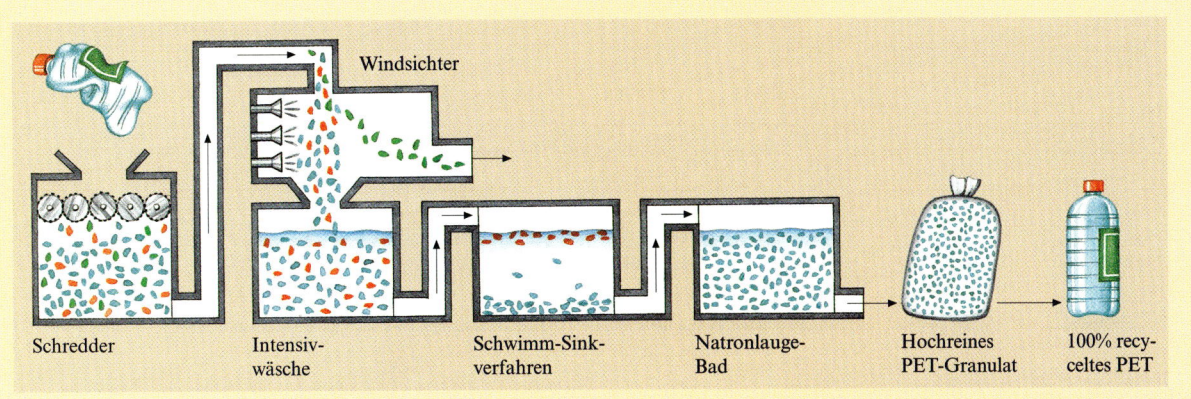

1 Anlage zur 100%igen Verwertung von PET-Getränkeflaschen

Bildbeschriftungen: Schredder | Intensivwäsche | Windsichter | Schwimm-Sink-verfahren | Natronlauge-Bad | Hochreines PET-Granulat | 100% recyceltes PET

Geschlossener Kreislauf erwünscht. Beispielhaft für einen geschlossenen Wiederverwertungskreislauf ist die 2002 in Rostock in Betrieb gegangene Anlage zum Recycling von Getränkeflaschen aus PET (Polyethylenterephthalat, ein Thermoplast). Das dort angewendete Verfahren zerkleinert die sortenrein gesammelten Flaschen zu rieselfähigen Partikeln. Durch Windsichtung werden Etiketten aus Papier und anderen Kunststoffen aussortiert. Die anschließende Intensivwäsche löst den anhaftenden Klebstoff. Im Schwimm-Sink-Verfahren werden Kunststoffdeckel aus Fremdkunststoffen abgetrennt. Um einen hygienisch einwandfreien Rohstoff zu erhalten wird schließlich das PET-Granulat mit Natronlauge versetzt, wodurch Nahrungsmittelreste, Geruchs- und Aromastoffe vollständig entfernt werden. Das PET-Granulat kann nun direkt zu neuen Getränkeflaschen umgeschmolzen werden. Es entstehen Flaschen aus 100% recyceltem Kunststoff.

Rohstoffliches Recycling. Beim „rohstofflichen Recycling" werden Kunststoffabfälle unter Hitzeeinwirkung in wiederverwendbare Rohstoffe gespalten. Bei der **Pyrolyse** werden die Kunststoffabfälle auf erhitztem Quarzsand bei Temperaturen zwischen 600°C und 900°C unter Luftabschluss zerlegt. Dabei entstehen petrochemische Stoffe wie Ethen, Propen, Benzol. Nach einer sorgfältigen Reinigung können diese erneut als Synthesematerial verwendet werden. Bei der **Hydrierung**, die bei etwa 450°C unter Zusatz von Wasserstoff abläuft, werden aus Kunststoffabfällen Leichtbenzin und Dieselöl hergestellt. Diese Produkte haben einen höheren Reinheitsgrad als die Pyrolysegase und -öle und werden für die Produktion hochwertiger Kunststoffe erneut verwendet.

Kennzeichnung häufig verwendeter Polymere

Kennzeichnung	Polymer
1	Polyethylenterephthalat (PET)
2	Polyethen (HDPE; engl.: high density polyethene)
3	Polyvinylchlorid (PVC)
4	Polyethen (LDPE; engl.: low density polyethene)
5	Polypropen (PP)
6	Polystyrol (PS)
7	andere

AUFGABEN

1. Erläutere, wie sich Entsorgung, Verwertung und Deponierung von Kunststoffabfällen voneinander unterscheiden. Mache Vorschläge für verschiedene Verwertungsmöglichkeiten von Kunststoffen.
2. Erläutere den Begriff „Downcycling". Recherchiere, welche Kunststoffprodukte durch dieses Verfahren hergestellt werden.
3. Die Sortierung verschiedener Kunststoffe erfolgt meist über das Schwimm-Sink-Verfahren. Überlege, auf welcher Stoffeigenschaft das Verfahren beruht.
4. Plane ein Experiment, bei dem das Schwimm-Sink-Verfahren modellhaft angewendet wird.
5. Was wird unter dem Begriff „energetische Verwertung" von Kunststoffabfällen verstanden? Informiere dich über diese Form der Verwertung. Nutze das Internet.
6. Die Entsorgung von biologisch abbaubaren Kunststoffen ist unproblematisch. Informiere dich über diese Kunststoffsorte und erläutere das Prinzip des Abbaus.

ZUSAMMENFASSUNG

Kunststoff	Synthetisch hergestellter Stoff, der aus Makromolekülen aufgebaut ist.
Monomere	Viele gleichartige kleine Moleküle, die durch chemische Reaktion zu Makromolekülen verbunden werden.
Polymere	Makromoleküle, aus denen die Kunststoffe aufgebaut sind.

Einteilung der Kunststoffe

Kunststoff	Thermoplast	Elastomer	Duroplast
Eigenschaften	erweichen und schmelzen beim Erhitzen	gummielastisch	zersetzen sich in der Hitze ohne zu erweichen
Molekülstruktur	aufgebaut aus unverzweigten oder leicht verzweigten kettenförmigen Makromolekülen	aufgebaut aus kettenförmigen Makromolekülen, die untereinander weitmaschig vernetzt sind	aufgebaut aus engmaschig vernetzten Makromolekülen
Beispiele	Polyethylen Polystyrol	Gummi	Phenoplaste Bakelit

Polymerisation	Chemische Reaktion, bei der Monomere mit mindestens einer Doppelbindung im Molekül zu Makromolekülen (Polymere) reagieren.

$$\cdots + \underset{\underset{H}{\vert}}{\overset{\overset{H}{\vert}}{C}}=\underset{\underset{H}{\vert}}{\overset{\overset{H}{\vert}}{C}} + \underset{\underset{H}{\vert}}{\overset{\overset{H}{\vert}}{C}}=\underset{\underset{H}{\vert}}{\overset{\overset{H}{\vert}}{C}} + \underset{\underset{H}{\vert}}{\overset{\overset{H}{\vert}}{C}}=\underset{\underset{H}{\vert}}{\overset{\overset{H}{\vert}}{C}} + \cdots \longrightarrow \cdots -\underset{\underset{H}{\vert}}{\overset{\overset{H}{\vert}}{C}}-\underset{\underset{H}{\vert}}{\overset{\overset{H}{\vert}}{C}}-\underset{\underset{H}{\vert}}{\overset{\overset{H}{\vert}}{C}}-\underset{\underset{H}{\vert}}{\overset{\overset{H}{\vert}}{C}}-\underset{\underset{H}{\vert}}{\overset{\overset{H}{\vert}}{C}}-\underset{\underset{H}{\vert}}{\overset{\overset{H}{\vert}}{C}}- \cdots$$

Polykondensation	Chemische Reaktion, bei der Monomere meist zweier Ausgangsstoffe unter Abspaltung kleiner Moleküle, z. B. Wassermoleküle, zu Makromolekülen reagieren.
Chemiefasern	Überwiegend synthetisch hergestellte, makromolekulare Werkstoffe, die sich als textile Faserstoffe verarbeiten lassen. Die Fasern, z. B. Polyamidfasern, Polyesterfasern, besitzen eine sehr hohe Zugfestigkeit.
Kunststoffrecycling	Wiederverwendung von Kunststoffen durch erneutes Einschmelzen von Thermoplasten (werkstoffliches Recycling) oder durch thermische Zersetzung in petrochemische Stoffe (rohstoffliches Recycling).

Periodensystem der Elemente

Willkommen zu einer Reise in das Reich der chemischen Elemente. Einige der acht großen „Provinzen" dieses Reichs hast du schon bereist. Wo liegt Hydrogenium? Stannum und Plumbum ähneln sich wie zwei Geschwister – sie kommen aus einer Provinz. Nach Krypton, dem Verborgenen, musst du vielleicht etwas suchen. Das prächtige Aurum glänzt am Horizont. Beim Besuch von Nitrogenium kann dir die Luft knapp werden. Willst du noch mehr über das Reich der Elemente erfahren? Die „Landkarte", die uns durch dieses Reich führen soll, kennen wir schon – das Periodensystem der Elemente.

➜ Welche Gesetzmäßigkeiten gelten für die chemischen Elemente?
➜ Welche Eigenschaften haben die Elemente?

Chemische Elemente im Periodensystem

Schon gewusst?

Von 1000 Atomen des Universums sind 999 entweder Wasserstoff oder Helium. Nur eines von 1000 ist das Atom eines schwereren Elements.
Vier Elemente – Wasserstoff, Sauerstoff, Aluminium und Silicium – bilden 90 % der Erdrinde. Kohlenstoff, Sauerstoff, Wasserstoff und Stickstoff sind die vier Elemente, die mehr als 99 % aller Atome des menschlichen Körpers ausmachen.

Das Universum, unsere Erde, Landmassen und Meerwasser und auch unser Körper bestehen aus den Atomen chemischer Elemente, von denen es – wie du bereits weißt – wenig mehr als 100 gibt. Mit unterschiedlicher Häufigkeit sind sie die Bausteine aller Stoffe.
Kenntnisse über den Atombau und das Periodensystem der Elemente ermöglichen es, Aussagen über den Bau und die Eigenschaften von Stoffen sowie deren Reaktionsmöglichkeiten abzuleiten.
Was wissen wir bereits über die chemischen Elemente?

Bau der Atome. Die Atome eines jeden Elements bestehen aus einem positiv elektrisch geladenen Atomkern und einer negativ elektrisch geladenen Atomhülle. Protonen und Elektronen sind jeweils die Träger der elektrischen Ladungen. Es gibt so viele voneinander verschiedene Atomsorten wie es chemische Elemente gibt.
Jedes chemische Element ist in eine der senkrechten Gruppen und in eine der waagerechten Perioden des Periodensystems der Elemente eingeordnet. Diese Einordnung ergibt sich aus dem Bau seiner Atome, denn folgender Zusammenhang besteht:

Angabe im Periodensystem der Elemente		Atombau
Ordnungszahl = Kernladungszahl	≙	Anzahl der Protonen im Atomkern = Anzahl der Elektronen in der Atomhülle
Nummer der Hauptgruppe	≙	Anzahl der Außenelektronen
Nummer der Periode	≙	Anzahl von Elektronen besetzter Elektronenschalen Nummer der Außenschale

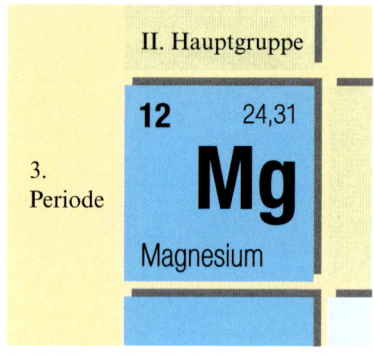

1 Feld aus dem Periodensystem der Elemente

Entdeckung und Bestätigung des Gesetzes der Periodizität

Voraussage und Entdeckung von Elementen. Absichtlich frei gelassene Plätze im Periodensystem führten zu intensiver Suche nach noch nicht entdeckten Elementen. Von den beiden Wissenschaftlern wurden diese Elemente in ihren Eigenschaften schon sehr genau beschrieben. Die Voraussage eines chemischen Elements Ekaaluminium, eine Lücke nach dem Aluminium, wurde 1876 durch die Entdeckung des Galliums von PAUL-EMILE L. DE BOISBAUDRAN glänzend bestätigt.
CLEMENS WINKLER (1838 bis 1904), Professor an der Bergakademie Freiberg, teilte MENDELEJEW 1886 brieflich hoch erfreut mit, dass er bei der Analyse sächsischen Silbererzes ein als Ekasilicium vorausgesagtes chemisches Element fand. Das spätere Germanium hatte bereits seinen Platz im Periodensystem. Mit der Entwicklung der Theorien zum Atombau änderte sich etwa ein halbes Jahrhundert später auch das Ordnungsprinzip der Elemente im Periodensystem – nicht mehr Atommassen, sondern Kernladungszahlen sind heute die Ordnungsgrundlage des Systems.

3 CLEMENS WINKLER (1838 bis 1904)

Haupt- und Nebengruppenelemente. Wichtige Werkstoffe, wie Eisen, Kupfer und Gold sind als chemische Elemente im Periodensystem nicht so schnell zu finden. Stehen sie doch in keiner der acht Hauptgruppen des Periodensystems. Welchen Grund gibt es, diese für die Praxis so bedeutsamen chemischen Elemente in die **Nebengruppen** des Periodensystems der Elemente einzuordnen?

Atombau chemischer Elemente

Elementsymbol	Elektronenanzahl der Elektronenschalen			
Na	2	8	1	
⋮				
Ar	2	8	8	
K	2	8	8	1
Ca	2	8	8	2
Sc	2	8	9	2
Ti	2	8	10	2
⋮				
Fe	2	8	14	2
⋮				
Zn	2	8	18	2
Ga	2	8	18	3
⋮				
Kr	2	8	18	8
Rb	2	8	18	8	1
Sr	2	8	18	8	2
Y	2	8	18	9	2

1 Kessel aus Kupfer    2 Kessel aus Gusseisen

Was wissen wir von diesen chemischen Elementen bereits? Eisen, Kupfer und Gold sind Metalle. Aus Ordnungzahlen im Periodensystem ist ableitbar, dass ihre Atome mit 26, 29 und 79 relativ viele Protonen und ebenso viele Elektronen aufweisen. Die Elektronen verteilen sich bei Eisen- und Kupferatomen auf vier Elektronenschalen, bei Goldatomen auf sechs. Metallatome haben in der äußersten Elektronenschale meist nur ein oder zwei Elektronen, die wesentlich an der chemischen Bindung im Metall beteiligt sind. Diese Außenelektronen bewirken auch die elektrische Leitfähigkeit der Metalle. Das ist bei den Hauptgruppenelementen Magnesium und Calcium ebenso der Fall wie bei den Nebengruppenelementen Eisen, Kupfer und Gold. Im Unterschied zu den Hauptgruppenelementen weisen die Atome von Nebengruppenelementen aber innere Elektronenschalen auf, die mit mehr als acht Elektronen besetzt sind.
Wie im Periodensystem ersichtlich, beginnt mit den Kaliumatomen (Ordnungszahl 19) der Aufbau der 4. Elektronenschale. Zwischen die Elemente Calcium mit zwei und Gallium mit drei Elektronen in der 4. Elektronenschale ihrer Atome sind Scandium bis Zink angeordnet. Auch Eisen ist darunter. Bei den Atomen dieser Elemente wird die 3. Elektronenschale zunächst weiter aufgefüllt.

AUFGABEN

1. Erläutere die Elektronenverteilung bei Atomen als Ordnungsprinzip des Periodensystems für die Elemente der 3. und 4. Periode.
2. Es gibt eine Vielzahl verschiedener Darstellungsformen des Periodensystems. Erkunde solche auch mithilfe des Internets.

Periodizität bei den Eigenschaften von Hauptgruppenelementen

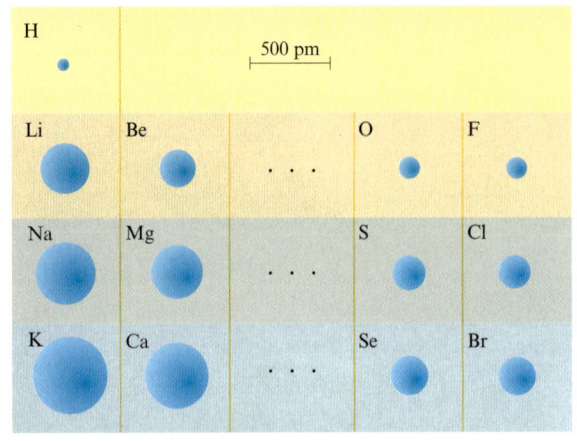

1 Atomradien von Hauptgruppenelementen ohne die Edelgase (1 pm = 10^{-12} m)

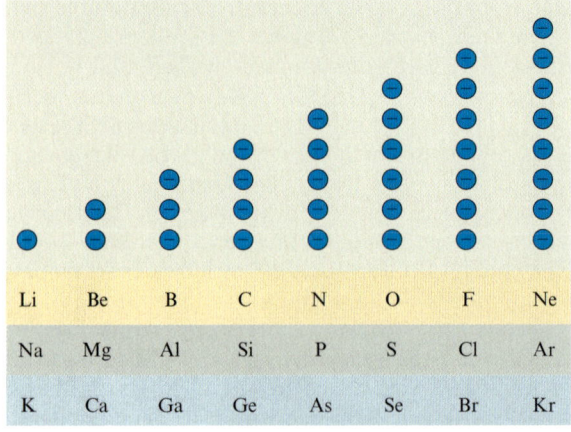

2 Anzahl der Außenelektronen der Atome der Elemente der 2., 3. und 4. Periode

Periodische Ordnung von Atomen und Ionen. Mit steigender Ordnungszahl der chemischen Elemente ändern sich die Atomradien periodisch. Innerhalb einer Hauptgruppe nimmt der Atomradius zu. Je mehr Elektronenschalen in einem Atom besetzt sind, um so größer ist das Atom. Hingegen nimmt der Atomradius innerhalb einer Periode trotz gleicher Anzahl von Elektronenschalen ab. Bei zunehmender Anzahl an Protonen und Elektronen nimmt die Anziehungskraft zwischen diesen zu.

Die Atome chemischer Elemente, die links im Periodensystem stehen, also in der I. bis III. Hauptgruppe, haben wenige Außenelektronen. Dagegen ist bei Atomen der chemischen Elemente aus der VI. und VII. Hauptgruppe die Außenschale mit 6 bzw. 7 Außenelektronen besetzt und nahe an der stabilen Anordnung eines Elektronenoktetts. Die Anzahl der Außenelektronen der Atome ändert sich also mit steigender Ordnungszahl der chemischen Elemente ebenfalls periodisch.

Besitzen Atome chemischer Elemente nur wenige Elektronen in der äußersten Elektronenschale, so können sie die stabile Elektronenanordnung eines Edelgases durch Abgabe von Elektronen erreichen. Dabei bilden sie positiv elektrisch geladene Ionen. Beispielsweise werden aus Magnesiumatomen durch Abgabe von je 2 Elektronen zweifach positiv elektrisch geladene Magnesium-Ionen. Diese Elektronenanordnung bei Magnesiumatomen ähnelt folglich der von Neonatomen.

Negativ elektrisch geladene Ionen bilden sich dagegen besonders bei den Atomen der Elemente aus der V. bis VII. Hauptgruppe, das heißt bei Atomen mit 5 bis 7 Außenelektronen. Chloratome erreichen z. B. durch Aufnahme je eines Elektrons die stabile Elektronenanordnung von Argonatomen. Einfach negativ elektrisch geladene Chlorid-Ionen entstehen auf diese Weise. Art und Anzahl der elektrischen Ladungen von Ionen ändern sich periodisch mit steigender Ordnungszahl der Elemente.

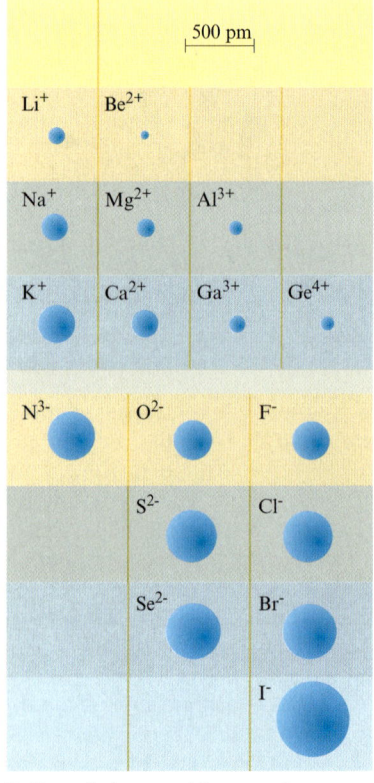

3 Ionenladung und Ionenradien

> Atomradien, Anzahl der Außenelektronen, Art und Anzahl der Ionenladungen ändern sich periodisch mit steigender Ordnungszahl der Elemente im Periodensystem.

Metalle und Nichtmetalle

1 Magnesium im Flugzeugbau    2 Silicium für elektronische Bauteile    3 Chlor zur Desinfektion von Wasser

Etwa drei Viertel aller chemischen Elemente sind Metalle. Viele sind aus dem Alltag bekannt. Alle Nebengruppenelemente im Periodensystem der Elemente sind Metalle. Welche unter den Hauptgruppenelementen weisen die charakteristischen Eigenschaften von Metallen auf?

Änderung der Eigenschaften der Stoffe innerhalb einer Periode

Na Mg ...	Si ...	Cl Ar
Metall	Elementsubstanz mit metallischen und nichtmetallischen Eigenschaften	Nichtmetall

EXPERIMENT 1 [S]
Untersuche Stoffproben auf metallische Eigenschaften.
Plane ein Experiment, mit dem ein Magnesiumspan, ein Stück Aluminiumdraht, ein Schwefelbrocken und ein Graphitstab auf metallische Eigenschaften geprüft werden können.
Entscheide, welche der geprüften Stoffe den Metallen zuzuordnen sind.
Entsorgung: Stoffproben einsammeln, werden wieder verwendet.

Periodizität der Eigenschaften von Stoffen. Die gute elektrische Leitfähigkeit und die Verformbarkeit von Metallen sind mit dem Bau der Metalle zu erklären. Im Metall frei bewegliche Elektronen binden positiv elektrisch geladene Metall-Ionen (Metallbindung). Durch Elektronenabgabe entstehen Metall-Ionen aus Metallatomen. Die Elemente der ersten Hauptgruppen des Periodensystems weisen Atome mit wenigen Außenelektronen auf. Deshalb lässt sich vermuten, dass diese links im Periodensystem stehenden Elemente zu den **Metallen** gehören. Auch die Namen der I. und II. Hauptgruppe Alkalimetalle bzw. Erdkalimetalle bestätigen dies. Mit Ausnahme von Wasserstoff beginnt jede Periode mit einem Metall. Mit zunehmender Anzahl der Protonen innerhalb einer Periode wirken diese stärker anziehend auf die Elektronen in der Atomhülle, sodass sich auch die Außenelektronen weniger leicht abtrennen lassen. Das bedeutet, metallische Eigenschaften der Elemente nehmen innerhalb der Periode ab. Gleichzeitig nehmen nichtmetallische Eigenschaften zu. Von den **Nichtmetallen** Sauerstoff, Schwefel und Chlor ist bekannt, dass sie aus Molekülen aufgebaut sind. Atome der Nichtmetalle sind durch gemeinsame Elektronenpaare (Atombindung) chemisch gebunden. Es sind Atome mit relativ vielen Außenelektronen. Unter den Elementen der V. bis VII. Hauptgruppe mit entsprechend 5 bis 7 Außenelektronen im Atom sind deshalb vorwiegend Nichtmetalle zu finden. Diese gehören meist zu den Molekülsubstanzen.

Metallische und nichtmetallische Eigenschaften der Hauptgruppenelemente ändern sich mit steigender Ordnungszahl periodisch.

AUFGABEN

1. Begründe die Ergebnisse aus Experiment 1 mit deinen Kenntnissen über Atombau und Periodensystem.
2. Ermittle die Modifikationen der Elemente Kohlenstoff und Phosphor, die metallische und die nichtmetallische Eigenschaften haben.
3. Vergleiche die Elektronenanordnung in Atomen und Ionen von Chlor, Kalium, Calcium und Brom. Welche Folgerungen können bezüglich des Baus der genannten Stoffe abgeleitet werden?
4. Vergleiche die Elektronegativitätswerte der Elemente im Periodensystem. Welche Aussagen lassen sich ableiten?

Wir untersuchen Oxide und deren wässrige Lösungen

In der Natur vorkommendes Roteisenerz oder Magneteisenstein sind Oxide des Eisens – Ausgangsstoffe für die Roheisenherstellung. Andere Metalloxide, wie Titanweiß und Kobaltblau sind Farbpigmente in Maler- und Künstlerfarben. Calciumoxid wird zur Mörtelherstellung verwendet. Bekanntestes Oxid eines Nichtmetalls ist Wasser. Kohlenstoffdioxid, Stickstoffoxide und Schwefeldioxid in der Luft können beim Überschreiten bestimmter Massenkonzentrationen Umweltschäden verursachen.

EXPERIMENT 1
Untersuche das Verhalten von Magnesium und Calcium beim Erhitzen.
Vorsicht! Schutzbrille! Gib zwei Spatelspitzen Magnesiumgrieß (F) als kleinen Kegel auf eine feuerfeste Unterlage, z. B. eine Kachel. Erhitze das Metall in der rauschenden Brennerflamme. Nicht in das brennende Magnesium sehen! Gib nach dem Abkühlen etwas von dem Reaktionsprodukt in ein Reagenzglas mit Wasser und prüfe dessen Löslichkeit. Wiederhole das Experiment mit einem Calciumspan (F).
Notiere deine Beobachtungen. Entwickle Reaktionsgleichungen.

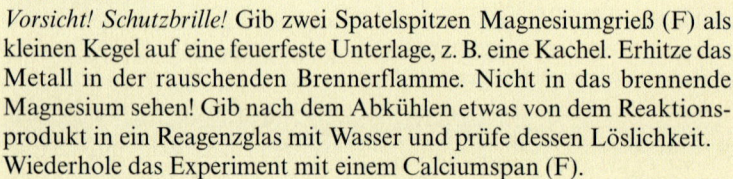

EXPERIMENT 2
Untersuche das Verhalten von Schwefel und Kohlenstoff beim Erhitzen.
Vorsicht! Schutzbrille! Abzug! Erhitze in einem Verbrennungslöffel etwas Schwefel. Gib sofort nach dem Anbrennen des Schwefels den Verbrennungslöffel in einen vorher mit etwa 20 ml Wasser und einigen Tropfen Indikatorlösung gefüllten Erlenmeyerkolben. Verschließe den Kolben dicht. Wiederhole das Experiment mit Kohlenstoff (Holzkohle).
Notiere deine Beobachtungen. Entwickle die Reaktionsgleichungen.

1 Eine Schülergruppe untersucht ein „Nichtmetalloxid".

EXPERIMENT 3
Untersuche wässrige Lösungen von Oxiden.
Vorsicht! Schutzbrille! Versetze jeweils eine Spatelspitze Magnesiumoxid und Calciumoxid (C) bzw. die Reaktionsprodukte aus Experiment 1 mit 5 ml destilliertem Wasser. Prüfe die Lösungen bzw. Aufschlämmungen mit wenigen Tropfen Universalindikatorlösung.
Notiere die charakteristische Eigenschaft der mit Universalindikator geprüften Lösungen. Entwickle Reaktionsgleichungen.

Entsorgung
Aufschlämmungen und Lösungen neutralisieren, anschließend in Sammelbehälter für Abwasser.

AUFTRÄGE

1. Sucht Oxide als Stoffproben aus der Chemikaliensammlung heraus. Notiert Namen und Formeln der gefundenen Stoffe, charakterisiert diese und ordnet sie nach Metall- und Nichtmetalloxiden.
2. Welche Aufgabe hat sich die Schülergruppe beim Untersuchen des „Nichtmetalloxids" in Bild 1 gestellt?
3. Gebt an, welche Stoffe oder Teilchen durch Indikatoren angezeigt werden. Notiert in einer Tabelle die Farbe, die der jeweilige Indikator in verschiedenen wässrigen Lösungen annimmt. Ermittelt die pH-Werte, die für saure, alkalische und neutrale Lösungen gelten.

Chemische Reaktionen von Oxiden mit Wasser

1 Wässrige Lösungen von Oxiden – unterschiedliche pH-Werte

Alkalisch oder sauer? Metalle und Nichtmetalle reagieren mit Sauerstoff zu Oxiden. Diese lösen sich nicht nur, sondern reagieren zum Teil mit Wasser. Wie in den Experimenten festgestellt, sind die wässrigen Lösungen alkalisch oder sauer. Oxide von Metallen, zum Beispiel von Elementen aus der I. und II. Hauptgruppe des Periodensystems, können mit Wasser zu Hydroxidlösungen reagieren. Da sich die Hydroxide unterschiedlich in Wasser lösen, zeigen Indikatoren eine unterschiedlich starke alkalische Lösung an. In den Lösungen sind Hydroxid-Ionen nachweisbar.

$MgO + H_2O \longrightarrow Mg(OH)_2 \qquad Mg(OH)_2 \longrightarrow Mg^{2+} + 2\,OH^-$

Nichtmetalloxide können hingegen mit Wasser saure Lösungen bilden.

$SO_3 + H_2O \longrightarrow H_2SO_4 \qquad H_2SO_4 \longrightarrow 2\,H^+ + SO_4^{2-}$

Unter den Oxiden der Elemente aus der V. bis VII. Hauptgruppe bilden viele mit Wasser saure Lösungen. In ihnen lassen sich mit Indikatoren Wasserstoff-Ionen nachweisen.
Alkalische und saure Eigenschaften der wässrigen Lösungen von Oxiden ändern sich ebenfalls mit steigender Ordnungszahl der Elemente.

Amphoterie. Aluminiumhydroxid hat eine Zwischenstellung. Es reagiert wie andere Hydroxide mit Säurelösungen, aber beispielsweise auch mit starken alkalischen Lösungen, z. B. mit Natronlauge. Aluminiumhydroxid reagiert gegenüber stärkeren Säuren wie eine Base, gegenüber stärkeren Basen verhält es sich wie eine Säure. Ein solches Verhalten wird als **amphoter** bezeichnet. Neben Aluminiumhydroxid sind auch die Oxide bzw. Hydroxide von Beryllium, Arsen, Germanium, Blei, Antimon und Tellur amphoter.

Eigenschaften von Elementen innerhalb der 3. Periode

Hauptgruppe	I	II	III	IV	V	VI	VII
Oxid des Elements	Na$_2$O	MgO	Al$_2$O$_3$	SiO$_2$	P$_2$O$_5$	SO$_3$	Cl$_2$O$_7$
Hydroxid bzw. Säure	NaOH	Mg(OH)$_2$	Al(OH)$_3$	H$_4$SiO$_4$	H$_3$PO$_4$	H$_2$SO$_4$	HClO$_4$
Eigenschaft der Lösung	zunehmend alkalisch				zunehmend sauer		

Aktuelle Luftmessdaten in der verkehrsreichen Lage einer Großstadt

Temperatur	28 °C
$\beta(SO_2)$	10 µg/m³
$\beta(NO_2)$	5 µg/m³
$\beta(CO)$	400 µg/m³
$\beta(Ozon)$	94 µg/m³

AUFGABEN

1. Erläutere, was es mit den angezeigten Werten bei der Luftmessung auf sich hat. Informiere dich über Grenzwerte. Gib Ursachen für das mögliche Überschreiten der Grenzwerte an.
2. Oxide haben große Bedeutung bei der Roheisen- und Stahlherstellung. Informiere dich darüber, welche Oxide als Ausgangsstoffe oder auch als zu entfernende Reaktionsprodukte bei diesen chemisch-technischen Verfahren auftreten.
3. Belege die Gültigkeit des Gesetzes der Periodizität an Eigenschaften der Elemente der 2. und 3. Periode.
4. Gib für je 2 Metall- und Nichtmetalloxide sowie deren wässrige Lösungen eine Verwendungsmöglichkeit an.

Alkalimetalle

1 Lithium, Natrium und Kalium sind Alkalimetalle.

Natrium – typisches Metall. Obgleich Natrium eines der häufigsten Elemente der Erdrinde ist, kennen viele Menschen das Metall Natrium nicht. Verbindungen des Natriums, wie Kochsalz oder Natron, begegnen uns aber alltäglich. Wie aus dem Periodensystem ableitbar, besitzt Natrium die typischen Eigenschaften eines Metalls. Es ist silberglänzend und ein guter elektrischer Leiter und Wärmeleiter. Natrium gehört zu den Leichtmetallen und ist so weich, dass es mit dem Messer schneidbar ist. Gegenüber Sauerstoff und Wasser ist Natrium sehr reaktionsfreudig. Deshalb wird es, geschützt vor Luft und Feuchtigkeit, z. B. unter Paraffinöl, aufbewahrt.

Wer gehört noch zur Familie? Als ein Element der I. Hauptgruppe des Periodensystems gehört Natrium wie auch **Lithium, Kalium, Rubidium** und **Caesium** zur Elementfamilie der **Alkalimetalle**. Die Atome der Alkalimetalle haben jeweils ein Außenelektron. Aus den Atomen können leicht einfach positiv elektrisch geladene Ionen gebildet werden. Darauf beruht auch die große Reaktionsfähigkeit der Alkalimetalle. Zur Aufbewahrung werden Rubidium und Caesium deshalb sogar in luftleeren Glasampullen eingeschmolzen. Trotz guter Übereinstimmung der **Gruppeneigenschaften** der Alkalimetalle gibt es innerhalb der Gruppe auch deutliche Abstufungen. So nehmen die Härte, die Schmelz- und Siedetemperatur von Lithium zum Caesium hin ab. Dichte und Reaktionsfähigkeit nehmen dagegen zu.

> **EXPERIMENT 2** [S]
> **Untersuche die Flammenfärbung von Alkalimetallen.**
> Tauche ein Magnesiastäbchen in konzentrierte Salzsäure (C) und glühe es aus. Bringe mit dem Magnesiastäbchen Proben von Lithiumchlorid (Xn) in die nicht leuchtende Brennerflamme. Wiederhole das Experiment mit Kalium- und Natriumchlorid. Notiere deine Beobachtungen.
> *Entsorgung:* Feststoffe in Sammelbehälter für Hausmüll.

Chemische Reaktionen mit Sauerstoff und Wasser. Alle Alkalimetalle reagieren bereits bei Raumtemperatur mit Sauerstoff, daher kommen die Alkalimetalle in der Natur nur in Verbindungen vor. Auffallend sind die Flammenfärbungen beim Verbrennen von Alkalimetallen. Diese Erscheinungen werden auch zum Nachweis der Alkalimetalle genutzt. Bei der Reaktion eines Alkalimetalls mit Wasser entstehen in heftiger exothermer Reaktion eine Hydroxidlösung und Wasserstoff. Die Hydroxid-Ionen der alkalischen Lösungen können mithilfe von Indikatoren nachgewiesen werden.

> **EXPERIMENT 3** [L]
> **Reaktion von Natrium mit Wasser.**
> *Vorsicht! Schutzbrille! Schutzscheibe!*
> Ein sorgfältig entrindetes, erbsengroßes Stück Natrium (F, C) wird in eine runde saubere Kristallisierschale auf Wasser gegeben, dem einige Tropfen Spülmittel zugesetzt wurden. Anschließend ist die Flüssigkeit in der Kristallisierschale mit einem Indikator zu prüfen.

Flammenfärbungen

Element	Farbe
Lithium	rot
Natrium	gelb
Kalium	blassviolett
Rubidium	rotviolett
Caesium	blauviolett

Lithium   Natrium   Kalium

Rubidium   Caesium

Erdalkalimetalle

Das Periodensytem weist den Weg, um Aussagen über die Elemente aus der Gruppe der Erdalkalimetalle abzuleiten, die du noch nicht kennst. Was ist Strontium für ein Element – Metall oder Nichtmetall? Wie ist sein Oxid beschaffen? Bildet es mit Wasser eine alkalische Lösung?
Ein Blick ins Periodensystem genügt!

Magnesium und Calcium. Als Gebirge prägen Verbindungen des Calciums ganze Landschaften. Tropfsteine bestehen aus ihnen ebenso wie die „Häuser" von Muscheln und Schnecken. Calcium selbst, obgleich eines der häufigsten Elemente der Erdrinde, ist ein so in der Natur nicht vorkommendes silberglänzendes Leichtmetall. Ähnlich, aber weniger heftig als die Alkalimetalle, reagiert Calcium mit dem Sauerstoff der Luft und mit Feuchtigkeit. Vom silberglänzenden Magnesium ist bereits bekannt, dass es mit heller Lichterscheinung verbrennt. Auch an der Luft oxidiert das Metall schnell, wobei es sich mit einer dünnen Schicht von Magnesiumoxid überzieht. Diese Schicht schützt das Metall vor weiterer Oxidation.

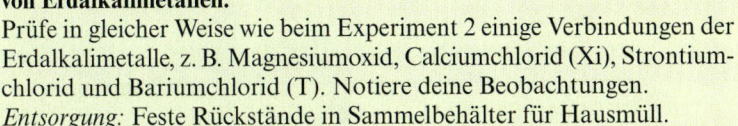

EXPERIMENT 4 [S]
Untersuche die Flammenfärbung von Erdalkalimetallen.
Prüfe in gleicher Weise wie beim Experiment 2 einige Verbindungen der Erdalkalimetalle, z. B. Magnesiumoxid, Calciumchlorid (Xi), Strontiumchlorid und Bariumchlorid (T). Notiere deine Beobachtungen.
Entsorgung: Feste Rückstände in Sammelbehälter für Hausmüll.

EXPERIMENT 5 [S]
Untersuche die chemische Reaktion von Calciumoxid mit Wasser.
Gib in einem Reagenzglas zwei Spatelspitzen Calciumoxid (Xi) zu 5 ml Wasser. Beurteile die Löslichkeit. Filtriere das Reaktionsgemisch und prüfe das Filtrat mit Universalindikator.
Notiere deine Beobachtungen. Entwickle Reaktionsgleichungen.
Entsorgung: Lösungen in Sammelbehälter für Abwasser.

Kalkwasser und Barytwasser. Calciumoxid reagiert mit Wasser zu Calciumhydroxid. In 100 g Wasser lösen sich nur etwa 0,2 g Calciumhydroxid. Die entstehende klare, stark alkalische Lösung heißt **Kalkwasser**. Calciumhydroxidlösung (Kalkwasser) und Bariumhydroxidlösung **(Barytwasser)** werden als **Nachweismittel** für Kohlenstoffdioxid und Carbonat-Ionen genutzt. Schwerlösliches Calcium- bzw. Bariumcarbonat fällt als weißer Niederschlag aus.

Eigenschaften einiger Elemente der Elementgruppe Erdalkalimetalle			
Name und Symbol des Elements	Calcium Ca	Strontium Sr	Barium Ba
Flammenfärbung	ziegelrot	rot	grün
Schmelztemperatur in °C	838	757	714
Dichte in g/cm^3	1,55	2,58	3,50
Härte (nach Mohs)	1,5	1,5	1,2
Reaktivität mit Wasser	mäßig	heftig	stürmisch

1 Erdalkalimetalle bringen Farbe ins Feuerwerk.

EXPERIMENT 6 [L]
Einwirken von Wasser auf brennendes Magnesium.
Vorsicht! Schutzbrille! Schutzscheibe!
Ein kleiner Kegel Magnesiumgrieß (F) wird auf einer feuerfesten Unterlage entzündet. Auf das brennende Magnesium werden vorsichtig wenige ml Wasser gegeben.

AUFGABEN

1. Leite Angaben zum Atombau der Alkali- und der Erdalkalimetalle aus dem Periodensystem ab.
2. Erläutere die chemische Reaktion von Calcium mit Wasser als Stoff- und Energieumwandlung sowie als Veränderung von Teilchen.
3. Schon 3000 Jahre vor Chr. konnten die Ägypter aus „alkali" Seife und Glas herstellen. Was verwendeten sie?
4. Informiere dich über die Verwendung von Alkali- und Erdalkalimetallen.
5. Erläutere, wie du im Biologieunterricht einen Bestandteil der Ausatemluft nachgewiesen hast.

Elemente der IV. Hauptgruppe

Auf unserer Reise durch das Reich der Elemente begegnen uns **Kohlenstoff** und seine „Verwandten" **Silicium, Germanium, Zinn** und **Blei**. Diamant, die lichtbrechende, extrem harte Modifikation des Nichtmetalls Kohlenstoff, und das blaugraue, sehr weiche Metall Blei sollen Ähnlichkeiten haben? Können wir uns hier noch auf die „chemische Landkarte" Periodensystem verlassen?

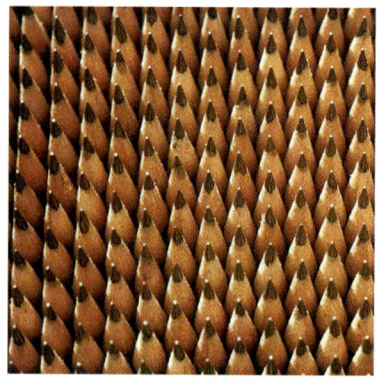

Gruppeneigenschaften. Innerhalb einer Hauptgruppe des Periodensystems lassen sich geringfügige bis größere Abstufungen bei den Eigenschaften der Stoffe beobachten, wie z. B. bei der Reaktionsfähigkeit der Alkalimetalle. Innerhalb einer Periode ändern sich Eigenschaften der Elemente mit zunehmender Ordnungszahl der Elemente sehr viel deutlicher. An dem Übergang von Elementen mit metallischen bzw. nichtmetallischen Eigenschaften oder an den sauren bzw. alkalischen Lösungen ihrer Oxide in Wasser ist dies zu erkennen. Es darf uns deshalb nicht überraschen, wenn die Elemente der IV. Hauptgruppe mit ihrer Mittelstellung im Periodensystem uns so unterschiedlich erscheinen.

1 Bleistiftminen bestehen aus Graphit

Elementsubstanz	Eigenschaften	Verwendung
Kohlenstoff		
– als Diamant	farblos, durchscheinend, sehr hart, elektrischer Nichtleiter	Besatz von Bohr- und Schneidwerkzeugen, Schmuck
– als Graphit	dunkelgrau, schuppig, leitet elektrischen Strom	Schmiermittel, Bleistiftminen, Elektrodenmaterial
Silicium	dunkelgrau glänzend, hart, spröde, Halbleiter	mikroelektronische Bauelemente, Solarzellen
Germanium	grauweiß glänzend, hart, spröde, Halbleiter	mikroelektronische Bauelemente, Solarzellen
Zinn	silberweiß glänzend, geringe Härte, dehnbar, beständig gegen Luft und Wasser, leitet elektrischen Strom	Folien, Weißblech, Legierungsbestandteil
Blei	bläulich glänzend an frischer Schnittfläche, dehn- und walzbar, leitet elektrischen Strom, beständig gegenüber manchen Säurelösungen	Akkumulatorenplatten, Legierungsbestandteil, Strahlenschutzkleidung bei Röntgenuntersuchungen

2 Figuren aus Zinn

Ähnlichkeiten im Atombau. Eigenschaften von Stoffen beruhen auf ihrem Bau. Der Bau der Elemente der IV. Hauptgruppe wird vor allem durch den Bau ihrer Atome bestimmt. Alle ihre Atome weisen 4 Außenelektronen auf, die sich in zunehmendem Abstand vom Atomkern befinden. Mit vier Außenelektronen ist keine stabile Elektronenanordnung gegeben. Sie wird jedoch dadurch erreicht, dass eine ungeheuer große Anzahl von Atomen durch Atombindung chemisch gebunden sind. Gemeinsame Elektronenpaare halten die Atome zusammen. So entstehen „Riesenmoleküle" von großem Ausmaß. Stoffe mit diesem Bau werden als **polymere Stoffe** bezeichnet.

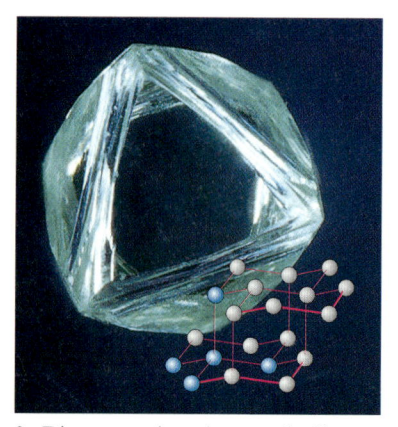

3 Diamant – ein polymerer Stoff
Diamantgitter

Elemente der IV. Hauptgruppe

Aus der Welt der Chemie

Silicium und Siliciumdioxid – polymere Stoffe

Silicium hat in der mineralischen Natur eine ähnliche Bedeutung wie Kohlenstoff, das Element des Lebens, für die belebte Natur. Mehr als ein Viertel der Erdkruste besteht aus Siliciumverbindungen, vor allem aus Siliciumdioxid.

Wäre Siliciumdioxid so aufgebaut wie Kohlenstoffdioxid aus kleinen Molekülen, wäre die Erdkruste gasförmig. Stattdessen sind in festen, harten Quarzkristallen Silicium- und Sauerstoffatome im Verhältnis 1:2 in einem hochmolekularen, dreidimensionalen Gitter gebunden.

Bis ins 18. Jahrhundert wurde vermutet, Diamant sei besonders reiner Bergkristall. Erst nach dem Verbrennen einer Probe in reinem Sauerstoff konnte dieser als Kohlenstoff identifiziert werden.

3 Bergkristall

2 Rosenquarz

1 Amethyst

Die chemische Reaktion von Siliciumdioxid mit Kohlenstoff ist der Ausgangspunkt für die Herstellung von Silicium, das heute eine überragende Bedeutung als Element der Elektronik hat. Obgleich Silicium dem Diamant im Bau gleicht, steht es mit seinen Eigenschaften zwischen Metallen und Nichtmetallen. Die im Vergleich zu Kohlenstoff größeren Siliciumatome bewirken, dass Silicium nicht so „extreme" Eigenschaften wie Diamant besitzt. Seine Halbleitereigenschaft begründet die Verwendung in jedem Taschenrechner, in der Bordelektronik von Autos, in der Kommunikationselektronik, in Solarzellen, Digitalkameras, in Leucht- und Fotodioden, Sensoren …

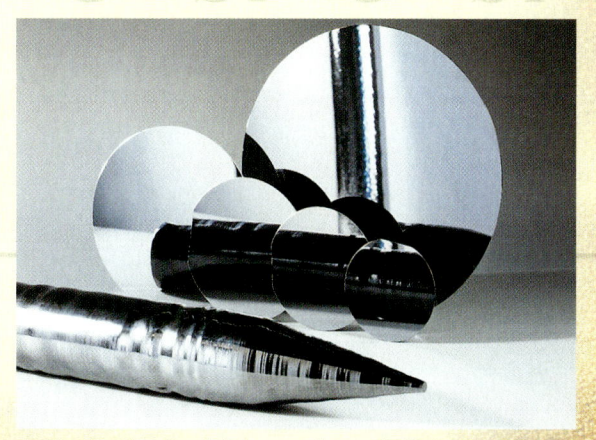

4 Für die Chip-Produktion werden große Kristalle aus hochreinem Silcium hergestellt. Aus Kristallen mit bis zu 30 cm Durchmesser werden mehr als 1000 Scheiben von 1 mm Dicke geschnitten. Aus jedem dieser so genannten Wafer können dann mehr als 100 Chips produziert werden.

Halogene

Halogene – Salzbildner. Fluor, Chlor, Brom und **Iod** sind die Elemente der VII. Hauptgruppe, die gemeinsam als Halogene bezeichnet werden. Die Bezeichnung deutet darauf hin, dass diese, in der Natur nur in ihren Verbindungen vorkommenden nichtmetallischen Stoffe, bei chemischen Reaktionen Salze bilden (griech. hals – Salz; gennan – bilden) können. Das bekannteste Salz ist Natriumchlorid, das Kochsalz.

Gruppeneigenschaften bei Stoffen. Die Halogene sind sehr giftige, ätzend wirkende Stoffe. Sie sind starke Atemgifte. Weshalb werden sie trotzdem in großem Umfang industriell hergestellt?
Weltweit werden gegenwärtig jährlich etwa 33 Millionen Tonnen Chlor erzeugt und zu Polyvinylchlorid (PVC), anderen Kunststoffen und Lösemitteln verarbeitet. Auch zur Gewinnung von hochreinem Silicium für die Elektronik wird Chlor benötigt. In für den Menschen unbedenklichen Anteilen wird Chlor dem Wasser in Schwimmbädern zum Abtöten von Krankheitserregern zugesetzt.
Verbindungen der Halogene sind in Medikamenten zur Behandlung und Diagnose verschiedener Erkrankungen enthalten. Ungiftige, unbrennbare Fluor-Chlor-Kohlenwasserstoffe (FCKW) schienen gut geeignet als Treibgase in Spraydosen, als Löse- und Kühlmittel, bis entdeckt wurde, dass sie die Ozonschicht gefährlich verändern und dadurch Umweltschäden verursachen.
Fluorhaltige Verbindungen als Zusatz zu Zahncremes wirken dem Befall der Zähne durch Karies besonders bei Kindern und Jugendlichen entgegen. Zum Aufbau des Knochenskeletts benötigt der Mensch täglich 1 bis 2 mg Fluorid. Teflon, ein hochwertiger Kunststoff, mit dem z. B. auch Pfannen beschichtet sind, ist eine Verbindung des Fluors.
Halogenlampen enthalten wie normale Glühlampen eine Edelgasfüllung, aber zusätzlich etwas Brom oder Iod. Dadurch lässt sich die Temperatur des Glühfadens erhöhen und die Lichtausbeute steigt damit etwa auf das Vierfache. Iod ist unentbehrlicher Bestandteil des menschlichen und tierischen Körpers. Iodmangel führt zu Schilddrüsenerkrankungen.

1 Chlor

2 Brom

3 Iod

Halogene – eine Elementgruppe im Periodensystem				
Element	Fluor	Chlor	Brom	Iod
Schmelztemperatur in °C	–220	–101	–7	114
Siedetemperatur in °C	–188	–35	58	183
Farbe bei 0 °C	schwach grünlich	grüngelb	dunkelrotbraun	grauschwarz glänzend
Farbe im Gaszustand	schwach grünlich	grüngelb	dunkelrotbraun	blauviolett
Löslichkeit in Wasser	reagiert mit Wasser	mäßig	mäßig	schlecht
Reaktionsfähigkeit	zunehmend heftiger			
Reaktion mit Metallen – Bildung von Halogeniden	zunehmend heftiger			

Halogene

Gemeinsamkeiten und Unterschiede im Bau der Stoffe. Als Elementsubstanzen sind die Halogene aus zweiatomigen Molekülen aufgebaut. Die Halogene gehören zu den Molekülsubstanzen. In den Atomen der Halogene nimmt die Anzahl der Elektronen in der Reihenfolge Fluor, Chlor, Brom, Iod zu. Mit 7 Außenelektronen fehlt den Halogenatomen ein Elektron, um die besonders stabile Elektronenanordnung eines Elektronenoktetts zu erreichen. In Verbindungen liegen sie deshalb meist in Form einfach negativ elektrisch geladener Ionen vor.

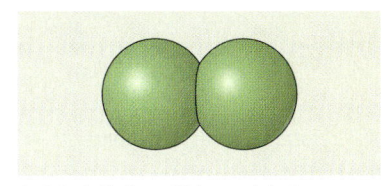

1 Modell eines Chlormoleküls

Chemische Reaktionen vorausgesagt. Aufgrund des Baus der Halogene lässt sich vermuten, dass chemische Elemente mit nur wenigen Außenelektronen in ihren Atomen besonders günstige Reaktionspartner für die Halogene sind. Metalle reagieren wahrscheinlich mit den „Salzbildnern", indem Metallatome bei der chemischen Reaktion Elektronen an Halogenatome abgeben. Dabei müssten positiv und negativ elektrisch geladene Ionen entstehen, die sich zu Ionenkristallen eines Salzes zusammenlagern. Diese Vermutungen bedürfen der experimentellen Überprüfung.

$$2\ Na + Cl_2 \longrightarrow 2\ NaCl\ |\ exotherm$$

Halogene reagieren mit den meisten Metallen direkt unter Bildung von Halogeniden.

> **EXPERIMENT 7** [S]
> **Weise Halogenid-Ionen nach.**
> Prüfe die wässrigen Lösungen verschiedener Halogenide mit 1%iger Silbernitratlösung.
> Notiere deine Beobachtungen in einer Tabelle. Erläutere die beobachteten Erscheinungen. Entwickle Reaktionsgleichungen.
> *Entsorgung:* Lösungen in Sammelbehälter I.

> **EXPERIMENT 8** [L]
> **Reaktion von Zink mit Iod.**
> *Vorsicht! Schutzbrille!*
> Eine Spatelspitze Zinkpulver wird in ein mit etwa 3 ml Wasser gefülltes Reagenzglas gegeben. Danach werden einige Iodkristalle (Xn) hinzugefügt und gegebenenfalls leicht erwärmt.

> **EXPERIMENT 9** [L]
> **Reaktion von Magnesium mit Iod.**
> *Vorsicht! Abzug!*
> Magnesiumpulver (F) und zerstoßenes Iod (Xn) werden in einer Porzellanschale durch Zugabe von einigen Tropfen Wasser zur Reaktion gebracht.

Das Nichtmetall Wasserstoff hat ebenfalls nur ein einziges Elektron in seinen Atomen. Auch hier liegt die Vermutung nahe, dass die Halogene mit Wasserstoff reagieren. Chlor und Wasserstoff reagieren unter Flammenerscheinung lebhaft miteinander zum gasförmigen Reaktionsprodukt Chlorwasserstoff. Die Halogenwasserstoffe Chlor-, Brom- und Iodwasserstoff sind Molekülsubstanzen. In ihrem Bau sind sie sich sehr ähnlich. In den Molekülen halten die Atome durch ein gemeinsames Elektronenpaar (Atombindung) zusammen. Weshalb die wässrigen Lösungen von Halogenwasserstoffen elektrischen Strom leiten, ist dir bereits bekannt. Halogenwasserstoffe bilden beim Lösen saure Lösungen. Durch chemische Reaktion mit dem Wasser liegen in den wässrigen Lösungen Wasserstoff-Ionen und Halogenid-Ionen vor. Die bekannte Salzsäure, die Brom- und die Iodwasserstoffsäure sind solche sauren Lösungen.

> Halogene reagieren mit den meisten Metallen zu Halogeniden sowie mit Wasserstoff zu Halogenwasserstoffen.

AUFGABEN

1. Ergänze die Tabelle zu den Eigenschaften der Halogene bezüglich ihrer Reaktionen mit Metallen und mit Wasserstoff.
2. Gib Namen und Formeln von Metallhalogeniden an. Nutze dazu das Tafelwerk. Ermittle die Verwendung dieser Stoffe.
3. Welche Stoffe leiten den elektrischen Strom: festes Magnesiumchlorid, Natriumbromidlösung, flüssiges Brom? Begründe.
4. Wie könntest du nachweisen, dass eine vorliegende Lösung eine Kaliumbromidlösung ist?

ZUSAMMENFASSUNG

Periodensystem der Elemente Anordnung aller bekannten chemischen Elemente nach steigender Ordnungszahl bzw. Kernladungszahl in Gruppen und Perioden.

Ordnungszahl	≙ Anzahl der Protonen/Anzahl der Elektronen
Nummer der Hauptgruppe	≙ Anzahl der Außenelektronen der Atome
Nummer der Periode	≙ Anzahl der Elektronenschalen der Atome

Elementgruppe Elemente einer Hauptgruppe, die eine „Elementfamilie" bilden, z. B. Alkalimetalle, Erdalkalimetalle, Halogene, Edelgase

Gesetz der Periodizität Regelmäßige periodische Wiederkehr von Elementen mit ähnlichem Bau ihrer Atome

Periodizität bei den Eigenschaften der Elemente Periodische Änderung z. B. von Anzahl und Art der Ionenladungen, der Atomradien, der metallischen und nichtmetallischen Eigenschaften und der alkalischen bzw. sauren Lösungen von Oxiden der Elemente

Beziehungen im Periodensystem der Elemente

In einer Periode bei steigender Ordnungszahl:
- ist die Anzahl der Elektronenschalen gleich
- nimmt die Anzahl der Außenelektronen von 1 bis 8 zu
- wird der Atomradius kleiner
- nimmt die Neigung der Atome zur Elektronenabgabe ab, die zur Elektronenaufnahme zu
- nehmen die metallischen Eigenschaften ab und die nichtmetallischen zu
- nimmt die Stärke von alkalischen Lösungen ab, nimmt die Stärke von sauren Lösungen zu.

In einer Hauptgruppe bei steigender Ordnungszahl:
- steigt die Anzahl der Elektronenschalen von 1 bis 6
- ist die Anzahl der Außenelektronen gleich
- wird der Atomradius größer
- haben Verbindungen der Elemente übereinstimmende Zusammensetzung
- nehmen die metallischen Eigenschaften zu und die nichtmetallischen ab
- nimmt die Stärke von alkalischen Lösungen zu, nimmt die Stärke von sauren Lösungen ab.

Nebengruppenelemente Chemische Elemente, ausnahmslos Metalle, die nicht in einer Hauptgruppe des Periodensystems der Elemente stehen. Ihre Atome haben 1 bis 2 Außenelektronen, obwohl die dem Kern nähere Elektronenschale noch Elektronen aufnehmen könnte.

Amphoterie Verhalten der Oxide bzw. Hydroxide von einigen Elementen aus mittleren Hauptgruppen des Periodensystems, die je nach Reaktionspartner als Säure oder als Base reagieren können.

polymere Stoffe Aus „Riesenmolekülen" aufgebaute Stoffe, in denen Atome durch gemeinsame Elektronenpaare (Atombindung) gebunden sind.
Beispiele: Diamant, Silicium und Siliciumdioxid

Stickstoffverbindungen

Stickstoff ist mit einem Volumenanteil von etwa 78 % Hauptbestandteil der Atmosphäre. Chemisch gebunden kommt er u. a. in Eiweißen vor, den wesentlichen Aufbaustoffen aller Lebewesen. Einige Pflanzenarten, z. B. Lupinen, leben in Symbiose mit speziellen Bakterien, die in der Lage sind, den Stickstoff der Luft chemisch zu binden.
In den zu Knöllchen verdickten Wurzeln der Lupinen stellen die Bakterien der Pflanze den gebundenen Stickstoff zur Aufnahme zur Verfügung. Lupinen werden als natürlicher Dünger auf den Feldern angebaut.
Nachdem sie untergepflügt und verrottet sind, kann der gebundene Stickstoff von den später auf dem Feld angebauten Nutzpflanzen aufgenommen werden.

→ Welche Eigenschaften haben Stickstoff und Verbindungen des Stickstoffs, wie Ammoniak, Stickstoffoxide und Salpetersäure?
→ Wie lässt sich Stickstoff aus der Luft gewinnen?
→ Wie werden Ammoniak und weitere Stickstoffverbindungen hergestellt?
→ Welche Bedeutung besitzen Stickstoffverbindungen für das menschliche Leben?

Stickstoff als Element der V. Hauptgruppe

1 Flüssiger Stickstoff wird in Tankwagen transportiert.

Eigenschaften und Bedeutung von Stickstoff. Stickstoff ist ein farbloses, geruchloses und ungiftiges Gas. Er kondensiert bei einer Temperatur von −195,79 °C zu einer farblosen Flüssigkeit. Flüssiger Stickstoff dient als Kältemittel in der Lebensmitteltechnologie, Medizin und Pharma-Industrie, z. B. zum Schockgefrieren und zur Gefriertrocknung von empfindlichen Nahrungsmitteln und biologischen Materialien, wie Zellen, Gewebe und Blut. In der Technik wird er zur Kaltmahlung von sonst zähelastischen Materialien wie Kunststoffen und Kautschuk, z. B. Altreifen, eingesetzt. Stickstoff ist unter Normalbedingungen sehr reaktionsträge. Deshalb besitzt er technische Bedeutung als Schutzgas, z. B. in der Elektro- und Metall-Industrie, zum Abpressen und Aufbewahren brennbarer Flüssigkeiten, als Treibmittel für Sprays, zum Verdünnen leicht entzündlicher Gase sowie als Gasfüllung von Glühlampen. Stickstoff brennt nicht und erstickt Flammen. Ein brennender Holzspan erlischt, wenn er in ein Gefäß mit Stickstoff gebracht wird. Stickstoff hat eine geringere Dichte als Luft und ist etwa nur halb so gut in Wasser löslich wie Sauerstoff.
Hauptsächlich dient Stickstoff als Rohstoff zur Herstellung von Stickstoffverbindungen wie Ammoniak, Aminen, Cyaniden, Nitriden und Stickstoffoxiden, vor allem aber zur Herstellung von Stickstoffdünger.

Bedeutung weiterer Elemente der V. Hauptgruppe. Neben Stickstoff sind Phosphor, Arsen, Antimon und Bismut weitere Elemente der V. Hauptgruppe. Phosphor und Stickstoff kommen in allen Organismen vor. Phosphor ist z. B. Bestandteil von Nucleinsäuren und damit der Erbsubstanz. Arsen, Antimon und Bismut sind dagegen giftig. Sie kommen in Mineralien vor und werden in der Technik als Legierungsmetalle verwendet.

2 Spermienzellen bleiben in flüssigem Stickstoff lange lebensfähig.

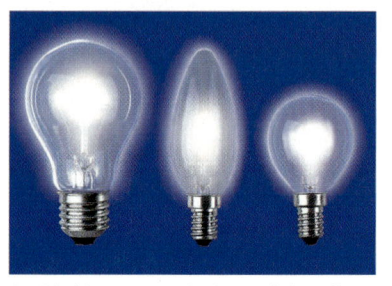

3 Glühlampen enthalten Stickstoff.

EXPERIMENT 1 [S]
Gewinne Stickstoff aus der Luft.
Baue eine Apparatur gemäß nebenstehender Abbildung auf. Erhitze die Kupferspäne kräftig. Leite dann langsam und kontinuierlich Luft über die Späne. Nachdem die Luft aus der Apparatur verdrängt ist, wird das entstandene Gas pneumatisch aufgefangen und mit der Glimmspanprobe geprüft.
Interpretiere die Beobachtungsergebnisse.
Entsorgung: Reste der Kupferspäne einsammeln, werden wieder verwendet.

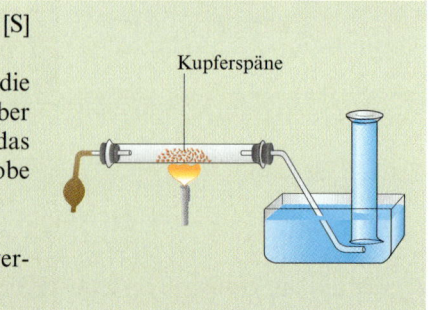

Stickstoff als Element der V. Hauptgruppe

Vorkommen von Stickstoff. Die weitaus größten Mengen an Stickstoff mit einem Volumenanteil von $\varphi = 78{,}1\,\%$ finden sich in der Lufthülle der Erde. Kleinere Mengen von Stickstoff sind auch in den Gasen mancher Quellen und in Gesteinseinschlüssen vorhanden. Der Massenanteil an Stickstoff an der obersten 16 km dicken Gesteinskruste wird auf etwa $w = 0{,}03\,\%$ geschätzt. Stickstoffhaltige Minerale sind verhältnismäßig selten. Das einzige größere Vorkommen ist Natriumnitrat ($NaNO_3$, Chilesalpeter). In kleineren Mengen findet man gelegentlich Calciumnitrat ($Ca(NO_3)_2$, Mauersalpeter), Kaliumnitrat (KNO_3, Salpeter), Ammoniumchlorid (NH_4Cl, Salmiak) und einige andere Verbindungen. Stickstoff ist in Form von Eiweißen und anderen organischen Verbindungen, z. B. in den Nucleinsäuren der Erbsubstanz, in allen Organismen verbreitet. Aus ihnen kann er durch biologischen Abbau als Ammoniak wieder freigesetzt werden.

Siedetemperaturen von Luftbestandteilen	
Stoff	Siedetemperatur in °C
Helium	−269
Neon	−246
Stickstoff	−196
Argon	−186
Sauerstoff	−183
Krypton	−152
Xenon	−108

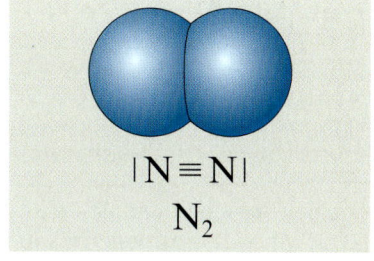

Darstellung von Stickstoff. Stickstoff wird aus der Luft gewonnen. Dazu wird in der Technik Luft nach dem LINDE-Verfahren verflüssigt und anschließend die flüssige Luft destilliert.

Zur Verflüssigung wird die gereinigte Luft stark komprimiert und in einem Kühler abgekühlt. Anschließend wird der Druck wieder erniedrigt, wodurch die Temperatur stark absinkt. In einem Kreislauf werden diese Vorgänge so lange wiederholt, bis der größte Teil der Luft bei −200 °C flüssig vorliegt. In Destillationsanlagen wird flüssige Luft in ihre Bestandteile zerlegt. Man lässt die Temperatur von −200 °C auf −196 °C ansteigen. Bei dieser Temperatur siedet Stickstoff, der als Gas aufgefangen und wieder kondensiert werden kann. In der Folge werden die weiteren Gase entsprechend ihren Siedetemperaturen gewonnen. Eine einmalige Destillation würde keine reinen Gase liefern. Deshalb werden sie mehrmals destilliert und kondensiert, bis die Stoffe rein vorliegen.

Eine weitere Möglichkeit ist die chemische Reaktion von Luft mit Metallen. Der Luftsauerstoff reagiert mit dem Metall, Stickstoff und die anderen Luftbestandteile bleiben übrig.

$$2\,Cu + O_2 + 4\,N_2 \longrightarrow 4\,N_2 + 2\,CuO$$
Kupfer · · · Luft · · · Stickstoff · · · Kupferoxid

Der so erhaltene Stickstoff ist nicht rein, da die anderen Luftbestandteile mit Ausnahme von Sauerstoff noch enthalten sind.

Bau von Stickstoff. Stickstoff kommt in der Natur molekular vor. In jedem Stickstoffmolekül sind zwei Atome Stickstoff durch drei gemeinsame Elektronenpaare (Atombindung) miteinander verbunden. Durch diese Elektronenanordnung erreicht jedes Stickstoffatom im Molekül ein stabiles Elektronenoktett.

1 Modell und Formeln eines Stickstoffmoleküls

AUFGABEN

1. Vergleiche Eigenschaften und Verwendung von Stickstoff und Sauerstoff.
2. Leite alle Aussagen über den Atombau von Stickstoff aus seiner Stellung im Periodensystem der Elemente ab.
3. Stickstoff und Sauerstoff können pneumatisch aufgefangen werden, Kohlenstoffdioxid dagegen nicht. Erläutere dieses Verhalten der drei Gase.
4. Erläutere das Prinzip der Trennung der Luftbestandteile nach dem LINDE-Verfahren. Fertige eine Übersicht über Eigenschaften und Verwendung der dabei erhaltenen Gase an.
5. Vergleiche Molekülbau und chemische Bindung von Stickstoff, Sauerstoff und Wasserstoff.
6. Informiere dich über Eigenschaften und Verwendung der anderen Elemente der V. Hauptgruppe.

Ammoniak

In Viehställen ist häufig ein scharfer und stechender Geruch nach Ammoniak festzustellen. Wie aber kommt diese Chemikalie in einen Tierstall?

Vorkommen von Ammoniak. In der Natur entsteht Ammoniak durch Abbau stickstoffhaltiger pflanzlicher und tierischer Stoffe, vor allem Eiweiße und Harnstoff. Geringe Mengen davon gelangen in die Atmosphäre und in den Boden. Beim Abbau von Eiweißen im Harn von Kühen durch Mikroorganismen entsteht ebenfalls Ammoniak, was den Geruch in den Ställen erklärt. In freier Form kommt Ammoniak in der Natur sehr selten vor. Meist wird es durch chemische Reaktionen in andere Stoffe umgewandelt. Eine Ausnahme findet sich beim Aaskäfer, der als Wehrsekret eine 4,5%ige wässrige Ammoniaklösung zu seiner Verteidigung absondert.

1 Ein Aaskäfer benutzt 4,5%ige Ammoniaklösung zur Abwehr von Feinden.

> **EXPERIMENT 2** [S]
> **Prüfe den Geruch von Ammoniak.**
> *Vorsicht!* Prüfe vorsichtig durch Zufächeln 10%ige wässrige Ammoniaklösung (Xi) sowie Fensterputzmittel (Xi) auf ihren Geruch.
> Untersuche anschließend beide Lösungen mit Universalindikator.
> Notiere deine Beobachtungen.
> *Entsorgung:* Lösungen in Sammelbehälter für Abwasser.

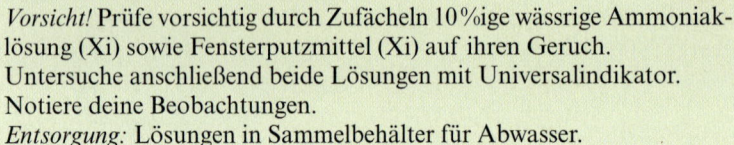

Bau von Ammoniak. Ammoniak ist eine gasförmige Molekülsubstanz. In jedem Ammoniakmolekül (Formel NH_3) sind drei Wasserstoffatome durch jeweils ein gemeinsames Elektronenpaar (Atombindung) mit einem Stickstoffatom verbunden. Das Stickstoffatom besitzt neben den drei gemeinsamen Elektronenpaaren noch ein freies Elektronenpaar. Dieses freie Elektronenpaar begünstigt einige Eigenschaften von Ammoniak.

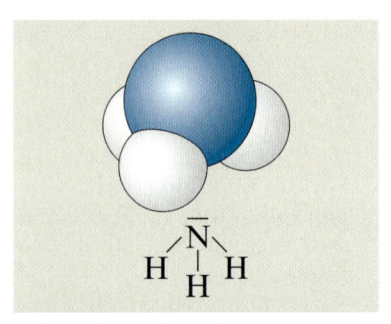

2 Die Atmosphäre des Planeten Saturn enthält Ammoniak.

Bedeutung von Ammoniak. Flüssiges Ammoniak wird in Stahlflaschen oder mit Tankwagen transportiert. Es dient als Kühlmittel in Kältemaschinen von Kühlhäusern oder Kunsteisbahnen. Wässrige Lösungen von Ammoniak (Salmiakgeist) finden in Haushaltsreinigern und Fensterputzmitteln Verwendung. In der chemischen Industrie ist Ammoniak Ausgangsstoff für die Herstellung zahlreicher Stoffe, z. B. von Harnstoff, Arzneimitteln, Kunststoffen, Salpetersäure und deren Salzen, Farbstoffen, Raketentreibstoffen und Sprengstoffen. Etwa 85% der Weltjahresproduktion an Ammoniak werden zur Produktion von Düngemitteln eingesetzt.

3 Modell und Formel eines Ammoniakmoleküls

Ammoniak

Eigenschaften und Nachweis von Ammoniak. Ammoniak ist ein farbloses, stechend riechendes, giftiges Gas. Ammoniakdämpfe wirken schon in geringen Volumenanteilen auf die Schleimhäute der Atemwege und der Augen reizend. In höheren Volumenanteilen verursachen Ammoniakdämpfe Verätzungen. Die Dichte von Ammoniak beträgt 0,771 g/l (bei $\vartheta = 0\,°C$ und $p = 101{,}3$ kPa). Das Gas kann bei 20 °C bereits durch einen Druck von 800 bis 900 kPa verflüssigt werden. Flüssiges Ammoniak ist farblos, leicht beweglich und siedet bei $-33{,}5\,°C$.

Ammoniak zersetzt sich beim Belichten mit ultraviolettem Licht und durch Einwirkung einer elektrischen Funkenentladung. Gemische aus Ammoniak und Luft sind in bestimmten Grenzen explosiv. Ammoniak verbrennt in Sauerstoff mit fahlgelber Flamme zu Stickstoff und Wasser:

$$4\,NH_3 + 3\,O_2 \longrightarrow 2\,N_2 + 6\,H_2O \mid \text{exotherm.}$$

Ammoniak ist in Wasser sehr gut löslich. Die Löslichkeit ist temperaturabhängig (in 1 l Wasser lösen sich bei 0 °C und 101,3 kPa 1176 l Ammoniakgas, bei 20 °C dagegen nur noch 702 l). Eine wässrige Lösung von Ammoniak nennt man Ammoniakwasser. Handelsübliche konzentrierte Ammoniaklösung enthält einen Massenanteil an Ammoniak von 28 bis 29 %. Verdünntes Ammoniakwasser enthält einen Massenanteil von etwa 10 % an Ammoniak (Salmiakgeist).

Beim Lösen von Ammoniak in Wasser reagiert ein geringer Teil des Ammoniaks mit Wasser zu einer alkalischen Lösung. Hält man über ein Gefäß mit Ammoniak feuchtes Universalindikatorpapier, färbt es sich blau. Diese Eigenschaft kann zum **Nachweis von Ammoniak** genutzt werden. Beim Erhitzen einer wässrigen Ammoniaklösung entweicht Ammoniak vollständig. In der verbleibenden Lösung kann keine alkalische Reaktion mehr nachgewiesen werden.

Bildung von Ammoniak. Ammoniak kann in Gegenwart eines Katalysators aus den Elementen Stickstoff und Wasserstoff dargestellt werden. Diese Reaktion wird in der Technik als Ammoniaksynthese durchgeführt.

$$N_2 + 3\,H_2 \rightleftharpoons 2\,NH_3 \mid \text{exotherm}$$

Im Labor erhält man Ammoniak durch Erhitzen eines Gemisches aus Ammoniumchlorid und Calciumhydroxid.

> Ammoniak ist eine wichtige Grundchemikalie. Es ist ein stechend riechendes, ätzendes Gas. Es lässt sich leicht verflüssigen und löst sich gut in Wasser. Wässrige Ammoniaklösung reagiert alkalisch. Als Nachweis von Ammoniak dient die charakteristische Blaufärbung von feuchtem Indikatorpapier.

EXPERIMENT 3 [L]
Austreiben von Ammoniak.
Vorsicht! Abzug! Aus 5%iger wässriger Ammoniaklösung (Xi) wird durch Erwärmen Ammoniak (T, N) ausgetrieben. Die Restlösung ist mit Universalindikator zu prüfen.

EXPERIMENT 4 [L]
Lösen von Ammoniak in Wasser.
Vorsicht! Abzug! Eine Kristallisierschale wird mit Wasser gefüllt, das mit Universalindikatorlösung versetzt ist. Ein mit Ammoniak (T, N) gefüllter Rundkolben wird in die Kristallisierschale getaucht. Mit einer Pipette ist etwas Wasser in den Rundkolben einzuspritzen.

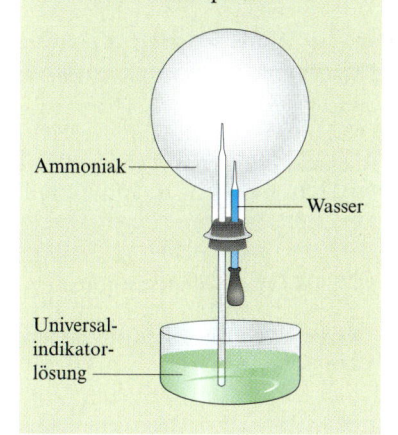

AUFGABEN

1. Fertige einen Steckbrief über Ammoniak an.
2. Definiere die Begriffe Säure und Base und nenne Eigenschaften von sauren, neutralen und alkalischen Lösungen.
3. Beschreibe den Bau eines Ammoniakmoleküls und die chemische Bindung in dem Molekül.
4. Vergleiche das Ammoniakmolekül mit dem Wassermolekül und begründe ihre Dipoleigenschaften.
5. Eine wässrige Ammoniaklösung leitet den elektrischen Strom und färbt Universalindikator blau. Flüssiges Ammoniak besitzt diese Eigenschaft nicht. Erkläre das unterschiedliche Verhalten.

Technische Herstellung von Ammoniak – die Ammoniaksynthese

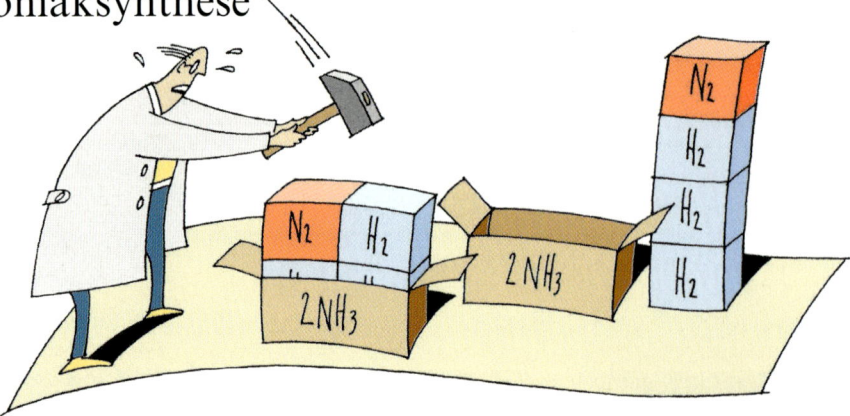

Chemische Grundlagen. Die Bildung von Ammoniak aus Stickstoff und Wasserstoff ist eine umkehrbare Reaktion. Neben der Bildung von Ammoniak (Hinreaktion) kommt es auch zu einem Zerfall von Ammoniak (Rückreaktion). In dem bei der Reaktion entstehenden Gasgemisch liegen deshalb neben Ammoniak auch noch Stickstoff und Wasserstoff vor.

$$N_2 + 3\,H_2 \rightleftarrows 2\,NH_3 \quad | \text{ exotherm}$$
1 Volumenteil   3 Volumenteile   2 Volumenteile

Die Hinreaktion verläuft exotherm und unter Volumenverkleinerung, die Rückreaktion verläuft endotherm und unter Vergrößerung des Volumens. Deshalb sind Bildung und Zerfall von Ammoniak von Temperatur und Druck abhängig und durch diese zu beeinflussen.

Volumenanteile Ammoniak (in %) in Abhängigkeit von Temperatur und Druck					
Temperatur ϑ in °C	Druck p in MPa				
	0,1	10	30	60	100
200	15,3	81,5	89,9	95,4	98,3
300	2,18	52,0	71,0	84,2	92,6
400	0,44	25,1	42,0	65,2	79,8
500	0,13	10,6	26,4	42,2	57,5
600	0,05	4,5	13,8	23,1	31,4
700	0,02	2,2	7,3	12,6	12,9

1 Die technische Ammoniaksynthese findet in Kontaktöfen statt.

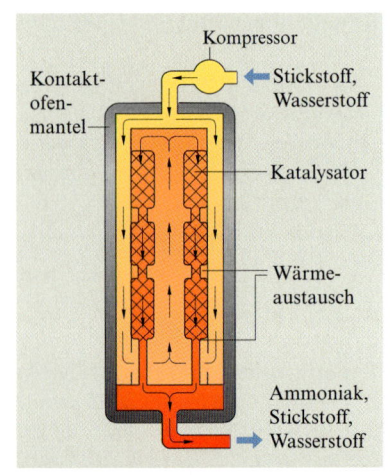

Eine relativ niedrige Temperatur begünstigt die Bildung von Ammoniak, während bei hoher Temperatur der Zerfall besser verläuft. Da die Hinreaktion unter Volumenverringerung abläuft, wird sie außerdem durch einen hohen Druck begünstigt. Dieses Prinzip wurde von dem französischen Chemiker Henry Louis Le Chatelier (1850 bis 1936) und dem deutschen Physiker Karl Ferdinand Braun (1850 bis 1918) entdeckt und als **Prinzip des kleinsten Zwangs** bezeichnet.

> Die Bildung von Ammoniak ist eine exotherme Reaktion unter Volumenverminderung. Sie wird durch niedrige Temperatur und hohen Druck begünstigt.

2 Schematische Darstellung eines Kontaktofens

Technische Herstellung von Ammoniak – die Ammoniaksynthese

Reaktionsbedingungen. Stickstoff und Wasserstoff sind die Ausgangsstoffe für die technische Ammoniakherstellung. Stickstoff wird nach dem LINDE-Verfahren gewonnen. Wasserstoff wird über viele Reaktionsstufen aus Erdgas und Wasser oder Erdöl und Wasser hergestellt. Das so genannte Synthesegas muss für einen optimalen Reaktionsverlauf in folgendem Volumenverhältnis vorliegen: V(Stickstoff) : V(Wasserstoff) = 1 : 3. Nach dem Prinzip des kleinsten Zwangs gelten als theoretisch optimale Reaktionsbedingungen niedrige Temperatur und hoher Druck.

Bei der technischen Durchführung ist aber bei niedrigen Temperaturen die Reaktion zwischen Stickstoff mit Wasserstoff so stark gehemmt, dass praktisch keine Reaktion abläuft. Um eine wirtschaftliche Herstellung doch zu ermöglichen, muss ein Katalysator eingesetzt und bei Temperaturen zwischen 400 °C und 500 °C und einem Druck von 30 MPa gearbeitet werden. Als technische Katalysatoren dienen eisenoxidhaltige Mischkatalysatoren (hauptsächlich Eisen (II/III)-oxid Fe_3O_4), die noch geringe Zusätze an Aluminiumoxid, Kaliumoxid, Calciumoxid und Siliciumdioxid enthalten.

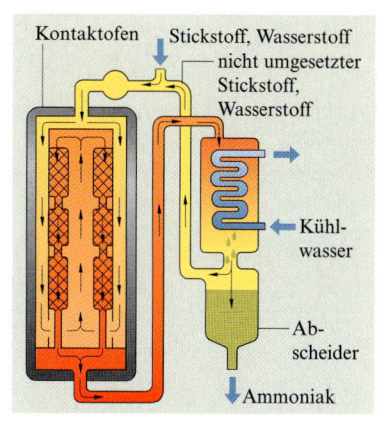

1 Darstellung des Kreislaufprinzips bei der Ammoniaksynthese

Technische Umsetzung. Die Reaktion wird in 40 bis 60 m hohen Synthesetürmen, den so genannten **Kontaktöfen**, durchgeführt. Von oben strömt kaltes Synthesegas mit einem Druck von 30 MPa in die Türme und gelangt nach unten in die Wärmeaustauscher. Dort wird das kalte Gas im Gegenstrom vorgewärmt und strömt anschließend durch die Katalysatorschichten (Kontakte).

An den Kontakten erfolgt die Reaktion von Stickstoff und Wasserstoff zu Ammoniak. Das entstandene Gasgemisch aus etwa 17 % Ammoniak und 83 % Wasserstoff und Stickstoff ist durch die exotherme Reaktion sehr heiß und gibt einen Teil seiner Wärme in den Wärmeaustauschern an das entgegenströmende kalte Synthesegas ab. Das den Kontaktofen verlassende Reaktionsgemisch wird abgekühlt. Dabei kondensiert Ammoniak, sodass es im Abscheider als flüssiges Ammoniak aus dem Reaktionsgemisch entfernt werden kann. Stickstoff und Wasserstoff können mit frischem Synthesegas im Kreislauf dem Kontaktofen erneut zugeführt werden. Dadurch können praktisch die gesamten Ausgangsstoffe ohne Verlust in das Reaktionsprodukt Ammoniak umgesetzt werden.

Die Ammoniaksynthese findet im Kontaktofen stetig und ohne Unterbrechung statt. Diese Führung des Produktionsprozesses wird als kontinuierliche Arbeitsweise bezeichnet.

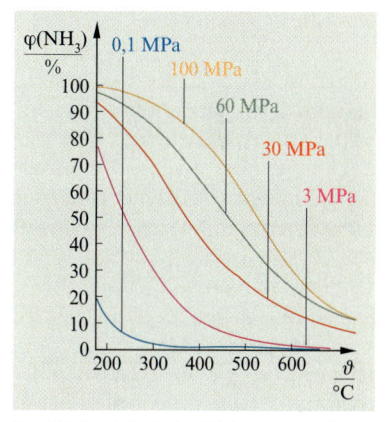

2 Abhängigkeit des Volumenanteils an Ammoniak von Temperatur und Druck

Reaktionsbedingungen	Arbeitsweise
Temperatur: 450 bis 500 °C (optimale Temperatur für den Katalysator)	Thermischer Gegenstrom: kaltes Synthesegas strömt heißem Reaktionsgas entgegen und wird vorgewärmt.
Druck: 30 MPa	Kontinuierliche Arbeitsweise: Reaktion findet stetig und ohne Unterbrechung statt.
Katalysator: Eisenoxidmischkatalysator	Kreislaufprinzip: Nicht umgesetzter Stickstoff und Wasserstoff werden dem Prozess erneut zugeführt.

Der technische Prozess der Ammoniakherstellung verläuft weitgehend automatisch und wird computergestützt überwacht. Zur täglichen Produktion von 1200 t Ammoniak arbeiten in einer modernen Anlage rund um die Uhr acht Arbeitskräfte, vor 50 Jahren wurden dafür noch 1600 Arbeitskräfte benötigt.

AUFGABEN

1. Vergleiche die theoretisch optimalen Bedingungen zur Darstellung von Ammoniak mit den Bedingungen in der Technik. Begründe die Unterschiede.
2. Informiere dich über Herstellungsmengen von Ammoniak in Deutschland und weltweit.
3. Die Produktion an Ammoniak nimmt weltweit zu. Begründe diesen Sachverhalt.
4. Informiere dich über Leben und Werk von FRITZ HABER und CARL BOSCH. Setze dich kritisch mit dem Wirken von Wissenschaftlern auseinander.

Geschichte der Ammoniaksynthese

Der jährliche Ernteertrag war noch vor wenigen Jahrzehnten in Europa ein bedeutender Faktor, der Überleben und Wohlstand der gesamten Bevölkerung sicherte. Keineswegs sicher jedoch war ein ausreichend hoher Ernteertrag, da dieser von verschiedenen äußeren Bedingungen, wie Boden und Witterung, abhängt. Ein bedeutendes Kriterium für das Pflanzenwachstum ist die Nährstoffzufuhr, z. B. durch Düngemittel.

Verschiedene Mineraldünger konnten bereits im 19. Jahrhundert auf die Felder aufgebracht werden. Der bedeutendste Pflanzennährstoff Stickstoff jedoch war in ausreichenden Mengen nicht verfügbar. Zwar wurde im 19. Jahrhundert Chilesalpeter (Natriumnitrat), der in Chile abgebaut wurde, nach Europa importiert. Die Ressourcen waren jedoch begrenzt. Der englische Chemiker Sir William Crookes (1832 bis 1919) formulierte deshalb: *„Die Bindung des atmosphärischen Stickstoffs ist eine der großen Entdeckungen, die auf die Genialität der Chemiker warten"*.

Stickstoff in der Luft stand in unbegrenztem Maße zur Verfügung. Da elementarer Stickstoff jedoch in der Regel nicht direkt von Pflanzen verwertet werden kann, stand die Chemie vor einer riesigen Herausforderung. Der Durchbruch gelang am 2. Juli 1909. Der Karlsruher Professor für Chemie Fritz Haber (1868 bis 1934) erzeugte unter Nutzung eines Osmium-Katalysators Ammoniak aus Stickstoff und Wasserstoff.

Im Auftrag der Badischen Anilin- und Sodafabrik (BASF) erforschte Carl Bosch (1874 bis 1940, Nobelpreis für Chemie 1931) die Umsetzung der Reaktion aus dem Labor in die industrielle Produktion. Gleichzeitig suchten Paul Alwin Mittasch (1869 bis 1953) und seine Mitarbeiter nach einem Katalysator, der nicht so teuer wie Osmium sein durfte. Nach jahrelangen Versuchsreihen konnte 1913 die erste Industrieanlage bei der BASF in Ludwigshafen die industrielle Ammoniakproduktion aufnehmen. Die Synthese wurde in Gegenwart eines hochreinen Eisenkatalysators mit Zusätzen aus Aluminium- und Alkalimetallhydroxiden durchgeführt.

Der Grundstoff Ammoniak wurde aber auch zum Fluch für die Menschen, da er sowohl für die wertvolle Düngemittelproduktion als auch zur Munitionsherstellung verwendet wurde. Auch das wissenschaftliche Wirken Fritz Habers muss kritisch betrachtet werden. Neben seinen Verdiensten um die Entwicklung der Ammoniaksynthese arbeitete er im 1. Weltkrieg maßgeblich an der Herstellung von Kampfgasen (Phosgen- und Chlor-Arsen-Kampfstoffe) mit. Obwohl ihn die Alliierten auf die Liste der Kriegsverbrecher gestellt hatten, erhielt Haber 1918 für die Ammoniaksynthese den Nobelpreis für Chemie.

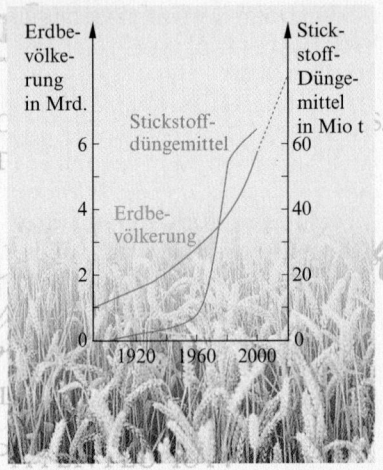

1 Zunahme Erdbevölkerung und Weltverbrauch an Stickstoffdünger

2 Ammoniak war auch Grundstoff für Sprengstoffe im 1. Weltkrieg.

Geschichte der Ammoniaksynthese | Kreislauf des Stickstoffs

Aus der Welt der Chemie

Kreislauf des Stickstoffs

Der Stickstoff der Luft und die Stickstoffverbindungen befinden sich in der Natur in einem ständigen Kreislauf.
Bereits 1840 hat JUSTUS VON LIEBIG (1803 bis 1873) über diesen Prozess in seinem Buch „Die Organische Chemie in ihrer Anwendung auf Agrikultur und Physiologie" geschrieben (Auszug):

> „Kohlensäure, Ammoniak und Wasser enthalten in ihren Elementen die Bedingungen zur Erzeugung aller Tier- und Pflanzenstoffe während ihres Lebens. Kohlensäure, Ammoniak und Wasser sind die letzten Producte des chemischen Prozesses ihrer Fäulniß und Verwesung."

Stickstoffverbindungen sind unentbehrlich für die Eiweißsynthese der Pflanzen. Nur die Schmetterlingsblütler (Leguminosen), wie z. B. Klee oder Lupinen, können mithilfe von Knöllchenbakterien Stickstoff direkt aus der Luft aufnehmen. Alle anderen Pflanzen sind auf Stickstoffverbindungen in Form von Nitrat- und Ammonium-Ionen aus dem Boden angewiesen. Menschen und Tiere können körpereigenes Eiweiß aus pflanzlicher Nahrung aufbauen.

Über Ausscheidung und Verwesung gelangen die Stickstoffverbindungen wieder in den Boden und werden dort durch Bakterien zu Ammoniak und Ammoniumsalzen abgebaut. Diese können wieder zu Nitraten umgewandelt und von den Pflanzen aufgenommen werden. Ein Teil der anorganischen Stickstoffverbindungen wird außerdem durch denitrifizierende Bakterien in elementaren Stickstoff zurückverwandelt und an die Atmosphäre abgegeben.

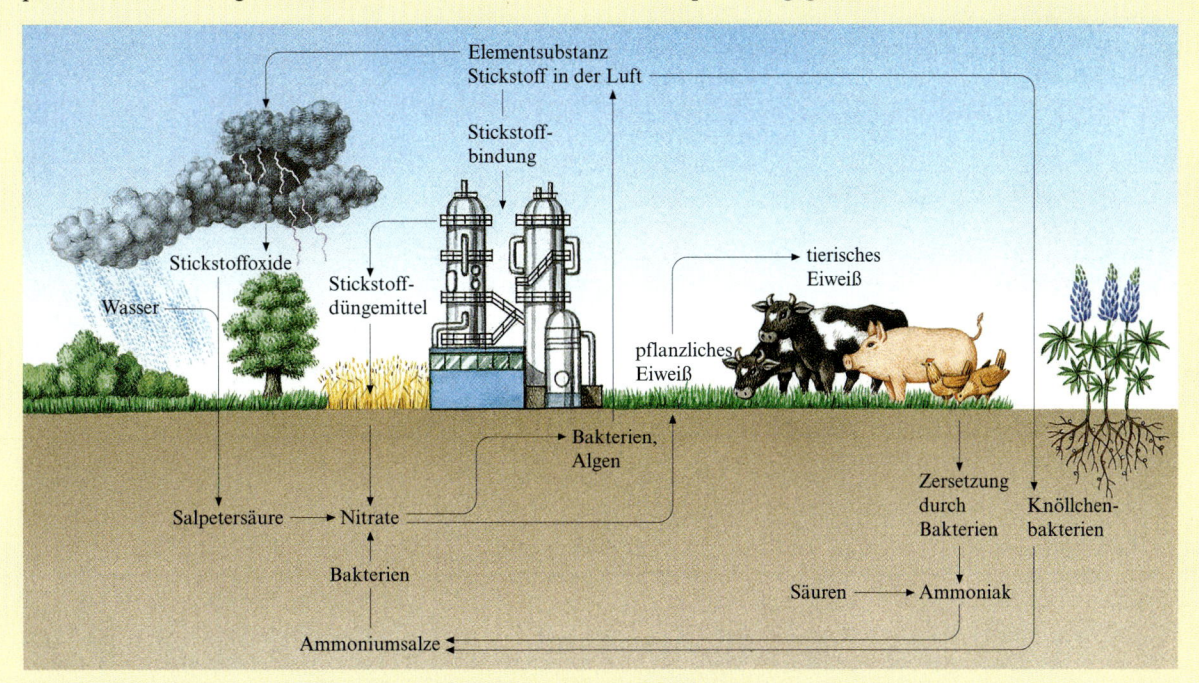

Luftstickstoff kann aber nicht nur durch Schmetterlingsblütler gebunden werden. Bei Gewitter können durch Blitzentladungen aus Stickstoff und Sauerstoff Stickstoffoxide entstehen, die zu Salpetersäure reagieren und mit dem Regenwasser in den Boden gelangen. Der Kreislauf ist aber nur in der freien Natur weitgehend geschlossen. Veränderungen des natürlichen Stickstoffkreislaufs ergeben sich vor allem durch eine intensive landwirtschaftliche Nutzung des Bodens sowie infolge industrieller und anderer Stickstoffoxidemissionen, was zu weitreichenden ökologischen, medizinischen und klimatologischen Folgen führen kann. Umweltmaßnahmen zum Schutz der Natur sollten diese Zusammenhänge berücksichtigen.

Wir untersuchen Ammoniumverbindungen

Gruppenarbeit

Haushaltsreiniger und Fensterputzmittel, Backmittelzusatzstoffe und Blumendünger, Düngemittel, Sprengmittel, Raketentreibstoffe und Feuerlöschmittel – alle enthalten Ammoniumverbindungen.
Welche Eigenschaften besitzen diese Verbindungen, dass sie so vielfältig einsetzbar sind?

EXPERIMENT 1
Prüfe das Verhalten von Ammoniak gegenüber Chlorwasserstoff.
Vorsicht! Abzug! Schutzbrille! Gib in ein Ende eines Glasrohres Watte, die mit 35%iger Salzsäure (C) getränkt ist, und in das andere Ende Watte, die mit 25%iger Ammoniaklösung (C) getränkt ist. Verschließe beide Enden mit einem Stopfen.
Beobachte das Rohr und deute die Ergebnisse.

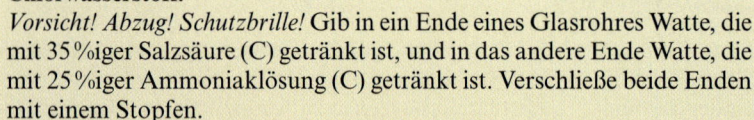

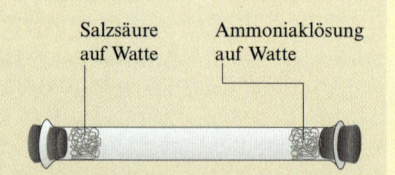

EXPERIMENT 2
Prüfe das Verhalten von Ammoniumchlorid gegenüber Natriumhydroxidlösung.
Vorsicht! Abzug! Schutzbrille! Gib auf ein Uhrglas 0,1 g Ammoniumchlorid (Xn) und tropfe dazu 5 bis 6 Tropfen 10%ige Natriumhydroxidlösung (C). Prüfe vorsichtig durch Zufächeln den Geruch. Halte über das Uhrglas einen Glasstab, an dem sich ein Tropfen 25%ige Salzsäure (C) befindet. Decke nun das Uhrglas mit einem anderen Uhrglas ab, an dessen Innenseite ein feuchtes Universalindikatorpapier angebracht ist.
Interpretiere die Ergebnisse.

EXPERIMENT 3
Erkunde das Verhalten von Ammoniumcarbonat beim Erhitzen.
Vorsicht! Schutzbrille! Abzug! Erhitze etwa 1 g Ammoniumcarbonat und prüfe die gebildeten Gase (T) mit feuchtem Universalindikatorpapier und mit gesättigter Bariumhydroxidlösung (Xn).
Werte die Beobachtungen aus.

EXPERIMENT 4
Erkunde die elektrische Leitfähigkeit von Ammoniumverbindungen.
Prüfe verschiedene feste Ammoniumverbindungen (Xn) und deren wässrige Lösungen auf elektrische Leitfähigkeit.
Erkläre die erkundeten Sachverhalte.

Entsorgung
Reste der Lösungen in Sammelbehälter für Abwasser, Reste fester Ammoniumverbindungen in Wasser lösen und in Sammelbehälter für Abwasser.

AUFTRÄGE

1. Stelle zu Hause vorhandene Reinigungsmittel zusammen, ordne sie nach ihrem Verwendungszweck. Ermittle, welche Ammoniumverbindungen enthalten.

2. Überlege, welche Aufgaben wässrige Ammoniaklösung (Ammoniumhydroxidlösung) in Fensterputzmitteln und Glasreinigern zu erfüllen hat.

Ammoniumverbindungen

Bildung von Ammoniumverbindungen. Werden zwei geöffnete Flaschen mit konzentrierter Salzsäure und mit konzentrierter Ammoniaklösung nebeneinander gehalten, bildet sich weißer Rauch. Dieser weiße Rauch entsteht, weil festes Ammoniumchlorid in der Luft sehr fein verteilt vorliegt. Wie ist er entstanden?
Aus den Flaschen entweichen Chlorwasserstoff und Ammoniak. Diese reagieren zu Ammoniumchlorid.

$$NH_3\,(g) + HCl\,(g) \longrightarrow NH_4Cl\,(s)$$

Bei der Reaktion geht ein Wasserstoff-Ion aus dem Chlorwasserstoffmolekül zu dem Ammoniakmolekül über. Ein Wasserstoff-Ion besteht nur aus einem Proton im Atomkern und besitzt keine Elektronen in der Atomhülle. Deshalb wird es häufig auch als **Proton** bezeichnet. Die Bildung eines Ammonium-Ions aus einem Ammoniakmolekül stellt also eine Protonenaufnahme dar.

1 Bildung von Ammoniumchlorid

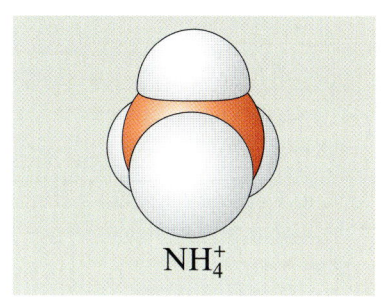

Protonenabgabe:	HCl	$\longrightarrow$	H^+	$+ \ Cl^-$
Protonenaufnahme:	$NH_3 + H^+$	$\longrightarrow$	NH_4^+	
Protonenübergang:	$NH_3 + HCl$	$\longrightarrow$	NH_4^+	$+ \ Cl^-$

Bei der Reaktion von Ammoniak mit Salzsäure findet zwischen den Ammoniakmolekülen und den Chlorwasserstoffmolekülen ein **Protonenübergang** statt. Aus dem Ammoniakmolekül entsteht dabei ein Ammonium-Ion (Formel: NH_4^+), aus dem Chlorwasserstoffmolekül ein Chlorid-Ion (Formel: Cl^-). Beide Ionen bilden die Ionensubstanz Ammoniumchlorid mit der Formel NH_4Cl.
Protonen sind etwa 100 000-mal kleiner als andere Ionen. Sie besitzen dadurch eine hohe elektrische Ladungsdichte, weshalb Protonen nicht frei auftreten, sondern immer an anderen Teilchen wie Molekülen und Ionen gebunden sind.
Protonen bilden mit Wassermolekülen **Hydronium-Ionen** H_3O^+, z. B. beim Lösen von Chlorwasserstoff in Wasser. Das Chlorwasserstoffmolekül gibt das Proton an das Wassermolekül ab. Das gemeinsame Elektronenpaar verbleibt beim Chloratom, sodass ein negativ elektrisch geladenes Chlorid-Ion entsteht. Das abgegebene Proton wird von einem freien Elektronenpaar am Sauerstoffatom des Wassermoleküls gebunden. Es entsteht ein positiv elektrisch geladenes Hydronium-Ion.

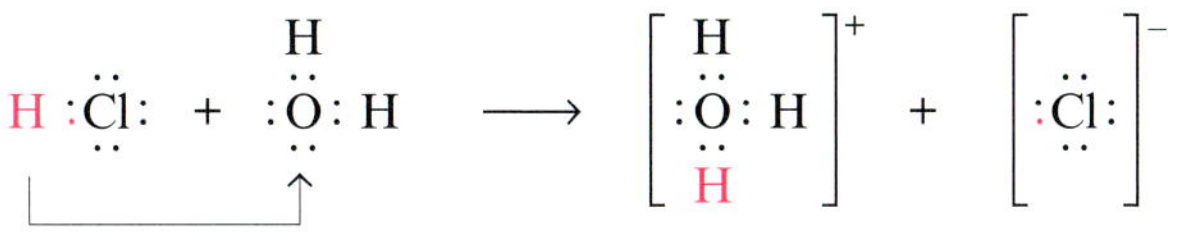

2 Modell und Formel des Ammonium-Ions

EXPERIMENT 5 [L] Xi
Neutralisieren von Ammoniaklösung.
15 ml 5%ige Ammoniaklösung (Xi) werden mit 5%iger Salzsäure neutralisiert.

Protonenübergang — Hydronium-Ion

Beim Lösen von Ammoniak in Wasser reagieren die Stoffe miteinander. In der Ammoniaklösung bilden sich durch Protonenübergang Ammonium-Ionen und Hydroxid-Ionen, die eine alkalische Reaktion der Lösung bewirken. Diese alkalische Reaktion lässt sich mithilfe von Universalindikatorpapier oder -lösung nachweisen.

$$NH_3 + H_2O \longrightarrow NH_4^+ + OH^-$$

Ammoniaklösung lässt sich mit Säuren, z. B. Salzsäure, neutralisieren. Dabei entsteht eine wässrige Ammoniumchloridlösung.

$NH_4^+ + OH^- + H^+ + Cl^- \longrightarrow NH_4^+ + Cl^- + H_2O$

> Ammoniumverbindungen sind Ionensubstanzen. Sie entstehen durch chemische Reaktionen von Ammoniak oder von Ammoniaklösung mit Säuren.

Eigenschaften und Verwendung. Ammoniumverbindungen sind meist weiße, kristalline Substanzen, die sich gut in Wasser lösen. Deshalb können sie sich im Boden lösen und stehen den Pflanzen als wichtige Stickstofflieferanten in Form von Düngemitteln zur Verfügung. Feste Ammoniumverbindungen leiten den elektrischen Strom nicht, ihre Lösungen dagegen leiten den elektrischen Strom. Das Lösen ist ein endothermer Vorgang. Dem Wasser wird Wärme entzogen, die Temperatur sinkt. Ammoniumverbindungen reagieren mit Natriumhydroxidlösung zu gasförmigem Ammoniak (indirekter Nachweis für Ammonium-Ionen).

$NH_4Cl + NaOH \longrightarrow NH_3 + NaCl + H_2O$

Die meisten Ammoniumverbindungen sind durch Wärme zersetzbar. Wird Ammoniumcarbonat thermisch zersetzt, entstehen Ammoniak, Kohlenstoffdioxid und Wasserdampf. Ammoniak wird in heißem Teig leicht gebunden, Kohlenstoffdioxid lockert ihn auf. Deshalb wird z. B. Ammoniumhydrogencarbonat als Bestandteil von Hirschhornsalz zum Backen von Lebkuchen, Amerikanern oder Spekulatius verwendet. Legt man auf die heiße Oxidschicht eines Kupferbleches Ammoniumchlorid, so entstehen Ammoniak und Chlorwasserstoff. Chlorwasserstoff reagiert mit der Kupferoxidschicht zu Kupfer(II)-chlorid, das verdampft und rotes Kupfer sichtbar werden lässt. Deshalb wird Ammoniumchlorid als Lötstein zum Reinigen von Lötkolben verwendet.

Beim thermischen Zersetzen von Ammoniumhydrogenphosphat entsteht neben Ammoniak Phosphorsäure. Diese wirkt wasserentziehend und verkohlt Holzoberflächen, sodass kein Sauerstoff zutreten kann. Deshalb findet dieser Stoff als Flammschutzmittel Verwendung.

Wichtige Ammoniumverbindungen und ihre Verwendung	
Verbindung	Verwendung
Ammoniumsulfat $(NH_4)_2SO_4$	als Düngemittel, Flammschutz- und Kältemittel
Ammoniumnitrat NH_4NO_3	als Düngemittel, Sicherheitssprengstoff im Bergbau, als Kältemittel
Ammoniumchlorid NH_4Cl (Salmiak)	als Düngemittel, als Kältemittel, als Lötstein, als Elektrolyt in Batterien
Ammoniumhydrogenphosphat $(NH_4)_2HPO_4$	als Düngemittel, als Imprägniermittel und Flammschutzmittel für Holz
Ammoniumcarbonat $(NH_4)_2CO_3$	als Feuerlöschmittel, als Blähmittel für Schaumstoffe und Schaumgummi,
Ammoniumhydrogencarbonat NH_4HCO_3	als Backtriebmittel (Hirschhornsalz), als Feuerlöschmittel

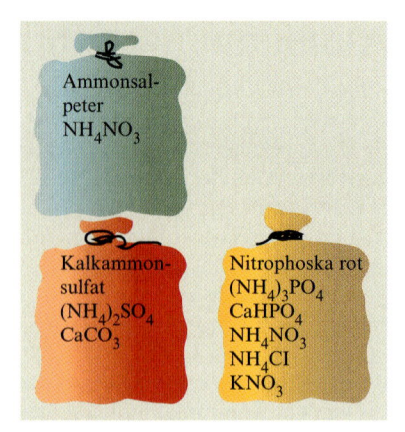

1 Zusammensetzung handelsüblicher Stickstoffdünger

- Ammonsalpeter NH_4NO_3
- Kalkammonsulfat $(NH_4)_2SO_4$ $CaCO_3$
- Nitrophoska rot $(NH_4)_3PO_4$ $CaHPO_4$ NH_4NO_3 NH_4Cl KNO_3

Nachweis von Ammonium-Ionen

Nachweismittel: Natriumhydroxidlösung

Erscheinung: Bildung von gasförmigem Ammoniak

Erkennen von Ammoniak:
– stechender Geruch
– färbt feuchtes Universalindikatorpapier blau
– bildet mit Chlorwasserstoff weißen Rauch von Ammoniumchlorid

AUFGABEN

1. Leite anhand von Eigenschaften die Verwendung von Ammoniumverbindungen ab.
2. Formuliere die Reaktion von Ammoniak mit Wasser als Teilgleichungen und kennzeichne den Protonenübergang.
3. Erläutere den Bau und die Bindungsverhältnisse von Ionensubstanzen.
4. Beschreibe die Nachweise von Ammoniak und Ammonium-Ionen. Formuliere die Reaktionsgleichungen.
5. Entwickle Reaktionsgleichungen für die thermische Zersetzung von Ammoniumchlorid und von Ammoniumhydrogencarbonat.

Verwendung von Ammoniumverbindungen

Viele Verwendungen von Ammoniumverbindungen lassen sich direkt aus deren Eigenschaften ableiten. Untersuche einige dieser Eigenschaften und triff Aussagen über mögliche Verwendungen.

EXPERIMENT 1 [S] [Xi]
Weise Ammonium-Ionen in Düngemitteln und im Boden nach.
Mische in einem Reagenzglas 1 g Düngemittel mit 1 g Calciumoxid (Xi), in einem anderen Reagenzglas 1 g Boden mit 1 g Calciumoxid (Xi). Setze jeweils 5 ml destilliertes Wasser zu und erhitze die Gläser. Lege über die Gläseröffnung einen Streifen feuchtes Universalindikatorpapier. Führe eine Geruchsprobe durch.
Triff eine Aussage über die Bedeutung von Ammoniumverbindungen für Pflanzen.

1 Hirschhornsalz wird zum Backen von Lebkuchen verwendet.

EXPERIMENT 2 [S]
Erkunde die Bedeutung von Ammoniumdüngemitteln für das Pflanzenwachstum.
Stelle Lösungen aus Ammoniumsulfat folgender Konzentrationen her: 0,1 %, 0,5 %, 1 % und 5 %. Gib in vier Petrischalen jeweils 3 Lagen Filterpapier und befeuchte es mit 10 bis 15 ml der Lösungen. Gib in eine weitere Petrischale 3 Lagen Filterpapier, das mit Wasser befeuchtet wird. Lege in jede Schale 25 Kressesamen und schließe diese. Stelle nach 2 bis 3 Tagen die Anzahl der Keime fest. Ermittle nach 5 Tagen das Aussehen der Keimpflanzen sowie die Länge der Sprossachsen und Wurzeln.

2 Ein Lötkolben wird mit Lötstein gereinigt.

EXPERIMENT 3 [S] [Xn]
Löse Ammoniumchlorid in Wasser.
Ermittle die Temperatur von 15 ml Wasser in einem Becherglas. Löse darin 5 g Ammoniumchlorid (Xn) und miss anschließend erneut die Temperatur.
Leite Verwendungsmöglichkeiten aus dieser Eigenschaft ab.

Entsorgung

Reste der Lösungen in Sammelbehälter für Abwasser.
Reste fester Ammoniumverbindungen in Wasser lösen und in Sammelbehälter für Abwasser.
Bodenreste in den Sammelbehälter für Hausmüll, Kupferbleche wieder verwenden.

EXPERIMENT 4 [S] [Xn]
Untersuche die Wirkung von Ammoniumchlorid auf Kupfer.
Erhitze ein Kupferblech, bis es mit einer schwarzen Schicht überzogen ist. Gib auf das heiße Blech etwa 1 g Ammoniumchlorid (Xn). Welche Verwendung lässt sich aus dem Beobachtungsergebnis ableiten?

AUFTRÄGE

1. Informiere dich über ein Rezept zum Backen von Lebkuchen oder Spekulatius. Setze einen Teil des Teigs mit Hirschhornsalz, einen zweiten Teil ohne Hirschhornsalz an und backe den Teig. Welche Aufgaben erfüllt Hirschhornsalz beim Backen?

2. Stelle eine Übersicht über wichtige Pflanzennährstoffe zusammen. Gib deren Bedeutung für die Pflanzen an und formuliere Aussagen darüber, in welcher Form die Pflanze diese Nährstoffe aufnimmt und im Organismus transportiert.

Oxide des Stickstoffs

1 Untersuchung der Auspuffgase auf Stickstoffoxide mit einem Gasspürgerät

2 Durch Blitze entstehen Stickstoffoxide.

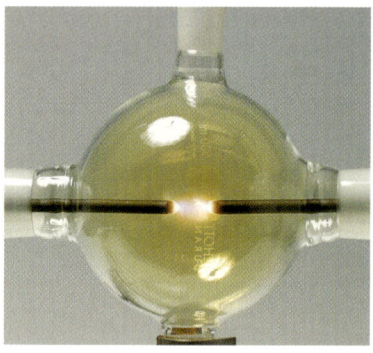

Aus den Medien und durch eigene Untersuchungen ist dir bekannt, dass Stickstoffoxide mit anderen Stoffen der Luft unter Bildung von saurem Regen am „Waldsterben" beteiligt sind. Im Widerspruch dazu steht eine alte Bauernregel, die besagt, dass Pflanzen nach einem Gewitter besonders gut wachsen. Wie lässt sich das erklären?

Bildung und Verwendung von Stickstoffoxiden. Die Oxide lassen sich nicht einfach durch Verbrennen von Stickstoff herstellen. Erst bei sehr hohen Temperaturen (über 3000 °C), z. B. in einem elektrischen Lichtbogen, in Verbrennungsmotoren und in Wärmekraftwerken reagiert Stickstoff mit Sauerstoff zu farblosem **Stickstoffmonooxid**.

$$N_2 + O_2 \longrightarrow 2\,NO \mid \text{endotherm}$$

Bei niedrigen Temperaturen wird Stickstoffmonooxid zu braunem **Stickstoffdioxid** oxidiert.

$$2\,NO + O_2 \longrightarrow 2\,NO_2 \mid \text{exotherm}$$

Bei Abkühlung geht das braune Stickstoffdioxid in farbloses **Distickstofftetraoxid** über. Diese Reaktion ist durch Erwärmen umkehrbar.

$$2\,NO_2 \underset{\text{Erwärmen}}{\overset{\text{Abkühlen}}{\rightleftarrows}} N_2O_4$$

3 Verbrennung von Stickstoff im elektrischen Lichtbogen

Bei der Verbrennung von Benzin in Kraftfahrzeugmotoren entsteht immer ein Gemisch aus verschiedenen Stickstoffoxiden, die in unterschiedlichen Volumenanteilen vorliegen. Gasgemische aus Stickstoffoxiden werden als **nitrose Gase NO_x** bezeichnet. Sie sind starke Atemgifte und schädigen die Atmosphäre.

Stickstoffmonooxid und Stickstoffdioxid werden zur Herstellung von Salpetersäure verwendet.

Ein weiteres Stickstoffoxid ist **Distickstoffmonooxid** (Lachgas) N_2O, das bei der mikrobiellen Zersetzung von Nitraten entsteht. Es wird als Narkosegas und als Treibgas in Sahnepatronen verwendet.

Schon gewusst?

Lachgas N_2O ist in Kombination mit Sauerstoff ein häufig angewendetes Inhalationsnarkotikum. Es wirkt sehr schnell und ist im Gemisch mit ausreichend Sauerstoff ungiftig. Der Name Lachgas weist darauf hin, dass das Einatmen zu Halluzinationen führen kann, die sich oft in Lachlust und Heiterkeit äußern.

Oxide des Stickstoffs

Bau von Stickstoffmonooxid und Stickstoffdioxid. Beide Oxide sind wie die dir bekannten Nichtmetalloxide aus **Molekülen** aufgebaut.
In den Molekülen von Stickstoffmonooxid und Stickstoffdioxid sind die Atome durch **polare Atombindungen** miteinander verbunden. Dabei wirken auf die bindenden Elektronenpaare Anziehungskräfte unterschiedlicher Stärke, was zu einer unsymmetrischen Verteilung der bindenden Elektronenpaare im Molekül führt. Im Stickstoffmonooxidmolekül und auch im Stickstoffdioxidmolekül sind die Bindungselektronen stärker zum Sauerstoffatom hin verschoben.

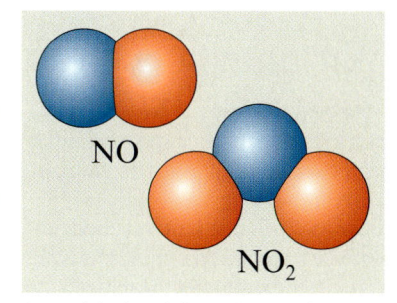

Eigenschaften von Stickstoffmonooxid und Stickstoffdioxid. Der unterschiedliche Bau der Moleküle der Stickstoffoxide führt zu deren unterschiedlichen Eigenschaften.

1 Molekülmodelle und Formeln von Stickstoffmonooxid und Stickstoffdioxid

Einige Eigenschaften von Stickstoffoxiden		
Eigenschaften	Stickstoffmonooxid	Stickstoffdioxid
Aggregatzustand bei 25 °C und 0,1 MPa	gasförmig	gasförmig
Farbe	farblos	braun-rot
Löslichkeit in Wasser	wenig löslich	leicht löslich
Schmelztemperatur in °C	–164	–11
Siedetemperatur in °C	–152	21
Giftigkeit	starkes Atemgift	starkes Atemgift

Stickstoffoxide als Luftschadstoffe. In Deutschland werden jährlich etwa 3 Mio. t Stickstoffoxide an die Umwelt abgegeben und weltweit sind es etwa 160 Mio. t. Die Hauptverursacher sind Kraftfahrzeuge und Heizwerke. Stickstoffoxide sind sehr reaktionsfreudig und gehören deshalb zu den schädlichsten Abgasstoffen. Schon bei sehr niedrigen Volumenanteilen greifen sie die Atmungsorgane an und begünstigen Atemwegserkrankungen. Stickstoffoxide wirken aber auch auf die Vegetation. Sie verringern die Assimilationsfähigkeit der Pflanzen, verursachen Blattabwurf und hemmen das Wachstum der Pflanzen.
Die Stickstoffoxide reagieren in der Atmosphäre mit anderen Stoffen der Luft zu saurem Regen. Unter Einfluss von intensivem Sonnenlicht reagieren Stickstoffoxide auch zu Stickstoffmonooxid und freiem Sauerstoff (fotochemischer Smog), die in weiteren Reaktionen Schadstoffe bilden.
Generell lässt sich der Stickstoffoxidanteil durch das Herabsetzen der Verbrennungstemperatur senken. Bei Kraftfahrzeugen kann die Verbrennungstemperatur durch das Kompressionsverhältnis, die Treibstoffart und die Betriebsweise des Motors beeinflusst werden. So erhöht sich z. B. die Stickstoffoxid-Emission mit steigender Geschwindigkeit des Fahrzeugs.
Durch den Einbau eines geregelten Katalysators („G-KAT") in die Abgasleitung des Kraftfahrzeugs können die Stickstoffoxide aus dem Abgas entfernt werden. Dabei werden am Katalysator zuerst die Stickstoffoxide zu Stickstoff reduziert und danach die Kohlenstoffverbindungen oxidiert. Auch bei den Kraftwerken gibt es inzwischen Anlagen zur „Entstickung" der Rauchgase. In DENOX-Anlagen werden die Stickstoffoxide durch Reaktion mit Ammoniak in Anwesenheit von Katalysatoren in Stickstoff und Wasser umgewandelt. Dieses Verfahren ist auch als SCR-Verfahren (Abkürzung für Selective Catalytic Reduction) bekannt.

2 Durch Luftschadstoffe stark geschädigte Eiche

AUFGABEN

1. Begründe, warum Stickstoffoxide als Umweltgifte gelten.
2. Welche Luftschadstoffe können durch Heizkessel in Wohnhäusern entstehen?
3. Erkunde, welche Abgaswerte vom Bezirksschornsteinfegermeister im Messprotokoll festgehalten werden.
4. Informiere dich über den Aufbau und die Funktionsweise eines „G-KAT".
5. Ermittle die Oxidationszahlen für die Elemente im Stickstoffmono- und Stickstoffdioxid.

Wir untersuchen Salpetersäure

Von Säuren ist euch bereits vieles bekannt. So wirken z. B. viele Säuren stark ätzend und einige sind auch giftig. Ihr sollt nun selbst wesentliche Eigenschaften der Salpetersäure ermitteln und herausfinden, ob es Besonderheiten dieser Säure gibt.
Bevor ihr mit den Untersuchungen beginnt, informiert euch, welche Sicherheitsbestimmungen beim Umgang mit Säuren oder ihren Reaktionsprodukten unbedingt zu beachten sind.

EXPERIMENT 1 [S]
Prüfe Salpetersäurelösungen mit Indikatoren.
Schutzbrille, Schutzhandschuhe! Wähle drei verschiedene Indikatoren aus. Versetze die Proben von Salpetersäure ($w = 1\%$; $w = 10\%$, C; $w = 35\%$, C; $w = 65\%$, C) auf der Tüpfelplatte mit jeweils 1 bis 2 Tropfen eines der Indikatoren.
Notiere deine Beobachtungen. Deute das Ergebnis.

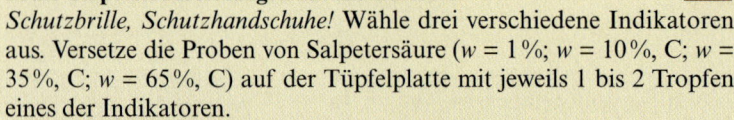

EXPERIMENT 2 [S]
Untersuche das Verhalten von Metallen und Metalloxiden gegenüber Salpetersäure.
Schutzbrille! Gib in ein Reagenzglas etwa 100 mg Calciumoxid (Xi) und versetze das Oxid mit 5 ml 10%iger Salpetersäure (C). Dampfe etwa 1 ml der Lösung ein.
Wiederhole das Experiment mit 100 mg Magnesiumoxid und 100 mg schwarzem Kupferoxid (Xn). Gegebenenfalls ist das Reagenzglas kurz zu erwärmen.
Gib einige Zink-, Magnesium- und Kupferspäne in jeweils ein Reagenzglas. Versetze die Späne mit je 5 ml 6%iger Salpetersäure (C). Prüfe, ob Wärme frei wird. Dampfe etwa 1 ml der Lösungen ein.
Notiere deine Beobachtungen und versuche sie zu deuten. Entwickle im Falle einer Reaktion die Reaktionsgleichung.

EXPERIMENT 3 [S]
Neutralisiere Natronlauge mit Salpetersäure.
Schutzbrille! Gib 5 ml 0,4%ige Natriumhydroxidlösung in ein Becherglas ($V = 50$ ml) und dazu 3 Tropfen Universalindikator. Versetze die Natronlauge mit 4 ml 0,6%iger Salpetersäure. Tropfe danach weiter Salpetersäure zu, bis der Indikator die Farbe für neutrale Lösung anzeigt. Dampfe von der Lösung etwa 1 ml ein.
Beschreibe das Verhalten des Indikators. Welche Teilchen liegen zu den verschiedenen Zeitpunkten in der Lösung vor?

Gruppenarbeit

Salpetersäure konzentriert $w = 65\%$ HNO$_3$

Salpetersäure halbkonzentriert $w = 35\%$ HNO$_3$

Salpetersäure verdünnt $w = 12\%$ HNO$_3$

1 Salpetersäurelösungen

Entsorgung
Kupferabfälle in den Sammelbehälter I „Anorganische Chemikalienreste", übrige Metallreste in den Sammelbehälter für Hausmüll. Salze in Wasser lösen und zusammen mit den wässrigen Lösungen in den Sammelbehälter für Abwasser.

AUFTRÄGE

1. Erläutere, wie man beim Verdünnen von Salpetersäure vorgehen muss. Berechne die Masse Wasser, in das 10 g Salpetersäure mit $w(HNO_3) = 35\%$ gegeben werden müssen, um verdünnte Salpetersäure mit $w(HNO_3) = 12\%$ zu erhalten.

2. Vergleiche verdünnte Salpetersäure mit verdünnter Salzsäure in ihrer Reaktion mit Metallen. Wie könnte das entstehende Gas aufgefangen und identifiziert werden? Bestimme die Reaktionsart und erläutere sie anhand eines Beispiels.

Salpetersäure

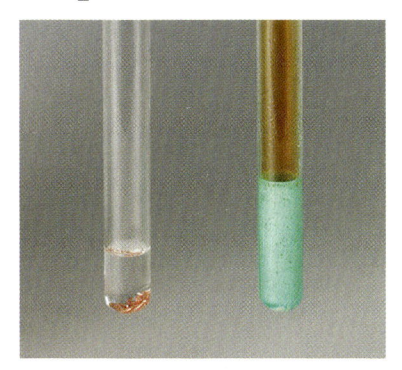

1 Reaktion von Kupfer mit Salpetersäure

2 Reaktion von konzentrierter Salpetersäure mit Holzkohle

Eigenschaften. Reine, 100 %ige Salpetersäure ist eine farblose, stechend riechende Flüssigkeit mit einer Siedetemperatur von 86 °C. Sie bildet an der Luft Nebel und wird auch als **„rauchende" Salpetersäure** bezeichnet. Da sie durch Lichteinwirkung zerfällt, muss sie in braunen Flaschen aufbewahrt werden. Rauchende Salpetersäure enthält gelöstes Stickstoffoxid.

Verdünnte Salpetersäure ist eine farblose, ätzende Lösung. Beim Lösen von Salpetersäure in Wasser bilden sich Wasserstoff-Ionen und Nitrat-Ionen. Das Vorliegen von Wasserstoff-Ionen ist an der Farbe des Indikators zu erkennen.

$$HNO_3 \rightleftharpoons H^+ + NO_3^-$$

Verdünnte Salpetersäure reagiert wie andere verdünnte Säuren. Mit Metalloxiden, Hydroxidlösungen und wässriger Ammoniaklösung entstehen dabei Nitratlösungen und Wasser. Verdünnte Salpetersäure reagiert auch mit unedlen Metallen wie Magnesium und Zink, jedoch nicht mit edleren Metallen wie Kupfer und Silber.
Konzentrierte Salpetersäure ist farblos, giftig und wirkt ätzend. Sie ist ein starkes Oxidationsmittel, das nicht nur mit Kupfer, sondern sogar mit Silber und Quecksilber reagiert. Dabei werden Stickstoffoxide frei.

$$Cu + 4\,HNO_3 \longrightarrow Cu^{2+} + 2\,NO_3^- + 2\,NO_2 + 2\,H_2O$$

Auch Nichtmetalle wie Kohlenstoff oder Schwefel werden von konzentrierter Salpetersäure oxidiert, dabei entstehen nitrose Gase.
Ein Gemisch aus konzentrierter Salpetersäure und konzentrierter Salzsäure im Verhältnis 1 : 3 wird **Königswasser** genannt, weil es Gold und Platin auflösen kann.
Auf Eiweiße wirkt konzentrierte Salpetersäure ätzend und zerstörend. Außerdem färbt sie diese Stoffe intensiv gelb, was zum **Nachweis von Eiweißen** dient (Xanthoproteinreaktion).

Verwendung. Salpetersäure findet in der chemischen Industrie vielseitige Verwendung. So dient sie zur Herstellung von Nitratdüngemitteln, Sprengstoffen, Farbstoffen, Arznei- und Lösemitteln. Außerdem wird konzentrierte Salpetersäure in der Metallbearbeitung zum Ätzen, Beizen und Passivieren genutzt.

EXPERIMENT 6 [L]
Reaktion von Salpetersäurelösungen mit Metallen.
Vorsicht! Abzug!
Kupfer- und Silberspäne werden jeweils mit etwa 3 ml 65 %iger Salpetersäure (C) und 35 %iger Salpetersäure (C) versetzt.

EXPERIMENT 7 [L]
Reaktion von konzentrierter Salpetersäure mit Eiweiß.
Vorsicht! Zu Eiweißlösung, Fingernagelresten, weißen Federn und festem Eiklar werden jeweils einige Tropfen 65 %ige Salpetersäure (C) gegeben.

Schon gewusst?

Gebräuchliche Sprengstoffe sind häufig Stickstoffverbindungen. So enthält das früher verwendete Schwarzpulver Salpeter, dessen Explosionskraft im Vergleich zu modernen Sprengstoffen allerdings gering ist.
Das bekannte Nitroglycerin ist der Salpetersäureester des Glycerols (Glycerins). Es explodiert bei Stoß, Schlag oder Überhitzung sehr heftig.

AUFGABEN

1. Konzentrierte Salpetersäure wird auch als Scheidewasser bezeichnet. Worauf ist das zurückzuführen?
2. Informiere dich, was unter Passivierung zu verstehen ist.
3. Eisen und Aluminium reagieren mit sehr stark verdünnter Salpetersäure unter Wasserstoffentwicklung. Entwickle die Reaktionsgleichung in Ionenschreibweise und bestimme und interpretiere die Reaktionsart.

Vom Ammoniak zur Salpetersäure

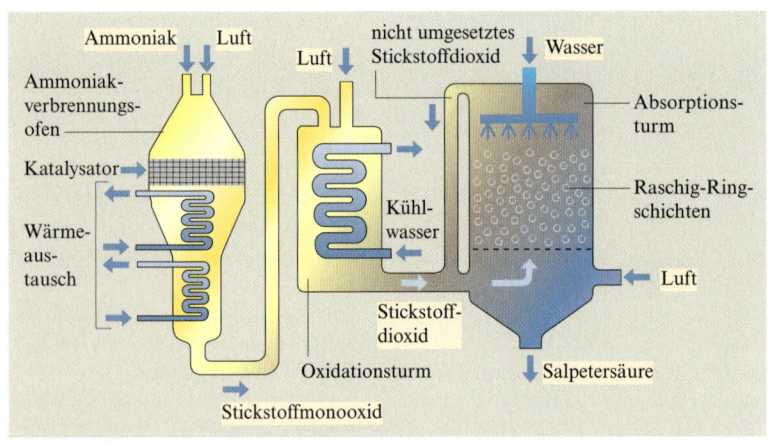

1 Schema der Herstellung von Salpetersäure nach dem OSTWALD-Verfahren. Hier wird ein großer Teil des nach dem HABER-BOSCH-Verfahren gewonnenen Ammoniaks weiterverarbeitet zu Salpetersäure.

Oxidation von Ammoniak. Ausgangsstoffe für die Herstellung von Salpetersäure sind Ammoniak, Luft und Wasser. Aus Ammoniak und dem Sauerstoff der Luft wird mithilfe eines Katalysators bei einer Temperatur von 600 bis 700 °C zunächst Stickstoffmonooxid und Wasser hergestellt.

$$4\,NH_3 + 5\,O_2 \xrightarrow{\text{Katalysator}} 4\,NO + 6\,H_2O \;|\; \text{exotherm}$$

Das farblose, giftige Stickstoffmonooxid setzt sich mit weiterem Sauerstoff der Luft sofort zu braunem Stickstoffdioxid um.

$$4\,NO + 2\,O_2 \longrightarrow 4\,NO_2 \;|\; \text{exotherm}$$

Stickstoffdioxid reagiert mit Wasser und Sauerstoff der Luft zu **Salpetersäure**.

$$4\,NO_2 + 2\,H_2O + O_2 \longrightarrow 4\,HNO_3 \;|\; \text{exotherm}$$

Technische Herstellung – OSTWALD-Verfahren. Im Jahre 1908 entwickelte der deutsche Chemiker WILHELM OSTWALD (1853–1932) das nach ihm benannte Verfahren zur Herstellung von Salpetersäure, das bis heute hauptsächlich angewendet wird.
Die katalytische Oxidation von Ammoniak erfolgt in einem Ammoniakverbrennungsofen an einem äußerst feinmaschigen Platinnetz (etwa 2000 Maschen je cm^2), an dem das Gasgemisch mit hoher Geschwindigkeit vorbeiströmt. Die Verweilzeit des Gasgemisches am Katalysator darf nicht mehr als 10^{-3} s betragen. In dieser Zeit reagiert das Gasgemisch aus Ammoniak und Sauerstoff (Luft) bei einer Temperatur von über 800 °C zu Stickstoffmonooxid und Wasserdampf. Das Mischungsverhältnis zwischen Ammoniak und Sauerstoff muss dabei genau eingehalten werden, da die beiden Gase auch zu Stickstoff und Wasser reagieren können.
Die bei dieser exothermen Reaktion erwärmten Reaktionsprodukte müssen in Wärmeaustauschern rasch auf etwa 30 bis 40 °C abgekühlt werden. Hohe Temperaturen würden den Zerfall des Stickstoffmonooxids in Stickstoff und Sauerstoff bewirken.

EXPERIMENT 8 [L]
Katalytische Oxidation von Ammoniak.
Abzug! Die Versuchsapparatur wird entsprechend der Abbildung unten zusammengebaut. Die Gaswaschflasche wird mit etwa 20 ml Ammoniaklösung (C) und der Erlenmeyerkolben mit 20 ml destilliertem Wasser gefüllt.
Das Reaktionsrohr mit dem platinhaltigen Perlkatalysator wird auf 600 °C erhitzt und gleichzeitig wird Luft durch die Apparatur geblasen (T+). Die Luftzufuhr wird nach etwa 5 min beendet. Die Lösung im Erlenmeyerkolben wird mit Universalindikator und mit Schnellteststäbchen auf Nitrat geprüft.

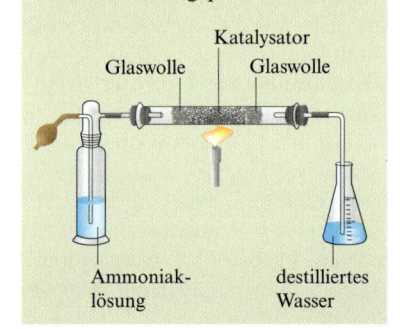

Vom Ammoniak zur Salpetersäure

Das mit Luft gemischte Gas wird in die **Oxidationstürme** geführt. Hier erfolgt die Oxidation von Stickstoffmonooxid zu Stickstoffdioxid. Durch intensive Abkühlung soll ein möglichst vollständiger Umsatz erreicht werden. Zu diesem Zweck wurden in die Oxidationstürme Kühlrohre eingebaut.
In den so genannten **Absorptionstürmen** findet dann die Umsetzung zu Salpetersäure statt. Diese Türme sind etwa 18 m hoch und mit mehreren Raschig-Ringschichten gefüllt. Die Durchmesser der Türme betragen 3 m. Das oxidierte Gas wird komprimiert, mit komprimierter Luft gemischt und von unten in die Absorptionstürme eingeleitet. Im Gegenstrom zum Gas rieselt von oben Wasser oder verdünnte Salpetersäure. Jeder Absorptionsturm besitzt einen Säurekreislauf. Es bildet sich dabei eine etwa 60%ige Salpetersäure.
Mit einer Abgasreinigung wird versucht, die Umweltbelastung durch Stickstoffoxide gering zu halten. Beim Arbeiten an einer Salpetersäureanlage kann es durch Ammoniak, nitrose Gase und Salpetersäure zur Gefährdung kommen. Die arbeitshygienischen Normen sind deshalb unbedingt einzuhalten, wie z. B. das Vorhandensein von Spritzschutzeinrichtungen an Rohrleitungen und von Atemschutz- und Sauerstoffkreislaufgeräten.

Schon gewusst?

Eine der ältesten Methoden der Salpetersäureherstellung ist die Umsetzung von Chilesalpeter (Natriumnitrat) mit konzentrierter Schwefelsäure. Die natürlichen Vorkommen an Nitraten, die vor allem in der Atacama-Wüste in Chile abgebaut wurden, reichten allerdings bald nicht mehr aus, um den Bedarf an Salpetersäure zu decken. Deshalb wurden mehrere Verfahren auf der Basis von Stickstoffoxiden entwickelt.

> Stickstoffmonooxid wird durch katalytische Oxidation von Ammoniak hergestellt. Stickstoffmonooxid reagiert mit dem Sauerstoff der Luft zu Stickstoffdioxid. Aus Stickstoffdioxid, dem Sauerstoff der Luft und Wasser entsteht Salpetersäure.

Bedeutung. 1988 wurden weltweit 28,1 Mio. t Salpetersäure produziert. Mit über 2 Mio. t pro Jahr gehören die USA, Deutschland und Polen zu den Haupterzeugern. In Deutschland gehen davon etwa 75 % in die Düngemittelherstellung.

1 Ammoniakverbrennungsofen

2 Salpetersäureanlage

3 Bis 1880 gab es in der Atacama-Wüste (Chile) große Vorkommen von Chilesalpeter.

AUFGABEN

1. Kennzeichne die chemische Reaktion von Ammoniak mit Sauerstoff als Redoxreaktion.
2. Beschreibe die Herstellung von Salpetersäure anhand der Abbildung 1 der vorigen Seite.
3. Die Verweilzeit des Ammoniak-Luft-Gemisches am Katalysator darf nur sehr gering sein. Begründe!
4. Überlege, wie man aus konzentrierter Salpetersäure „rauchende" Salpetersäure herstellen kann.

Nitrate – Düngemittel

1 Organische Düngung mit Gülle

Über die Medien erreichen uns immer wieder solche oder ähnliche Schlagzeilen: Vorsicht! Nitrat im Trinkwasser! Kopfsalat und anderes Gemüse nitratbelastet! Brunnenwasser nicht unbedenklich – Nitratgefahr!
Sind Nitrate wirklich so gefährlich? Wie gelangen Nitrate in die Lebensmittel und ins Trinkwasser?

Schon gewusst?

Auf der Erde gibt es nur wenige bedeutende Lagerstätten von Nitraten. Als Kaliumnitrat, **Salpeter** (griech./lat. sal petrae – Felsensalz), kommt es in Nordafrika, Indien, China und Ungarn vor.
Chilesalpeter (Natriumnitrat) findet man vor allem in Nordchile. Chilesalpeter war lange Zeit ein wichtiges Handelsgut. Um seine Lagerstätten ging es im „Salpeterkrieg" (1879 bis 1883) zwischen Chile, Bolivien und Peru. An den Wänden von Tierbehausungen sind häufig Ausblühungen von Mauersalpeter (Calciumnitrat) zu sehen.

EXPERIMENT 9 [S]
Erkunde die Löslichkeit von Nitraten in Wasser.
Plane ein Experiment, in dem Ammoniumnitrat (O), Natriumnitrat (O), Kaliumnitrat (O) und Kupfernitrat (Xi) auf ihre Löslichkeit in Wasser geprüft werden können. Führe das Experiment nach Rücksprache durch. Notiere deine Beobachtungen. Informiere dich in Nachschlagewerken über die Löslichkeit von Nitraten in Wasser bei 20 °C.
Verwende die wässrigen Lösungen für das Experiment 10.
Entsorgung: Lösungen werden weiter verwendet.

EXPERIMENT 10 [S]
Weise mit Teststäbchen Nitrat-Ionen nach.
Schutzbrille! Verdünne 1 ml 0,1 %ige Salpetersäure mit 9 ml destilliertem Wasser. Lies die der Nitrat-Test-Verpackung beiliegende Vorschrift. Entnimm ein Teststäbchen und verschließe die Dose sofort wieder. Tauche das Teststäbchen etwa eine Sekunde in die verdünnte Salpetersäure. Die Reaktionszonen müssen dabei eintauchen. Schüttle danach vorsichtig die anhaftende Lösung leicht ab. Vergleiche nach einer Minute die Reaktionszonen mit der Farbskala auf der Dose. Notiere das Ergebnis. Wiederhole das Experiment mit den Lösungen aus dem Experiment 9 mit Leitungswasser und verschiedenen Düngemitteln. Stelle die Ergebnisse in einer Tabelle zusammen.
Entsorgung: Nitrat-Teststäbchen in den Sammelbehälter für Sondermüll, wässrige Lösungen in den Sammelbehälter für Abwasser.

EXPERIMENT 11 [L]
Reaktion von Natriumnitrat mit Kohlenstoff.
Vorsicht! Abzug! Schutzbrille!
Auf eine Schmelze von Natriumnitrat (O) wird ein erbsengroßes Stück Holzkohle gegeben (O, T, N).

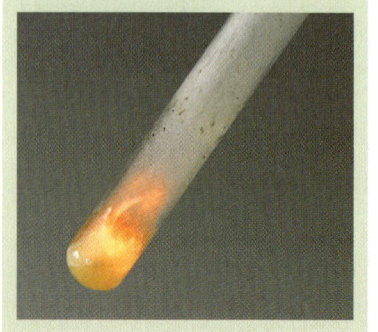

Eigenschaften. Nitrate sind salzartige Stoffe, Ionensubstanzen. Die Ionengitter der Nitrate sind aus positiv elektrisch geladenen Metall-Ionen oder Ammonium-Ionen und einfach negativ elektrisch geladenen Nitrat-Ionen aufgebaut. Alle Nitrate lösen sich leicht in Wasser.

Nitrate – Düngemittel

Der Nachweis von Nitrat-Ionen ist deshalb auch nicht wie bei anderen Säurerest-Ionen durch Fällungsreaktionen möglich. Zum Nachweis der Nitrat-Ionen werden Farbreaktionen genutzt. So färben sich Nitrat-Teststäbchen beim Eintauchen in nitrathaltige Lösungen violett.
Einige Nitrate geben beim Erhitzen Sauerstoff ab. Bei der thermischen Zersetzung von Natriumnitrat entstehen Sauerstoff und Natriumnitrit.

$$2\,NaNO_3 \longrightarrow 2\,NaNO_2 + O_2 \mid \text{endotherm}$$

Schwermetallnitrate, wie z. B. Bleinitrat, zerfallen beim Erhitzen in die entsprechenden Metalloxide, Stickstoffoxid und Sauerstoff. Nitrate sind also wie die Salpetersäure gute Oxidationsmittel. Sie werden deshalb u. a. bei der Herstellung von Feuerwerkskörpern verwendet.
Nitrite sind Salze der salpetrigen Säure der Formel HNO_2.

> Nitrate sind Ionensubstanzen. Sie lösen sich leicht in Wasser und lassen sich thermisch zersetzen. Sie sind gute Oxidationsmittel.

1 Mittlerer Massenanteil an Nitraten in Nahrungsmitteln (hoch > 1000 mg/kg; mittel 500–1000 mg/kg; niedrig < 500 mg/kg)

Verwendung als Düngemittel. Nitrathaltige Düngemittel werden neben den Ammoniumverbindungen und Harnstoff zur Deckung des Stickstoffbedarfs der Pflanzen eingesetzt. Die Pflanzen nehmen vor allem Nitrat-Ionen und Ammonium-Ionen als Eiweißbausteine durch die Wurzeln auf. Alle Stickstoffdünger werden im Boden lebende Bakterien im Laufe der Zeit in die leicht löslichen Nitrate umgewandelt. Dieser Vorgang wird als **Nitrifikation** bezeichnet.

Nitrate als Schadstoffe. Pflanzen können den Stickstoff aus den Düngemitteln nur zu 35 bis 70 % nutzen. Bei erhöhtem Angebot, z. B. durch Überdüngung oder durch kostengünstige Beseitigung von großen Mengen anfallender Fäkalien, werden Nitrate in den Pflanzen gespeichert.

Einige feste Stickstoffdüngemittel

Name der Düngemittel	Wirksame Ionen
Kalisalpeter	K^+, NO_3^-
Natronsalpeter	NO_3^-
Kalkammonsalpeter	NH_4^+, NO_3^-, Ca^{2+}
Ammoniumsulfat	NH_4^+
Mischdünger	NH_4^+, NO_3^-, K^+, Ca^{2+}, PO_4^{3-}

> EXPERIMENT 12 [S]
> **Untersuche einige Nahrungsmittel auf das Vorhandensein von Nitrat-Ionen.**
> Zerkleinere etwa 50 g von den zu untersuchenden Nahrungsmitteln, z. B. Kartoffeln, Kohlrabi oder Rettich. Gib die Proben in je ein Becherglas. Versetze sie mit 50 ml destilliertem Wasser und erhitze etwa 5 min bis zum Sieden. Filtriere nach dem Abkühlen und prüfe die Lösung mit dem Teststäbchen auf Nitrat.
> Notiere deine Beobachtungen. Interpretiere die Ergebnisse.
> *Entsorgung:* Nitrat-Teststäbchen in Sammelbehälter für Sondermüll, Lösungen in den Sammelbehälter für Abwasser, Nahrungsmittelreste in den Sammelbehälter für Hausmüll.

Da Nitrate sehr gut wasserlöslich sind, wird ein großer Stickstoffanteil der Düngemittel als Nitrat-Ionen durch den Regen aus dem Boden gewaschen und gelangt so in das Oberflächen- und Grundwasser.
Die Trinkwasserverordnung von 1990 legt einen Nitratgrenzwert von 50 mg/l Trinkwasser fest. Für die Zubereitung von Säuglingsnahrung gilt ein Grenzwert von 10 mg/l. Im Stoffwechsel von Mensch und Tier wird Nitrat in Nitrit umgewandelt, aus dem sich krebserregende Nitrosamine bilden können. Bei Säuglingen und Kleinkindern kann es zur Blausucht, einer Sauerstoffmangelerscheinung, kommen.

AUFGABEN

1. Entwickle die Reaktionsgleichungen für das Lösen der im Experiment 9 verwendeten Nitrate.
2. Nitrat ist im Grundwasser nachweisbar. Nenne Ursachen für überhöhte Werte.
3. Stelle Möglichkeiten zur Verminderung der Nitratbelastung zusammen.
4. Informiere dich bei den Stadtwerken über die Nitratwerte im örtlichen Trinkwasser.
5. Bleinitrat wird thermisch zersetzt. Formuliere die Reaktionsgleichung.

Nahrungsnetze – Stickstoffverbindungen im Boden

1 Pflanzenvielfalt durch optimales Nährstoffangebot im Boden

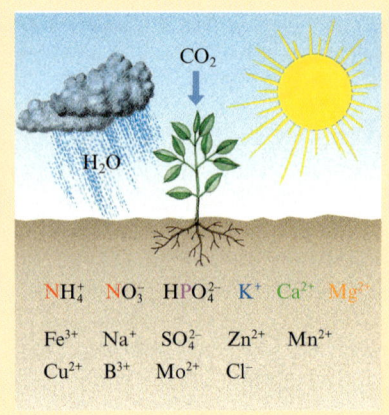

3 Pflanzen brauchen Hauptnährstoffe und Spurenelemente

Mineralstoffe als Pflanzennahrung. Im Jahre 1840 stellte JUSTUS VON LIEBIG eine Theorie über die Ernährung von Pflanzen auf. Er wies nach, welche Salze die Pflanzen für ihr Wachstum dem Boden entnehmen und welche Stoffe ihm durch die Ernten entzogen werden. Zu den wichtigsten Nährstoffen bzw. Mineralsalzen gehören Stickstoffverbindungen, Phosphate und Kalisalze.
Besondere Bedeutung hatte LIEBIGS Feststellung, dass von den Nährstoffen des Bodens der im Minimum vorkommende Stoff die Höhe des Ertrags bestimmt (Gesetz vom Wachstumsminimum).
LIEBIGS Erkenntnisse bilden noch heute die Grundlagen der Mineraldüngung. Er wird daher auch als „Vater der Agrikulturchemie" bezeichnet.

Richtiges Düngen ist entscheidend. Bei der **organischen Düngung** werden Pflanzenreste, Asche, Gülle, Stallmist, also organische Stoffe, verwendet. Die Kleinlebewesen und Bakterien des Erdbodens zersetzen diese Stoffe und bilden daraus wieder Mineralstoffe. Eine besondere Form der organischen Düngung ist die Gründüngung.
Bei der **Mineraldüngung** wird mit Salzen gedüngt, die die Pflanze braucht, die im Boden aber fehlen. Die Mineralsalze gelangen über die Wasseraufnahme direkt in die Pflanze. Die Hersteller von Düngemitteln bieten unterschiedliche Mineraldünger an. Viele enthalten nur ein oder zwei Mineralsalze. Dazu gehören z. B. Stickstoffdünger wie Ammoniumsulfat und Phosphordünger wie Thomasmehl. Vielfach werden heute jedoch Volldünger verwendet, wie z. B. Nitrophoska. Sie enthalten Nährsalze in einem Mischungsverhältnis, das auf durchschnittliche Böden abgestimmt ist.

4 Der Überschuss eines Pflanzennährstoffs kann aber den Mangel eines anderen nicht ausgleichen.

14 % Stickstoff (gesamt)
7 % Phosphat (gesamt)
17 % Kaliumoxid (wasserlöslich)
2 % Magnesiumoxid (gesamt)
0,02 % Bor (gesamt)
0,01 % Zink (gesamt)

2 Einfluss der Düngung auf das Wachstum der Pflanzen

5 Nitrophoska-Dünger, ein Volldünger

Nahrungsnetze – Stickstoffverbindungen im Boden

Nahrungsbeziehungen. Produzenten, Konsumenten und Destruenten sind in den Stoffkreisläufen voneinander abhängig. Sie bilden komplexe Nahrungsverflechtungen, an deren Anfang immer Pflanzen stehen.

Von einer **Nahrungskette** spricht man, wenn die Nahrungsbeziehung geradlinig von einem Produzenten (lat. producere – herstellen) zu einem Konsumenten (lat. consumere – verbrauchen) führt. Dabei kann es verschiedene Stufen geben, die als Erst- bzw. Zweitkonsument bezeichnet werden. Das letzte Glied in einer Nahrungskette wird auch Endkonsument genannt. Häufig bestehen zwischen den Gliedern vielfältig verflochtene Nahrungsbeziehungen, die als **Nahrungsnetze** bezeichnet werden. Isolierte Nahrungsketten sind selten. Bei solchen vielfach verzweigten Systemen kann eine einzelne Pflanzen- oder Tierart auch ersetzt werden. Bricht allerdings in einer Nahrungskette ein Glied heraus, ist der nachfolgende Konsument ohne Nahrung.

Die Destruenten (lat. destruere – zerstören, abtragen) fügen sich als Glieder in das Nahrungsnetz ein. Da sie sich nur von abgestorbenen Organismen oder Ausscheidungsprodukten ernähren, benötigen sie die Produzenten nur indirekt. Sie werden jedoch als Nahrungsbestandteil von den Konsumenten genutzt.

Stickstoffumsatz im Boden. Die verschiedenen Stickstoffverbindungen verändern sich infolge eines ständigen Stoffwechselgeschehens. In Abhängigkeit von der Bodennutzung kommt es zu unterschiedlichem Eintrag von Stickstoff in den Boden bzw. zur Entnahme von Stickstoff aus dem Boden.

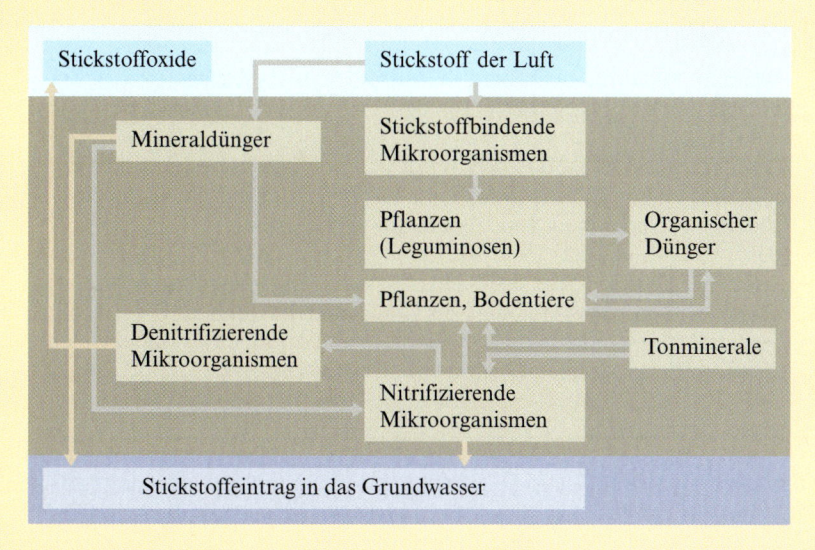

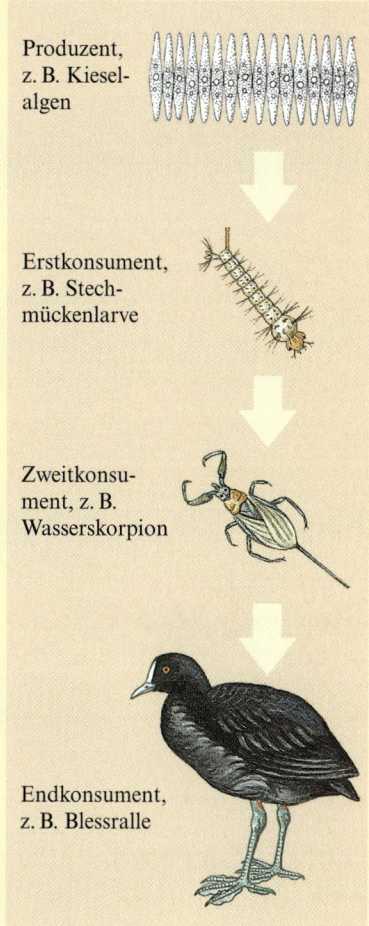

1 Nahrungskette

AUFGABEN

1. Plane die Untersuchung eines Volldüngers. Überlege, welche Ionen im Volldünger enthalten sein könnten. Protokolliere durchgeführte Nachweisreaktionen.
2. Für Balkon- und Zimmerpflanzen kann man flüssige Düngemittel oder Düngestäbchen kaufen. Erkunde, welche Mineralsalze darin enthalten sind.
3. Stelle Wirkungen, Mangelerscheinungen bei Pflanzen hinsichtlich einzelner Mineralsalze zusammen.
4. Erläutere das Gesetz vom Wachstumsminimum.
5. Informiere dich über den integrierten Pflanzenanbau. Nutze dazu auch das Internet. Was soll damit erreicht werden?
6. Definiere die Begriffe „Produzent", „Konsument" und „Destruent". Entwickle und beschreibe eine selbst gewählte Nahrungskette.
7. Die Stabilität von Ökosystemen kann gestört werden. Dabei kann es zur Eutrophierung kommen. Erläutere den Begriff und Folgen der Eutrophierung.

ZUSAMMENFASSUNG

Stickstoff

Farbloses, geruchloses, ungiftiges Gas, das unter Normbedingungen sehr reaktionsträge ist.
Stickstoff wird durch Destillation aus flüssiger Luft gewonnen und ist der Rohstoff zur Herstellung von Stickstoffverbindungen.

Ammoniak

Farbloses, stechend riechendes, giftiges Gas. Es lässt sich leicht verflüssigen und löst sich gut in Wasser. Eine wässrige Ammoniaklösung reagiert alkalisch.
Ammoniak wird vor allem nach dem HABER-BOSCH-Verfahren hergestellt. Dabei reagieren Stickstoff und Wasserstoff bei Anwesenheit eines Katalysators zu Ammoniak.

$$N_2 + 3\,H_2 \xrightleftharpoons{\text{Katalysator}} 2\,NH_3 \;|\; \text{exotherm}$$

Die Reaktion ist umkehrbar und kann durch Temperatur- und Druckänderungen beeinflusst werden.

Ammoniumverbindungen

Ionensubstanzen, die durch chemische Reaktionen von Ammoniak oder Ammoniaklösung mit Säuren entstehen, z. B.

$$NH_3 + HCl \longrightarrow NH_4Cl \;|\; \text{exotherm}$$

Ammoniumverbindungen sind in Wasser leicht löslich und werden deshalb als Stickstoffdüngemittel genutzt.

Oxide des Stickstoffs

Gemische aus Stickstoffoxiden, nitrose Gase NO_x, sind starke Atemgifte und für die Umwelt schädlich. Stickstoffmonooxid und Stickstoffdioxid werden zur Herstellung von Salpetersäure verwendet.

Salpetersäure

Farblose Flüssigkeit, die nach dem OSTWALD-Verfahren durch katalytische Oxidation von Ammoniak hergestellt werden kann.
Verdünnte Salpetersäure ist eine farblose und ätzende Lösung, die beim Lösen in Wasser Wasserstoff-Ionen und Nitrat-Ionen bildet.

$$HNO_3 \rightleftharpoons H^+ + NO_3^-$$

Konzentrierte Salpetersäure ist giftig, ätzend und wirkt als starkes Oxidationsmittel. Sie reagiert mit Proteinen unter Gelbfärbung (Nachweis von Eiweißen).

Nitrate

Ionensubstanzen, die sich alle gut in Wasser lösen. Nitratlösungen entstehen bei der Reaktion von unedlen Metallen, Metalloxiden und Hydroxidlösungen mit verdünnter Salpetersäure. Zum Nachweis der Nitrat-Ionen werden Farbreaktionen genutzt, z. B. mithilfe von Nitrat-Teststäbchen.
Nitrate werden als Düngemittel zur Deckung des Stickstoffbedarfs der Pflanzen eingesetzt, wie z. B. Natronsalpeter $NaNO_3$.

Wichtige Grundstoffe und ihre Herstellung

Umgeben von brodelndem Schwefel und beißenden Schwefeldämpfen bauen Arbeiter im Vulkankrater Kawah Ijen im Osten der Insel Java (Indonesien) den erstarrten Schwefel ab. Der Schwefel dient als Ausgangsstoff für die Herstellung von Schwefelsäure – einer der wichtigsten Grundstoffe der chemischen Industrie. Wie Schwefel sind auch Eisenerz, Erdöl, Kalkstein und Sand bedeutende Rohstoffe zur Herstellung von Grundstoffen.

→ Mit welchen Abbauverfahren wird der enorme Schwefelbedarf für die Schwefelsäureproduktion moderner Industriegesellschaften gedeckt?
→ Wie wird aus Eisenerz Eisen gewonnen, um daraus Stahl herzustellen?
→ Welche chemischen Reaktionen sind notwendig, um aus Erdöl Kunststoff zu erzeugen?
→ Wie werden aus Kalkstein Zement und Beton hergestellt?
→ Wie entstehen aus Sand, Soda, Pottasche und Kalk wertvolle Bleikristallgläser?

Vom Eisenerz zum Stahl

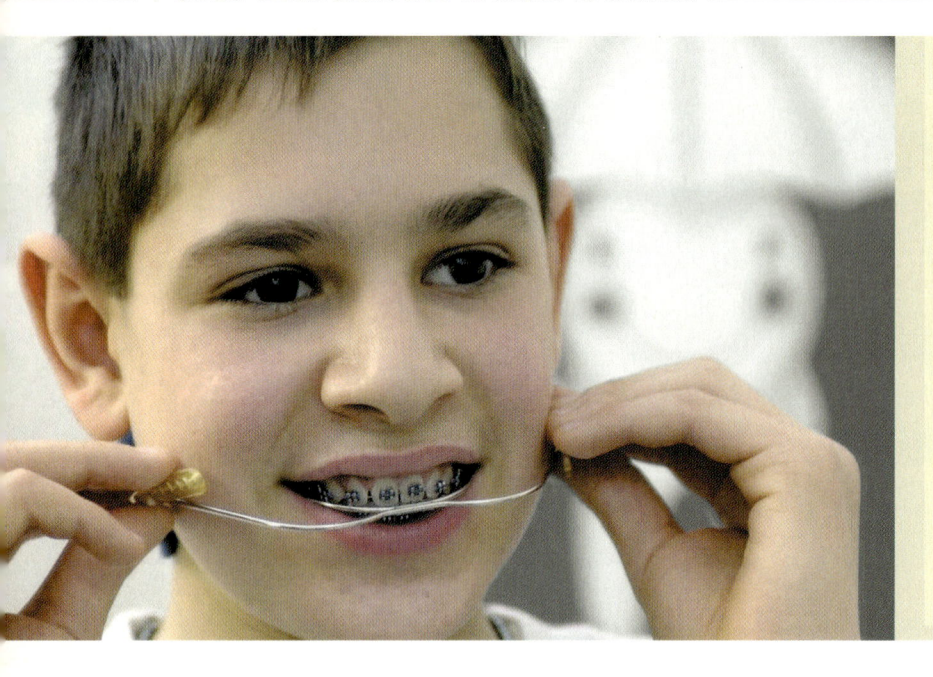

Die ältesten von Menschen hergestellten Eisengegenstände sind etwa 6000 Jahre alt. In Europa wurde um 700 v. Chr. erstmalig durch die Kelten Eisen verhüttet.
Das bei der Verhüttung anfallende Roheisen ist hart und sehr brüchig. Erst durch die Weiterverarbeitung bildet sich ein Stoff mit großer Härte und guter Formbarkeit: der Stahl. Seine große Vielseitigkeit wird durch das Spektrum seiner Anwendungen deutlich. Es reicht von A wie Autokarosserien über Eisenbahnschienen, Schmuck und Werkzeugen bis hin zu Z, der Verwendung bei Zahnspangen.

Vom Eisenerz zum Roheisen

Gewinnung von Eisenerz. Eisen kommt, abgesehen von einigen Vorkommen, die aus Meteoriten stammen, in der Natur nur in Verbindungen vor. Es gibt etwa 100 verschiedene Eisenmineralien, von denen nur fünf zur industriellen Eisengewinnung herangezogen werden. Hierzu zählen Hämatit Fe_2O_3 mit einem Massenanteil von 70 % Eisen und Magnetit Fe_3O_4 mit einem Massenanteil von rund 72 % Eisen.
Nach dem bergmännischen Abbau werden die Eisenerze zunächst zerkleinert und vom eisenfreien Begleitgestein getrennt. Im Falle von Magnetit kann diese Trennung sehr leicht über eine Magnetabscheidung geschehen, denn wie sein Name schon andeutet, ist dieses Eisenerz magnetisch.

Herstellung von Roheisen im Hochofen. Um aus Eisenerz Eisen zu gewinnen, müssen die im Eisenerz enthaltenen Eisenoxide reduziert werden. Die Reaktion findet in einem **Hochofen** statt. Dieser ist ein bis zu 50 m hoher, auf dem Gegenstromprinzip basierender Gebläseofen. Die Beschickung erfolgt schichtweise mit Koks und einer Mischung aus Eisenerz und Zuschlägen. Letztere dienen dazu, schwer schmelzbare eisenfreie Bestandteile des Erzes, die so genannte **Gangart**, in leicht schmelzbare Verbindungen, die **Schlacke**, zu überführen.
Prinzipiell werden im Hochofen die im Eisenerz enthaltenen Eisenoxide durch den Kohlenstoff reduziert. In der Praxis wird jedoch nur ein geringer Teil des Eisenoxids direkt vom Kohlenstoff reduziert. Da das Mineral und der Koks fest sind, ist die Kontaktfläche zwischen ihnen gering und eine Reaktion kann nur langsam ablaufen. Ein gasförmiges Reduktionsmittel kann sich dagegen gut mit dem Erz durchmischen. Daher wird im unteren Bereich des Hochofens durch Einblasen von 1200 °C heißer Luft (Wind) der Koks zu Kohlenstoffmonooxid oxidiert. Dieses steigt nach oben und reduziert die Eisenoxide stufenweise. Das aus dem Ofen austretende so genannte **Gichtgas** enthält neben Stickstoff Volumenanteile von etwa 19 % Kohlenstoffdioxid, 22 % Kohlenstoffmonooxid und etwa 3 % Wasserstoff. Es wird zum Vorheizen des Windes und zur Stromherstellung genutzt.

Schon gewusst?

Bis ins 18. Jh. wurde bei der Eisengewinnung Holzkohle als Feuerungsmittel eingesetzt. In dieser Zeit wurden zur Herstellung von 1 kg Eisen etwa 125 kg Holz benötigt. Der Waldbestand nahm damals infolge dieses Verfahrens stark ab.

Roheisenproduktion 2001 (in Mio. t)	
Asien	282
Europa	115
– davon EU	90
– davon Deutschland	29
Nord Amerika	55
Welt	573

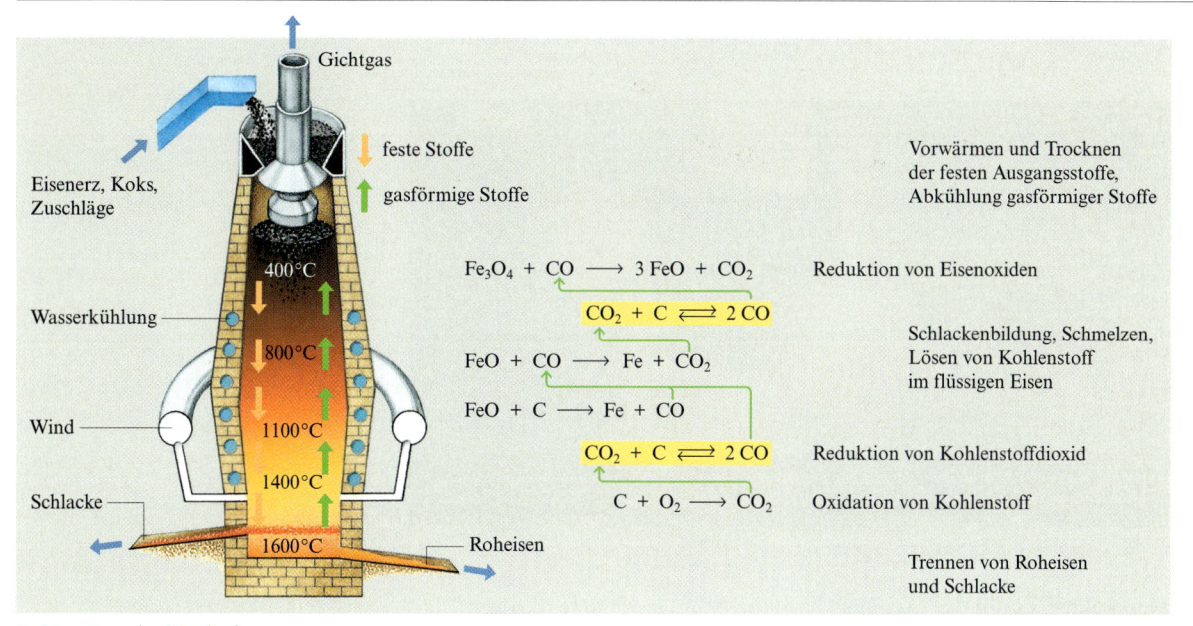

Vom Eisenerz zum Stahl

1 Vorgänge im Hochofen

Schema (von oben nach unten):
- Gichtgas; feste Stoffe ↓; gasförmige Stoffe ↑
- Eisenerz, Koks, Zuschläge
- Wasserkühlung
- 400 °C, 800 °C, 1100 °C, 1400 °C, 1600 °C
- Wind
- Schlacke
- Roheisen

Reaktionen und Zonen:

Reaktion	Vorgang
	Vorwärmen und Trocknen der festen Ausgangsstoffe, Abkühlung gasförmiger Stoffe
$Fe_3O_4 + CO \longrightarrow 3\,FeO + CO_2$	Reduktion von Eisenoxiden
$CO_2 + C \rightleftharpoons 2\,CO$	
$FeO + CO \longrightarrow Fe + CO_2$	Schlackenbildung, Schmelzen, Lösen von Kohlenstoff im flüssigen Eisen
$FeO + C \longrightarrow Fe + CO$	
$CO_2 + C \rightleftharpoons 2\,CO$	Reduktion von Kohlenstoffdioxid
$C + O_2 \longrightarrow CO_2$	Oxidation von Kohlenstoff
	Trennen von Roheisen und Schlacke

Reaktionsbedingungen im Hochofen. An der Einblasstelle verbrennt der Koks zunächst zu Kohlenstoffdioxid. Kohlenstoffdioxid und noch vorhandener Koks reagieren sofort in einer umkehrbaren Reaktion zu Kohlenstoffmonooxid, das nach oben aufsteigt und als geeignetes Reduktionsmittel für die Eisenerze zur Verfügung steht. Die Reaktion ist von der Temperatur abhängig (↗ Tabelle). In den kühleren Zonen im oberen Bereich des Hochofens liegt Kohlenstoffmonooxid in geringen Volumenanteilen vor. Dort erfolgt hauptsächlich die Reduktion von Eisenoxid Fe_3O_4 zu Eisenoxid FeO. In den heißen Zonen im unteren Bereich des Hochofens reagiert nahezu das gesamte Kohlenstoffdioxid zu Kohlenstoffmonooxid. Dieses reduziert das Eisenoxid FeO zu Eisen. Ein kleiner Teil des Kohlenstoffs löst sich im flüssigen Eisen.

2 Hochofenabstich

Einfluss der Temperatur auf die Kohlenstoffmonooxid-Bildung

Temperatur in °C	Volumenanteil Kohlenstoffdioxid in %	Volumenanteil Kohlenstoffmonooxid in %
450	98,0	2,0
600	77,0	23,0
700	42,3	57,7
800	6,0	94,0
1000	0,7	99,3

Roheisen. Das flüssige Eisen sammelt sich am Boden des Hochofens. Die auf ihm schwimmende flüssige Schlacke schützt das Eisen vor einer Oxidation durch die eingeblasene Luft. Eisen und Schlacke werden in bestimmten Zeitabständen abgestochen. Dazu werden die Abstichlöcher aufgebohrt und die flüssigen, etwa 1500 °C heißen Produkte aufgefangen. Die Schlacke wird nach dem Erkalten gebrochen und zur Herstellung von Zement und Bausteinen oder im Straßenbau verwendet. Im Roheisen sind Verunreinigungen von Kohlenstoff, Phosphor und Schwefel enthalten. Der größte Teil des Roheisens wird zu Stahl weiterverarbeitet.

AUFGABEN

1. Informiere dich über Eigenschaften und Verwendung von Gusseisen.
2. Beschreibe die Vorgänge im Hochofen anhand des obigen Schemas.
3. Ordne den einzelnen Reaktionen im Hochofen den vorhandenen Anteil Kohlenstoffmonooxid zu.
4. Welche technischen Prinzipien werden im Hochofenprozess eingesetzt? Erläutere ihren Nutzen.
5. Erkläre, warum die Schlacke das Roheisen vor einer Oxidation schützt.

Vom Roheisen zum Stahl

1 Befüllen eines Konverters

Herstellung von Stahl. Das aus dem Hochofen gewonnene Roheisen hat einen Kohlenstoffanteil von 3 bis 4,5 % und ist deswegen zu spröde und hart, um geschmiedet, gewalzt oder gepresst werden zu können. Daher müssen zunächst der Kohlenstoff und weitere Begleitelemente wie Schwefel und Phosphor weitgehend aus dem Roheisen entfernt werden. Der so gewonnene Stahl hat einen Massenanteil an Kohlenstoff von maximal 1,7 %. Zwei der heute üblichen Verfahren zur Stahlherstellung sind das LD-Verfahren und das Elektrostahlverfahren.

LD-Verfahren. Das in den Österreichischen Stahlwerken in **L**inz und **D**onauwitz entwickelte Verfahren zählt zu den **Sauerstoffaufblasverfahren**. Das flüssige Roheisen wird zusammen mit Schrott in einen **Konverter** gefüllt. Über eine wassergekühlte Lanze wird bis zu 20 min Sauerstoff auf die Schmelze geblasen. Dabei werden die Begleitstoffe durch den Sauerstoff oxidiert. Der Schrott schmilzt durch die frei werdende Reaktionswärme. Wenn das Roheisen besonders phosphorreich ist, wird gleichzeitig mit dem Sauerstoff auch feiner Kalk aufgeblasen. Dabei wird das entstandene Phosphoroxid im Calciumphosphat chemisch gebunden. Die im Konverter entstehende Schlacke findet als Düngemittel Verwendung.
In Deutschland werden etwa 80 % des Stahls durch Sauerstoffaufblasverfahren erzeugt. Auch weltweit sind sie das Standardverfahren in der Stahlherstellung.

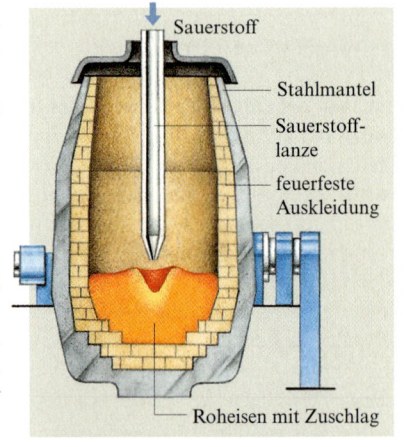

2 Schema eines LD-Konverters

Elektrostahlverfahren. Beim Elektrostahlverfahren werden als Schmelzöfen so genannte **Lichtbogenöfen** benutzt, in die Graphitelektroden eingeführt sind. Befüllt wird der Ofen mit Schrott. Beim Anlegen einer elektrischen Spannung entsteht zwischen Elektroden und Schrott ein Lichtbogen, der den Schrott zum Schmelzen bringt. Der zur Oxidation der Begleitstoffe benötigte Sauerstoff stammt aus dem Rost des Schrotts.
Da bei diesem Verfahren kein Sauerstoff als Oxidationsmittel zugeführt wird, können teure Legierungsmetalle zugesetzt werden, ohne große Verluste durch Oxidation dieser Metalle hinnehmen zu müssen. Daher wird das Elektrostahlverfahren hauptsächlich zur Herstellung von Qualitätsstählen genutzt. Ein großer Nachteil bei diesem Verfahren ist der hohe Energiebedarf. Etwa 20 % des in Deutschland gefertigten Stahls werden mit diesem Verfahren hergestellt.

3 Lichtbogenofen

Vom Eisenerz zum Stahl

EXPERIMENT 1 [S] Xi
Untersuche Stahl.
Vorsicht! Schutzbrille! Gib 2 oder 3 Späne Werkzeugstahl in ein Reagenzglas und übergieße sie mit etwa 5 ml 10 %iger Salzsäure (Xi). Erwärme das Reagenzglas mit kleiner Brennerflamme, bis der Stahl vollständig reagiert hat. Filtriere den Rückstand nach dem Abkühlen. Spüle das Filterpapier mit destilliertem Wasser nach, falte es auf und lege es auf eine Uhrglasschale.
Notiere deine Beobachtungen und deute die Beobachtungsergebnisse.
Entsorgung: Flüssigkeit in Sammelbehälter für Abwasser, Filterpapier in Sammelbehälter für Hausmüll.

Schon gewusst?
Bei Piercing-Schmuck sollte kein Chirurgie- und Implantatstahl als Erstschmuck verwendet werden. Lediglich beim Einsatz von Titan als Erstschmuck besteht kein Allergierisiko.

Veredlung von Stahl. Weltweit werden etwa 1000 verschiedene Stahlsorten hergestellt. Gemeinsam ist ihnen ein Massenanteil an Kohlenstoff von unter 1,7 %. Werden dem Stahl keine weiteren Legierungsmetalle zugegeben, so handelt es sich um unlegierten Stahl, der auch als Kohlenstoff- bzw. Werkzeugstahl bezeichnet wird. Werden Metalle wie Chrom, Nickel und Vanadium zugegeben, können Edelstähle hergestellt werden. So besitzen Stahllegierungen mit einem Massenanteil an Nickel von bis zu 25 % eine große Zähigkeit und sind sehr reißfest. Werden Chrom und Nickel zugefügt, wird der Stahl so hart, dass Panzerplatten und Eisenbahnräder daraus hergestellt werden können. Zu diesen Chrom-Nickel-Stählen gehören auch bekannte Stähle wie Nirosta (**ni**cht **ro**stender **Sta**hl) und V2A-Stahl.

1 Gebrauchsgegenstände aus Stahl

Eigenschaften und Verwendung einiger Stahlsorten

Stahlsorte	Massenanteile der Legierungsmetalle	Eigenschaften	Verwendung
Werkzeugstahl	–	hart, elastisch, gut schmied- und walzbar	Werkzeug- und Baustahl, Eisenbahnschienen
Chromnickelstahl	25 % Chrom 20 % Nickel	hart, zäh, hitze-, rost- und chemikalienbeständig	Panzerplatten, Eisenbahnräder, chemische Apparate
Chirurgiestahl	bis zu 13 % Nickel	rost- und chemikalienbeständig	Medizin, Schmuck
V2A-Stahl	20 % Chrom 8 % Nickel	gut schweißbar, hart, rost- und säurebeständig	Waschmaschinen, Besteck, Armbanduhren
Invarstahl	35,5 % Nickel	geringer linearer Ausdehnungskoeffizient	Präzisionsmessinstrumente

AUFGABEN

1. Vergleiche Roheisen und Stahl miteinander.
2. Im Roheisen können neben dem Eisen Kohlenstoff, Phosphor und Schwefel vorkommen. Beim Sauerstoffaufblasverfahren reagieren diese Stoffe mit dem Sauerstoff. Formuliere die Reaktionsgleichungen.
3. Nenne Vor- und Nachteile des LD-Verfahrens und des Elektrostahlverfahrens.
4. Obwohl der Energiebedarf des Elektrostahlverfahrens sehr hoch ist, hat das Verfahren dennoch einen hohen Marktanteil. Begründe.
5. Bei der Stahlherstellung wird neben Roheisen auch Metallschrott eingesetzt.
Warum ist dies notwendig und unter Umweltaspekten günstig?

Vom Erdöl zum Kunststoff PVC

Polyvinylchlorid (PVC) ist überall. Türen und Fenster werden aus PVC-Profilen oder mit PVC ummantelten Metallprofilen gefertigt. Auch die wetterfesten Tischdecken bestehen aus geschäumtem PVC. Taschen, Gürtel oder Regenbekleidung können aus PVC hergestellt werden. Zur Herstellung dieses vielseitig einsetzbaren Werkstoffs wird Erdöl benötigt. Über eine Vielzahl von verschiedenen chemischen und technischen Verfahren gelingt die Umwandlung des Rohstoffs Erdöl in den Grundstoff PVC.

Vom Rohöl zum Ethen

Vom Erdöl zum Rohöl. Erdöl ist der wichtigste Rohstoff für die heute in zunehmendem Umfang verwendeten Kunststoffe. Erdöl wird mithilfe von zum Teil kilometertiefen Bohrungen gefördert. Ist die Lagerstätte angebohrt, fließt das Erdöl anfangs durch den Druck des begleitenden Erdgases und Wassers von selbst. Später helfen Pumpen und in die Lagerstätte gepresstes Wasser, weiteres Öl zu fördern. Auf diese Weise gelingt es, etwa 30% des vorhandenen Erdöls zu gewinnen.

Das geförderte Erdöl ist ein Gemisch aus Öl, Gasen, Salzwasser und Verunreinigungen. Im Gasabscheider werden zunächst die Gase abgeschieden. Im Nassöltank setzt sich der größte Teil des Salzwassers aufgrund seiner größeren Dichte ab. Die verbleibende Öl-Wasser-Emulsion wird durch Erwärmen dünnflüssiger. Chemische Zusatzstoffe bewirken die Trennung von Öl und Wasser. Im elektrischen Wechselspannungsfeld bilden die Salzwassertröpfchen immer größere Tropfen, die zu Boden sinken.

Das erhaltene **Rohöl** ist ein kompliziertes Gemisch aus verschiedenen kettenförmigen bzw. verzweigten und ringförmigen Kohlenwasserstoffen. Es enthält weitere organische Verbindungen, in denen Stickstoff, Sauerstoff und Schwefel chemisch gebunden sein können.

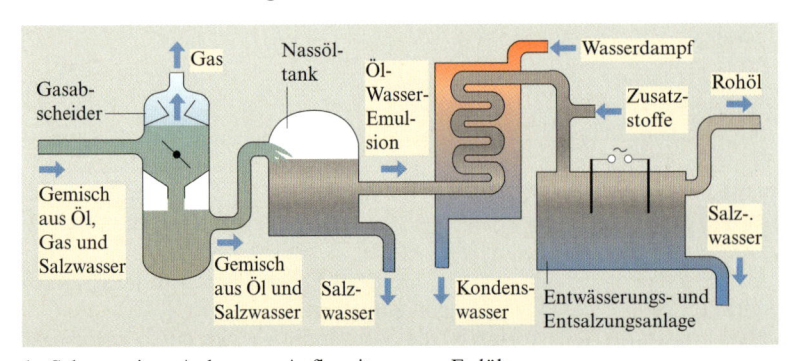

1 Schema einer Anlage zur Aufbereitung von Erdöl

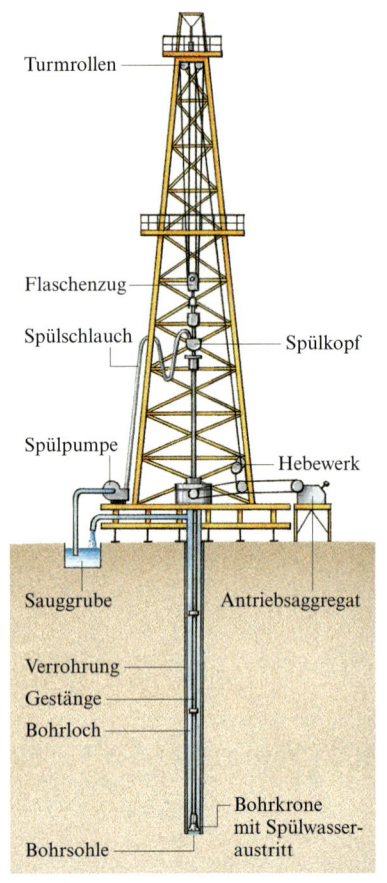

2 Bohrturm

Vom Erdöl zum Kunststoff PVC

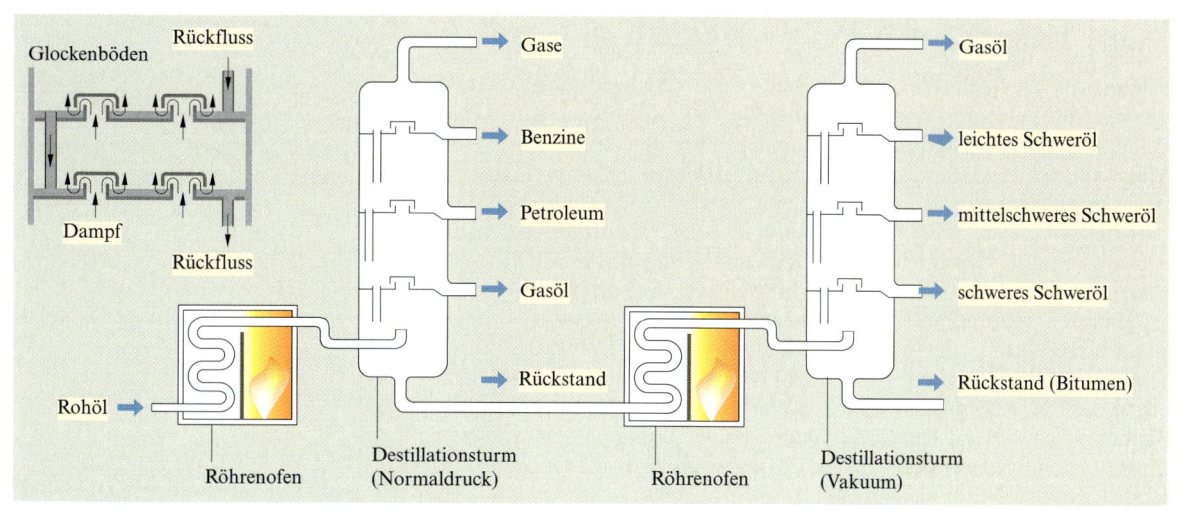

1 Schema einer Erdöldestillationskolonne

Vom Rohöl zum Ethen. Um die im Rohöl vorliegenden Kohlenwasserstoffe voneinander zu trennen, werden deren unterschiedliche Siedetemperaturen genutzt. Zur **fraktionierenden Destillation** wird das Rohöl in Röhrenöfen auf etwa 350 °C erhitzt und in Destillationstürme eingeleitet. Dort kühlen sich die heißen Gase allmählich ab und die Kohlenwasserstoffe kondensieren entsprechend ihren Siedetemperaturen. Die **Fraktionen** werden ihren Siedebereichen gemäß abgeleitet. Der Rückstand aus höher siedenden Bestandteilen wird noch einmal im Röhrenofen erhitzt und bei Unterdruck in der **Vakuum-Destillation** destilliert. Mit abnehmendem Druck sinken auch die Siedetemperaturen. Ein Zersetzen wertvoller Erdölbestandteile durch höhere Temperaturen wird auf diese Weise verhindert. Bei den Destillationsverfahren wird sowohl eine kontinuierliche Zufuhr von Erdöl als auch eine kontinuierliche Entnahme der Produkte gewährleistet.

Für die weitere Verarbeitung zu Kunststoffen werden die **Gase** sowie die **Benzinfraktionen** genutzt. Die Gase enthalten bereits die zur Kunststoffherstellung notwendigen kurzkettigen ungesättigten Kohlenwasserstoffe, wie z. B. **Ethen** oder Propen. Diese werden durch weitere Destillationen abgetrennt. Der größte Teil der benötigten Ausgangsstoffe wird durch **Cracken** (engl. to crack – spalten) der längeren Kohlenwasserstoffketten der Benzinfraktion gewonnen.

Das **thermische Cracken** der Benzine wird bei einer Temperatur von etwa 900 °C und einem Druck von 70 000 hPa durchgeführt. Die langkettigen Kohlenwasserstoffe zerfallen dabei in verschiedene Moleküle kürzerer Kettenlänge. Energiesparender gelingt dieses Spalten mit einem Katalysator bei Temperaturen von etwa 500 °C und einem Druck von 2000 hPa beim **katalytischen Cracken**. Das Cracken der Benzine findet in einem Reaktor mit umherwirbelnden Katalysatorperlen statt. Nach einiger Zeit bedeckt sich die Oberfläche des Katalysators mit Ruß. Der Katalysator wird inaktiv. Im Regenerator verbrennt der Ruß zu Kohlenstoffdioxid. Der Katalysator wird in den Reaktor zurückgeführt.

In den Crackgasen befindet sich auch der für die Synthese von Polyvinylchlorid benötigte Ausgangsstoff Ethen.

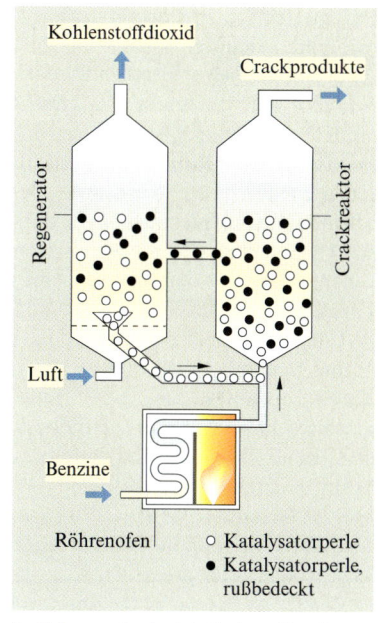

$C_{10}H_{22}$ → $CH_3-CH_2-CH_3$ + $CH_2=CH-CH_3$ + **$CH_2=CH_2$** + CH_4 + C
Decan   Propan   Propen   **Ethen**   Methan Ruß

2 Schema des katalytischen Crackens

AUFGABEN

1. Beschreibe anhand der Abbildung die Erdölförderung durch einen Bohrturm sowie die Aufbereitung vom Erdöl zum Rohöl.
2. Fertige ein Fließbild „Vom Erdöl zum Ethen" an.
3. Welche flüssigen Alkane und Alkene können beim Cracken aus Octadecan entstehen?

Vom Ethen zum Polyvinylchlorid

Bildung von Vinylchlorid. Um aus Ethen Polyvinylchlorid zu erhalten, wird im weiteren Verfahren durch die Addition von Chlor an Ethen zunächst **Dichlorethan** hergestellt. In einer nachfolgenden Eliminierung wird **Monochlorethen** gebildet, das auch als **Vinylchlorid** bezeichnet wird.
Auch technisch verläuft die Bildung von Vinylchlorid in zwei Verfahrensschritten. Der erste Schritt – die Bildung von Dichlorethan – geschieht in der so genannten **Direktchlorierung** bei einer Temperatur von etwa 80 °C und einem Katalysator aus Eisenverbindungen. Im folgenden Schritt entstehen aus Dichlorethan Vinylchlorid und Chlorwasserstoff.
Ein weiteres technisches Verfahren zur Herstellung von Vinylchlorid ist die so genannte **Oxochlorierung**. In diesem modernen Verfahren wird Dichlorethan durch die chemische Reaktion von Ethen mit Chlorwasserstoff und Sauerstoff hergestellt. Der Vorteil der Oxochlorierung liegt in der Verwendung von Chlorwasserstoff anstelle des aufwändig zu erzeugenden Chlors. Chlorwasserstoff fällt dagegen in vielen chemischen Prozessen als Abfallprodukt an.

Polymerisation zu Polyvinylchlorid. Durch Polymerisation des Vinylchlorids bildet sich der Kunststoff **Polyvinylchlorid (PVC)**, dessen systematischer Name **Polychlorethen** ist.
Vinylchlorid wird unter leichtem Druck in einer Lösung, die die benötigten Katalysatoren enthält, gelöst. In einer exothermen Reaktion verläuft die Polymerisation. Je nach den Reaktionsbedingungen unterscheidet man verschiedene technische Varianten. Das zurzeit bedeutsamste Verfahren ist die **Suspensionspolymerisation**. In ihr liegen die entstehenden festen Partikel aus PVC in einer den Katalysator enthaltenden Suspension vor. Durch den Einsatz von Polymersationshilfsmitteln, z. B. von Emulgatoren, und durch Variation der Rührbedingungen können Größe und Form der entstehenden PVC-Partikel beeinflusst werden. So können glatte, kompakte, unregelmäßig geformte oder poröse PVC-Partikel hergestellt werden. Die Qualität des Produkts ist aufgrund der Herstellung in einzelnen Reaktionsbehältern nicht immer gleich. Das restliche sehr giftige Vinylchlorid wird dem Produkt heute durch Intensiventgasung entzogen, da Vinylchlorid Krebserkrankungen verursachen kann.
Die Abtrennung des PVC-Pulvers aus der Suspension erfolgt in Sprühtürmen. PVC wird als Pulver oder Granulat an die weiterverarbeitende Industrie geliefert.

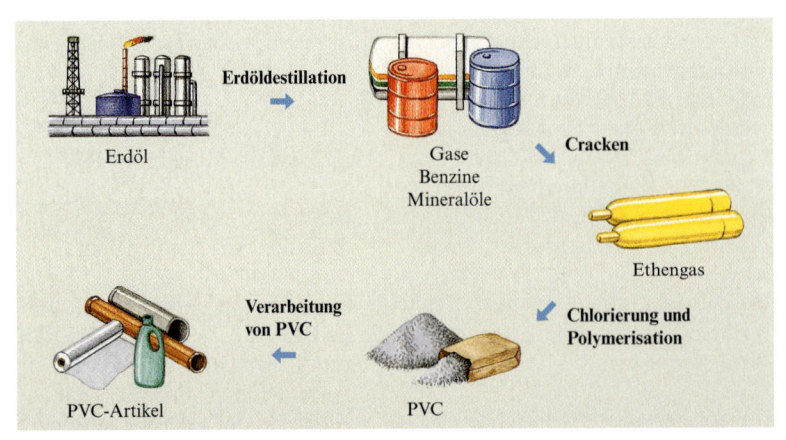

1 Vom Erdöl zum Kunststoff PVC

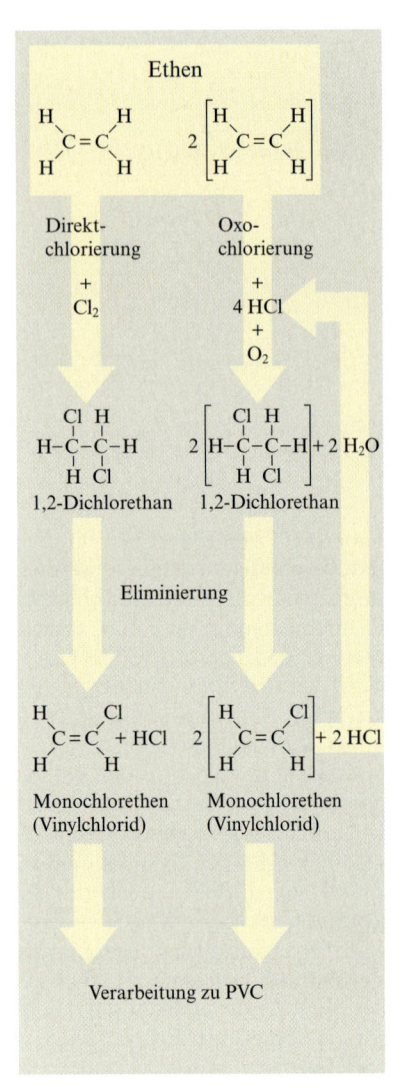

2 Polymerisationsreaktor

Verarbeitung von PVC. Reines PVC, das aufgrund seiner Eigenschaften auch als **Hart-PVC** bezeichnet wird, und das durch Beimischung von Weichmachern hergestellte **Weich-PVC** werden nach verschiedenen Verfahren weiterverarbeitet. Durch Zugabe von Farbstoffen, Füllstoffen, Stabilisatoren und Beimischungen anderer Kunststoffe entstehen Produkte, die unterschiedlichen Ansprüchen genügen.

Formteile, z. B. Dachrinnen oder Rohre, lassen sich mit hoher Genauigkeit und großen Stückzahlen in einem **Extruder** herstellen. Der Kunststoff wird in Form von Pulver oder Granulat in den Extruder eingefüllt. In dieser beheizten Schneckenpresse wird der Kunststoff zu einer zähflüssigen Spritzmasse erwärmt und verdichtet. Durch eine Düse wird das flüssige PVC in das formgebende Werkzeug gepresst. Beim **Strangpressen** werden auf diese Weise Profile (Rohre, Kabelummantelungen) hergestellt.

Beim **Spritzgießen** wird der geschmolzene Kunststoff in eine gekühlte Stahlform gepresst, die aus zwei genau zueinander passenden Teilen besteht. Nach dem Abkühlen wird die Form geöffnet und der gefertigte Gegenstand ausgeworfen. Auf diese Weise entstehen Schalen- oder Becherformen.

Ähnlich verläuft das **Blasformen**. Hierbei werden Hohlkörper wie Tanks oder Flaschen hergestellt. Der Extruder treibt dabei die Spritzmasse aus einer Ringdüse in eine zweiteilige Form. Der sich zunächst bildende Schlauch wird mit Druckluft aufgeblasen und an die gekühlten Innenwände der Form gepresst.

Folien lassen sich herstellen, indem ebenfalls eine ringförmige Düse verwendet wird. Das entstehende plastische Rohr wird zu einem weiten Schlauch aufgeblasen. Um Folien zu gewinnen, wird dieser Schlauch an der Seite aufgeschnitten, für Kunststoffbeutel wird er in Abschnitten heiß verschweißt.

Zur Herstellung von dicken Folien oder Fußbodenbelägen wird das erweichte thermoplastische Material in einem Walzwerk, einem so genannten **Kalander**, durch mehrere beheizte Walzen geschickt.

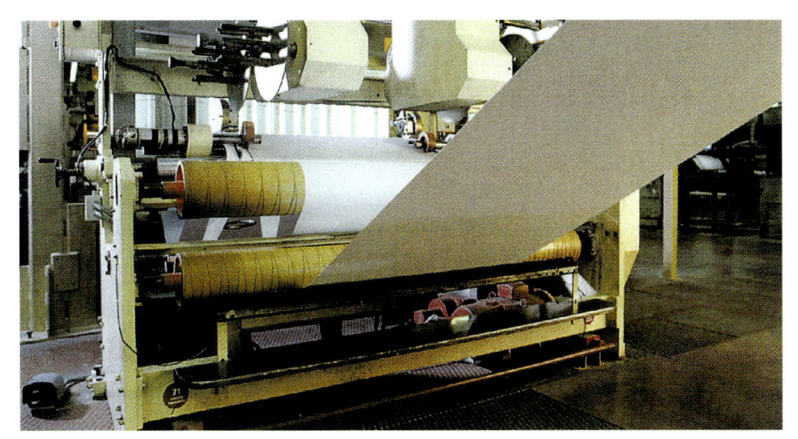

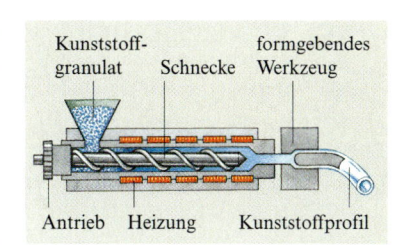

2 Strangpressen

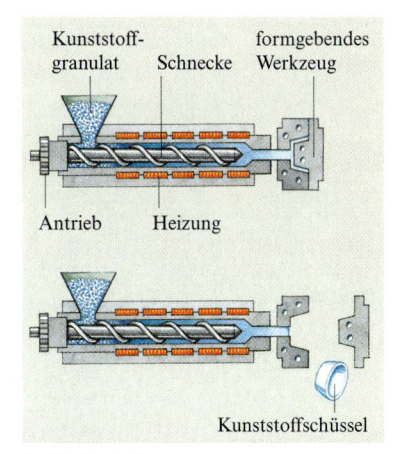

3 Spritzgießen

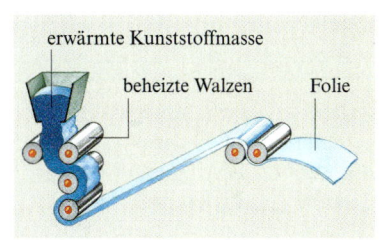

4 Kalandrieren

1 Kalander

AUFGABEN

1. Erläutere die chemischen Reaktionen für die Darstellung von PVC aus Ethen.
2. Vergleiche Möglichkeiten zur Beeinflussung der Eigenschaften von PVC.
3. Beschreibe Verfahren zur Formgebung von PVC-Artikeln.
4. Erkunde Verwendungsmöglichkeiten von Hart- und Weich-PVC im Alltag.

Vom Kalkstein zum Baustoff

Das Pantheon ist von allen antiken Monumenten in Rom das am besten erhaltene. Es wurde als Heiligtum errichtet, das der Gesamtheit der Götter geweiht war. Sein jetziges Aussehen erhielt es während der Herrschaft Kaiser HADRIANS (76 bis 138 n. Chr). Die gewaltige Kuppel hat einen Durchmesser von 43 Metern und übertrifft sogar den Kuppeldurchmesser des Petersdoms um 1,4 Meter.
Wie wurde diese architektonische Meisterleistung ermöglicht? Welche Baustoffe setzten die damaligen Baumeister ein? Welche werden für heutige moderne Bauwerke benötigt?

Vom Kalkstein zum Kalkmörtel

Römische Baumeister verklebten Steine mit einem Mörtel aus Wasser, Sand und gebranntem Kalkstein. Der „Römische Beton" revolutionierte die Baukunst. Mit dem neuen Baustoff konnten nicht nur Mauern und Brücken, sondern auch aufwändige, vorher unmöglich zu erstellende Hallen- und Kuppelbauten errichtet werden.

Kalkstein – wichtiger Rohstoff der Bauindustrie. Der in Steinbrüchen abgebaute Kalkstein wird in großen Mengen sowohl im Hochbau als auch im Straßenbau verwendet. Er besteht hauptsächlich aus **Calciumcarbonat $CaCO_3$**, dem Calciumsalz der Kohlensäure, häufig verunreinigt mit Ton. In reiner Form kristallisiert Calciumcarbonat als Calcit. Kreide und Marmor bestehen ebenfalls aus Calciumcarbonat.
Der aus Kalkstein gewonnene Kalkmörtel wird neben Gips und Zement als dauerhaftes Bindemittel zwischen Mauersteinen und zum Verputzen verwendet. Wie entsteht aus Kalkstein Kalkmörtel?

Schon gewusst?

Das lateinische Wort *opus caementitium* für den Römischen Beton setzt sich aus den Worten *opus* (Bautätigkeit, Bauwerk) und *caementum* (Bruchstein, Mauerstein, Mörtel) zusammen, dem Ursprung für das heutige Wort Zement. Durch Mischen von *caementum* mit *mortar* (Mörtel) entsteht nach dem Abbinden der „Stein aus Menschenhand".

1 Kalksteinformation im Bryce Canyon Nationalpark, USA

Vom Kalkstein zum Baustoff

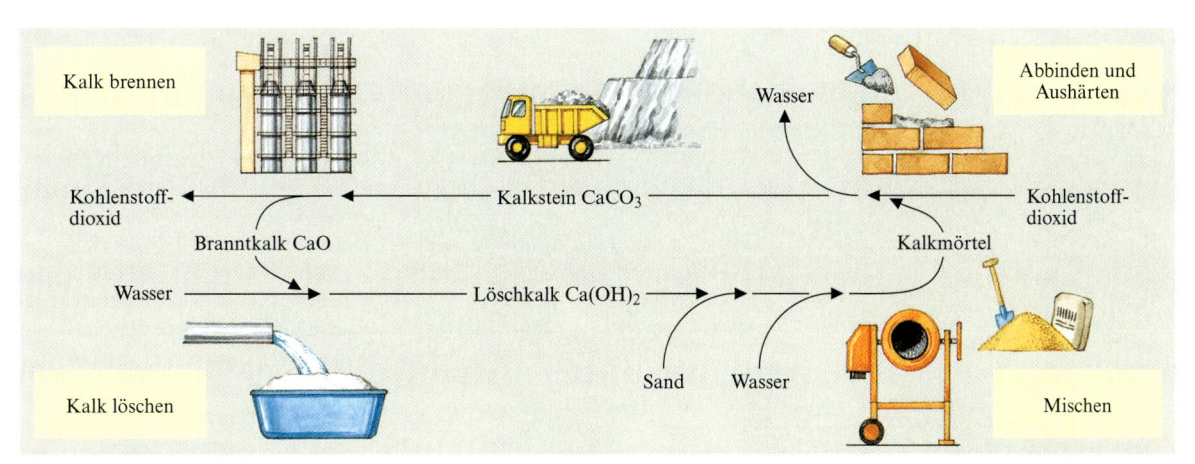

1 Technischer Kalkkreislauf

EXPERIMENT 1
Brenne Kalk. [S]
Vorsicht! Schutzbrille! Erhitze 0,5 g Marmorpulver in einem schwer schmelzbaren Reagenzglas. Leite das entweichende Gas in gesättigte Bariumhydroxidlösung (Xi) ein. Notiere deine Beobachtungen.
Entsorgung: Feststoffe in Sammelbehälter für Hausmüll, Lösungen in Sammelbehälter für Abwasser.

Kalkbrennen. Durch das Erhitzen reagiert Calciumcarbonat zu Calciumoxid und Kohlenstoffdioxid. In der großtechnischen Herstellung von Kalkmörtel findet diese chemische Reaktion in riesigen Drehrohröfen bei Temperaturen von etwa 1000 °C statt. Der Vorgang wird als **Kalkbrennen** bezeichnet. Das entstehende Calciumoxid wird **Branntkalk** genannt.

2 Filz aus Sand und Calciumcarbonatkristallen – elektronenmikroskopische Aufnahme

Kalkbrennen: $CaCO_3 \longrightarrow CaO + CO_2$ | endotherm

EXPERIMENT 2
Lösche Kalk. [S]
Vorsicht! Schutzbrille! Berührung mit der Haut und den Augen vermeiden! Tropfe in einem Erlenmeyerkolben auf frisch hergestelltes Calciumoxid (Xi) langsam Wasser. Kontrolliere dabei die Temperatur und überprüfe die Aufschlämmung mit pH-Papier. Deute das Ergebnis.
Entsorgung: Feststoffe in Sammelbehälter für Hausmüll, Flüssigkeiten in Sammelbehälter für Abwasser.

Kalklöschen und Abbinden. Mit Wasser reagiert Calciumoxid in einer als **Kalklöschen** bezeichneten stark exothermen Reaktion zu Calciumhydroxid, dem **Löschkalk**. Aus Löschkalk, Sand und Wasser wird ein dicker Brei, der **Kalkmörtel**, bereitet. Mit ihm werden Bausteine miteinander verbunden. Langsam reagiert das Calciumhydroxid mit Kohlenstoffdioxid aus der Luft wieder zu Calciumcarbonat und Wasser. Dieser Vorgang wird als **Abbinden** oder **Ausschwitzen** bezeichnet. Dabei verfilzen der Sand und die Calciumcarbonatkristalle zu einem festen Gefüge.

Kalklöschen: $CaO + H_2O \longrightarrow Ca(OH)_2$ | exotherm
Abbinden: $Ca(OH)_2 + CO_2 \longrightarrow CaCO_3 + H_2O$ | exotherm

AUFGABEN

1. Beschreibe den technischen Kalkkreislauf.
2. In Gebäuden mit dicken Mauern tritt an den Wänden häufig noch nach Jahren Feuchtigkeit aus. Welchen Grund könnte es dafür geben?
3. Erkundige dich nach der Entstehung von Kalk und Marmor.
4. Berechne das Volumen an Kohlenstoffdioxid, das bei der Herstellung von 1 t Branntkalk freigesetzt wird.
5. Neben dem technischen Kalkkreislauf gibt es auch einen Kalkkreislauf in der Natur. Recherchiere darüber in Fachbüchern oder im Internet.
6. Informiere dich über die Bildung von Tropfsteinhöhlen.

Zement und Beton

1 Die Baustelle Potsdamer Platz in Berlin

Schon gewusst?

Der Potsdamer Platz in Berlins Mitte wurde zur größten Baugrube Europas. Rund 1,7 Mio. m^3 Beton wurden dort bis 2002 verbaut. Damit die stündlich benötigten 330 m^3 Beton produziert werden konnten, wurden drei Mischwerke mit einem Labor, einer Zugentladestation und einem Lager mit 20 000 t Sand, Kies und Zement errichtet. 30 verschiedene Betonsorten wurden auf den einzelnen Baustellen verarbeitet.

Herstellung von Zement. Für die Zementherstellung sind Kalkstein und Ton, gemischt im Verhältnis 3 : 1, die wichtigsten Rohstoffe. Die Ausgangsstoffe werden zerkleinert, gemahlen und getrocknet. Dieses Rohmehl wird in Drehrohröfen gebrannt, die einen Durchmesser von mehreren Metern besitzen und bis zu 200 m lang sein können. In den leicht geneigten Öfen wandert das Rohmehl langsam dem Feuer am Ende des Ofens entgegen. In diesem Bereich beginnt das Brenngut bei etwa 1450 °C zu schmelzen.
Beim Brennen entstehen komplizierte Calciumverbindungen. Diese Silicate, Aluminate und Ferrite sind Sauerstoffverbindungen des Siliciums, des Aluminiums bzw. des Eisens. Der beim Brennen entstandene fest verbackene Zementklinker wird anschließend fein zu Zement vermahlen.
Durch Mischen von Zement, Sand und Wasser wird **Zementmörtel** hergestellt. Der Zementmörtel bindet zunächst schnell durch Wasseraufnahme des Calciumsilikats ab. Er erhärtet dann langsam unter Bildung von komplizierten Kristallen (hauptsächlich Silikate und Aluminate). Das im Mörtel ebenfalls enthaltene Calciumhydroxid kristallisiert anschließend unter Kohlenstoffdioxidaufnahme zu Kalkkristallen. Die entstandenen Kristalle und der Sand verfilzen innig miteinander zu einem festen Gefüge. Die frei werdende Wärme zeigt eine exotherme chemische Reaktion an. Im Gegensatz zum Kalkmörtel bindet Zementmörtel auch unter Wasser ab.

Vom Zement zum Beton und Stahlbeton. Beton entsteht aus Zementmörtel durch Zumischen von Kies, Steinsplitt oder Schotter. Es entsteht ein fester Kunststein. Beton ist hart und druckfest. Er kann jedoch praktisch kaum durch Zug beansprucht werden. Durch Armierungseisen – in den Beton eingelegte Gitter und Stäbe aus Stahl – wird das Material gefestigt. Der **Stahlbeton** reißt so auch bei stärkeren Zugbelastungen nicht. Der Schutz der Betonhülle ist besonders wichtig, da das Rosten der Armierungseisen die Festigkeit von Bauwerken stark beeinträchtigen kann. Werden die Armierungseisen vorgespannt, entsteht ein stärker belastbarer Stahlbeton, der so genannte **Spannbeton**. Aus Spannbeton errichtete Bauwerke sind durch den eingesparten Beton und Stahl wesentlich schlanker.

Weltzementproduktion 2000 (in Mio. t)	
Weltproduktion	1626,1
Asien	1039,5
– China	601,7
– Indien	105,1
Europa	280,3
– Deutschland	35,1
Amerika	224,7
– USA	84,7
Afrika	72,5
Australien	9,1

2 Spannbetonbrücke

Gips

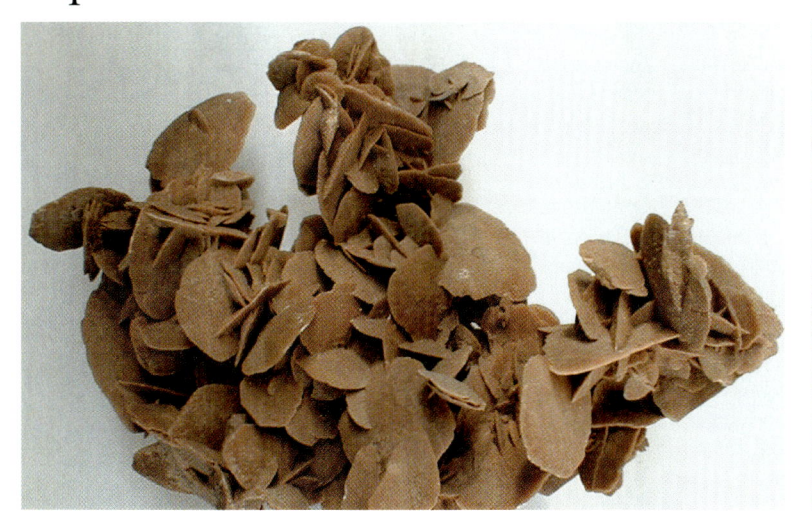

1 Zu Gipsrosen verwachsene Gipskristalle

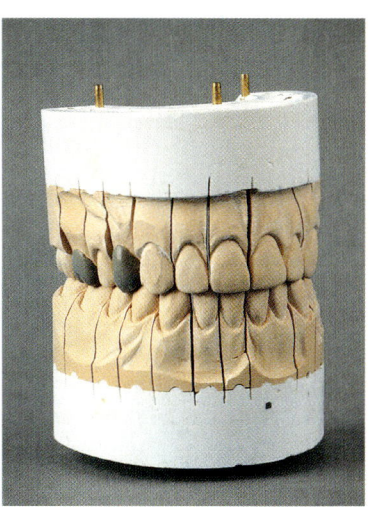

2 Gipsabdruck zur Herstellung von Zahnersatz

Vorkommen von Gips. Gips ist ein Naturprodukt. Die blättrigen, farblosen oder weißen Kristalle, die teilweise sehr groß, biegsam und miteinander verwachsen sind, lassen sich leicht spalten. Besonders rein ist das **Marienglas** und der feinkristalline, wie weißer Marmor aussehende **Alabaster**. Gips verarbeitende Firmen befinden sich in Deutschland im Südharz, Nordhessen, Franken sowie Baden-Württemberg. Dort werden die natürlichen Vorkommen in bis zu 70 m mächtigen Gesteinslagern abgebaut. Der Bedarf von jährlich etwa 9 Mio. t wird nicht allein durch Naturgips gedeckt. Ungefähr die Hälfte des Bedarfs wird durch Gips gedeckt, der bei der Entschwefelung von Rauchgasen anfällt.

Vom Gips zum Baumaterial. Chemisch gesehen handelt es sich bei Gips um **Calciumsulfat-Dihydrat ($CaSO_4 \cdot 2\ H_2O$)**. Wird das Dihydrat auf über 190 °C erhitzt, spaltet sich Wasser ab, das vorher im Kristall als **Kristallwasser** chemisch gebunden war. Das übrig bleibende Pulver ist wasserfreies Calciumsulfat $CaSO_4$, der so genannte **Anhydrit**. Auf 120 °C erhitzt spaltet Gips nur einen Teil seines Kristallwassers ab. Es entsteht **gebrannter Gips**. Chemisch gesehen kommt im gebrannten Gips auf zwei Mol Calciumsulfat ein Mol Wasser. Im Alltag wird gebrannter Gips häufig auch einfach als Gips bezeichnet.
Ein Gemisch mit einem großen Anteil gebranntem Gips und einem kleinen Anteil Anhydrit wird als **Stuckgips** bezeichnet. Er entsteht, wenn im Trommelofen oder in so genannten Gipskochern Temperaturen von über 130 °C herrschen. Mit Wasser entsteht unter Wärmeentwicklung wieder das Calciumsulfat-Dihydrat. Der Brei erhärtet rasch, indem die feinfasrigen Dihydratkristalle miteinander verfilzen und verwachsen.

Verwendung von Gips. Gips wird im Baugewerbe als Innenputz, als Deckenstuck und in Fertigwandplatten eingesetzt. In der Keramik- und Porzellanindustrie werden Modelle und Formen aus Gips hergestellt. Die gute Verformbarkeit von Gips wird auch in der Medizin genutzt. Hier findet er Verwendung als Dentalgips, Orthopädiegips und Verbandgips. Aufgrund der guten Bearbeitungsmöglichkeiten ist Gips in Form von Alabaster ein bevorzugtes Material in der Bildhauerei.

AUFGABEN

1. Vergleiche die Baustoffe Gipsputz und Kalkputz miteinander. Nenne Gemeinsamkeiten und Unterschiede im Bezug auf Verarbeitung, Inhaltsstoffe, Reaktion beim Abbinden. Erkundige dich über die verschiedenen Verwendungsarten.
2. Bei der Rauchgasentschwefelung wird das im Rauchgas enthaltene Schwefeldioxid mit einer Calciumhydroxidaufschlämmung absorbiert. Es entsteht Calciumsulfit, das in einem zweiten Schritt mit Luftsauerstoff oxidiert wird. Formuliere die Reaktionsgleichungen.
3. Berechne unter Verwendung der Tabelle auf der linken Seite die Pro-Kopf-Produktion an Zement in den aufgeführten Ländern. Recherchiere ebenfalls den Pro-Kopf-Verbrauch an Zement. Vergleiche die Zahlen.

Wir untersuchen Baustoffe

Auf einer Baustelle werden unterschiedliche Baustoffe eingesetzt. Ein Haus kann Stein auf Stein gemauert sein oder aus Fertigbetonteilen zusammengefügt werden. Zum Schutz vor Nässe muss ein Außenputz aufgetragen werden. Im Innenbereich werden andere Anforderungen an den Putz gestellt. Wodurch unterscheiden sich die verschiedenen Baustoffe?

Gruppenarbeit

EXPERIMENT 1 [S]
Stelle drei Baustoffmischungen her.
Es soll jeweils ein dickflüssiger Brei entstehen.
Kalkmörtel: Vermische in einem Pappbecher Calciumhydroxid (Xi) und Sand im Verhältnis 1 : 3. Gieße unter Rühren langsam Wasser hinzu.
Zement: Vermische in einem zweiten Pappbecher Zement (C) und Sand im Verhältnis 1 : 2. Gieße unter Rühren langsam Wasser hinzu.
Gips: Fülle einen Pappbecher zu einem Drittel mit Wasser. Gib unter Rühren langsam Gips hinzu.
Vergleiche die Ergebnisse.

1 Auftragen von Gipsputz

EXPERIMENT 2 [S]
Untersuche das Aushärten der Baustoffe.
Fülle drei leere Filmdosen zur Hälfte mit jeweils einem Baustoffgemisch. Die erste Dose bleibt offen, die zweite wird verschlossen, die dritte Dose wird mit Wasser aufgefüllt und verschlossen. Prüfe nach zwei Tagen die Baustoffmischungen auf ihre Härte. Diskutiere die Ergebnisse.

EXPERIMENT 3 [S]
Prüfe die ausgehärteten Baustoffproben.
Verteile die Reste der Baustoffmischungen aus Experiment 1 auf jeweils zwei Pappbecher und lasse diese zwei Tage stehen. Prüfe sowohl Härte als auch Druckfestigkeit der Baustoffe. Prüfe auch das Verhalten der ausgehärteten Baustoffe gegenüber Wasser und 20%iger Salzsäure (C). Welche Schlussfolgerungen lassen sich aus den Ergebnissen ableiten?

2 Kalksandsteine beim Hausbau

EXPERIMENT 4 [S]
Stelle einen Gipsguss her.
Fertige aus Knetmasse eine Negativform des Gegenstands an, den du kopieren möchtest. Bestreiche sie innen mit Öl. Gieße frisch angerührten Gipsbrei in die Negativform. Nach dem Aushärten kannst du die Negativform entfernen und den Gipsguss bemalen.

Entsorgung
Feststoffe in Sammelbehälter für Hausmüll, Flüssigkeiten in Sammelbehälter für Abwasser. Knetmasse wieder verwenden.

AUFTRÄGE

1. Plane Experimente zum Brennen und zum Löschen von Gips und führe sie nach Rücksprache mit deiner Lehrerin bzw. deinem Lehrer durch.
2. Fertige einen Gesichtsabdruck mit Gipsbinden an. Gehe dabei nach einer genauen Anleitung vor, die du dir zuvor besorgt hast.
3. Informiere dich über Zusammensetzung und Verwendung verschiedener Baustoffe.
4. Informiere dich z. B. in einem Fachgeschäft für Wand- und Deckendekoration über die Herstellung von dekorativem Deckenstuck in früherer und heutiger Zeit.

Vom Kalkstein zum Baustoff | Schwefelabbau auf Java (Indonesien)

Aus der Welt der Chemie

Schwefelabbau auf Java (Indonesien)

Der 2400 m hoch gelegene Vulkan Kawah Ijen auf der Insel Java (Indonesien) birgt in seinem Inneren riesige Mengen an Schwefel. Aus dem Kratersee steigen ätzende, schwefelsäurehaltige Dämpfe auf.

Am Ufer des Sees werden Rohre in das Gestein getrieben, durch die der Schwefel flüssig und begleitet von Dampfwolken heraustritt.
Der flüssige Schwefel kühlt ab und erstarrt, dabei ändert er seine Farbe von rot zu gelb.

Der erstarrte Schwefel wird von Arbeitern in Blöcke zerteilt und in Körbe verladen. Die 70 bis 90 kg schweren Körbe müssen mehrere Kilometer zur Sammelstelle getragen werden.

An der Sammelstelle erhalten die Arbeiter umgerechnet etwa 5 Euro Lohn für ihre Mühen. Aufgrund der häufigen Eruptionen ist es für Unternehmer zu riskant, Maschinen zum Schwefelabbau einzusetzen.

Vom Schwefel zur Schwefelsäure

Die Venus erscheint am Himmel als hellster aller Planeten. Die 20 Kilometer dicke Wolkendecke reflektiert das Sonnenlicht und lässt die Venus erstrahlen. Ihre Wolken bestehen aus Schwefelsäure.

Auf unserem Planeten ist Schwefelsäure einer der wichtigsten Grundstoffe der chemischen Industrie. Der Kunststoff an einem Handy, das Waschmittel zu Hause und die weiße Farbe an der Wand werden unter Verwendung von Schwefelsäure produziert. Weltweit werden jährlich über 140 Mio. t Schwefelsäure in mehreren Verfahrensschritten aus den Ausgangsstoffen Schwefel, Sauerstoff und Wasser hergestellt.

Vom Schwefel zum Schwefeldioxid

Vorkommen und Gewinnung von Schwefel. Schwefel – Ausgangsstoff zur Herstellung von Schwefelsäure – kommt in der Natur als Elementsubstanz und gebunden, z. B. in Erzen, vor. Häufig auftretende Schwefelverbindungen sind Metallsulfide, wie z. B. Eisenkies FeS_2, Kupferkies $CuFeS_2$ und Bleiglanz PbS. Auch die fossilen Energieträger Kohle und Erdöl sind schwefelhaltig. Der in der Natur als Elementsubstanz vorkommende Schwefel wird aus unterirdischen Lagerstätten gefördert.

> **EXPERIMENT 1** [S]
> **Untersuche das Verhalten von Schwefel beim Erhitzen.**
> *Vorsicht! Schutzbrille!* Fülle ein Reagenzglas zu einem Viertel mit Schwefel. Erwärme es vorsichtig über der kleinen Brennerflamme bis der Schwefel zu sieden beginnt. Gieße die Schmelze in ein Becherglas mit kaltem Wasser. Beobachte die Änderungen der Farbe und der Viskosität des Schwefels. Vergleiche die Eigenschaften des Schwefels zu Beginn und während des Experiments mit denen des Schwefels im Becherglas.
> *Entsorgung:* Schwefel einsammeln und wieder verwenden.

1 Eisenkies (Pyrit)

Die rhombische Modifikation des Schwefels geht oberhalb von 96 °C in die monokline Modifikation über. Bei 119 °C entsteht eine hellgelbe, dünnflüssige Schmelze. Bei 160 °C wird die Schmelze rot und zähflüssig. Oberhalb von 400 °C ist sie wieder dünnflüssig. Bei 444 °C siedet Schwefel. Gießt man flüssigen Schwefel in kaltes Wasser, bildet sich plastischer Schwefel. Die vergleichsweise niedrige Schmelztemperatur des Schwefels und seine Unlöslichkeit in Wasser werden im FRASCH-Verfahren genutzt, um den Schwefel aus seinen unterirdischen Lagerstätten zu fördern. Dabei wird unter Druck stehender etwa 170 °C heißer Wasserdampf in die schwefelführende Gesteinsschicht gepresst und der Schwefel aus dem Begleitgestein heraus geschmolzen. Mithilfe von heißer Druckluft wird ein Gemisch aus geschmolzenem Schwefel und Wasserdampf zu Tage gefördert.

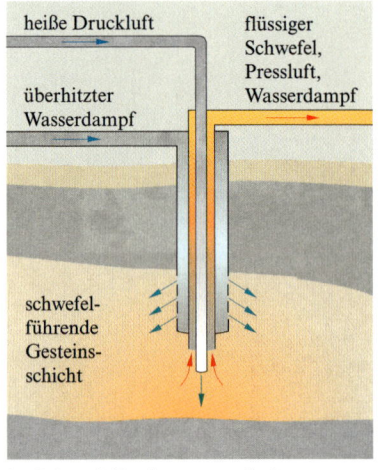

2 Schwefelförderung nach dem FRASCH-Verfahren

Vom Schwefel zur Schwefelsäure

EXPERIMENT 2 [S]
Verbrenne Schwefel.
Vorsicht! Abzug! Bohre einen Eisendraht durch einen Stopfen. Erwärme den Draht und tauche ihn in Schwefelpulver. Entzünde den Schwefeltropfen am Draht und tauche den Draht schnell in einen Erlenmeyerkolben mit Sauerstoff. Verschließe das Gefäß mit dem Stopfen. Nachdem der Schwefel verbrannt ist (T), gib 5 ml Wasser hinzu und schüttle. Gib anschließend 2 Tropfen Universalindikator hinzu.
Beobachte und deute die Beobachtungsergebnisse.
Entsorgung: Flüssigkeit in Sammelbehälter für Abwasser.

Schon gewusst?
Schwefeldioxid entsteht auch in der Natur. Jährlich werden durch vulkanische Aktivitäten etwa 1 Mio. t freigesetzt.

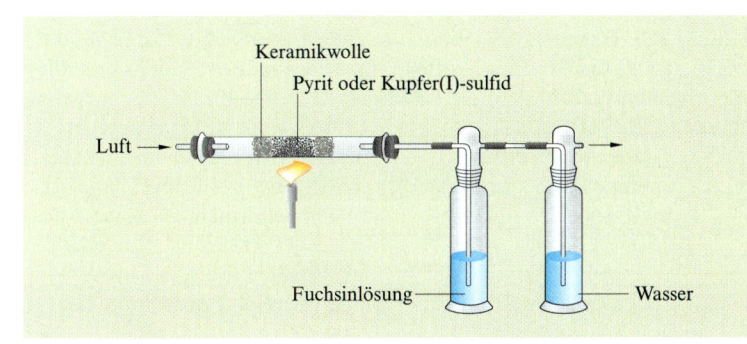

Bildung von Schwefeldioxid. Schwefel verbrennt in Sauerstoff mit charakteristischer blauer Flamme zu Schwefeldioxid SO_2. In der großtechnischen Schwefelsäureherstellung vollzieht sich dieser erste Reaktionsschritt in riesigen Verbrennungsöfen. In ihnen wird Schwefel mit dem Sauerstoff der Luft oxidiert. Das dabei entstehende Schwefeldioxid ist ein giftiges, farbloses, stechend riechendes Gas, das die Schleimhäute reizt und Bakterien tötend wirkt. Schwefeldioxid wird zum Desinfizieren von Wein- und Bierfässern und zum Konservieren z. B. von Trockenfrüchten eingesetzt.

EXPERIMENT 3 [L]
Rösten von Kupfersulfid.
Kupfer(I)-sulfid wird im Luftstrom erhitzt. Das Reaktionsprodukt (T) wird zuerst durch eine Gaswaschflasche mit einer Lösung von Fuchsin und anschließend durch eine Gaswaschflasche mit Wasser geleitet. Nach Beendigung des Experiments werden in die zweite Flasche einige Tropfen Universalindikator gegeben.

Auch bei der Verhüttung von Metallerzen fällt Schwefeldioxid in großen Mengen an. So werden z. B. bei der Kupfergewinnung die Sulfide Kupferkies $CuFeS_2$ und Kupferstein Cu_2S eingesetzt. Beim starken Erhitzen der Sulfide, dem sogenannten **Rösten**, reagiert z. B. Kupferstein in zwei Reaktionsschritten mit Sauerstoff zu Kupfer und Schwefeldioxid, das dann im weiteren Verfahren zur Schwefelsäure verarbeitet wird.

$$2\ Cu_2S + 3\ O_2 \longrightarrow 2\ Cu_2O + 2\ SO_2$$
$$2\ Cu_2O + Cu_2S \longrightarrow 6\ Cu + SO_2$$
$$\overline{3\ Cu_2S + 3\ O_2 \longrightarrow 6\ Cu + 3\ SO_2}$$

1 Kupferkies

AUFGABEN

1. Informiere dich z. B. in deinem Atlas, in welchen Ländern Schwefel abgebaut wird.
2. Informiere dich über die Entschwefelung von Erdöl mithilfe des CLAUS-Prozesses.
3. Wird Schwefeldioxid in Wasser geleitet, findet eine chemische Reaktion statt. Formuliere die Reaktionsgleichung.
4. Die Mineralölindustrie hat es sich zum Ziel gesetzt, den Schwefelanteil im Ottokraftstoff von maximal 0,015 % im Jahr 2000 bis zum Jahr 2005 auf maximal 0,005 % zu reduzieren.
Berechne die eingesparte Schwefeldioxidemission bei einem Ottokraftstoffverbrauch von 28,8 Mio. t (Deutschland, 2000).

Vom Schwefeldioxid zur Schwefelsäure

1 Anlage zur Herstellung von Schwefelsäure

Bildung von Schwefeltrioxid. Der nächste Schritt auf dem Weg zur Schwefelsäure ist die Oxidation von Schwefeldioxid zu Schwefeltrioxid. In dieser umkehrbaren Reaktion hat die Reaktionstemperatur eine wesentliche Bedeutung für die Ausbeute an Schwefeltrioxid. Bei Temperaturen über 600 °C zerfällt das gebildete Schwefeltrioxid wieder in die Ausgangsstoffe Schwefeldioxid und Sauerstoff. Wird eine niedrige Temperatur gewählt, so ist der Anteil an Schwefeltrioxid zwar hoch, die Reaktion verläuft jedoch sehr langsam. Erst durch den Einsatz eines Katalysators wird bei einer geeigneten Reaktionstemperatur von 420 °C eine maximale Ausbeute erzielt.

$$2\,SO_2 + O_2 \rightleftarrows 2\,SO_3 \mid \text{exotherm}$$

Das technisch bedeutendste Verfahren zur Herstellung von Schwefeltrioxid ist das **Kontaktverfahren**. Ein Gemisch aus Luft und Schwefeldioxid wird in einen so genannten Kontaktofen geleitet. Die Ausgangsstoffe werden über einen festen Katalysator, auch Kontakt genannt, bestehend aus Vanadiumoxid (V_2O_5) geleitet. Dabei wird Schwefeldioxid zu Schwefeltrioxid oxidiert. Da die Reaktion stark exotherm verläuft, muss das Gas nach jedem Durchlaufen einer Katalysatorschicht in Wärmeaustauschern auf 420 °C gekühlt werden. Beim Kontaktverfahren beträgt der Volumenanteil von Schwefeldioxid im Restgas noch etwa 1 %. Dieser Anteil kann verringert werden, indem das Gas im Doppelkontaktverfahren durch einen weiteren Kontaktofen geleitet und ebenfalls zu Schwefeltrioxid oxidiert wird.

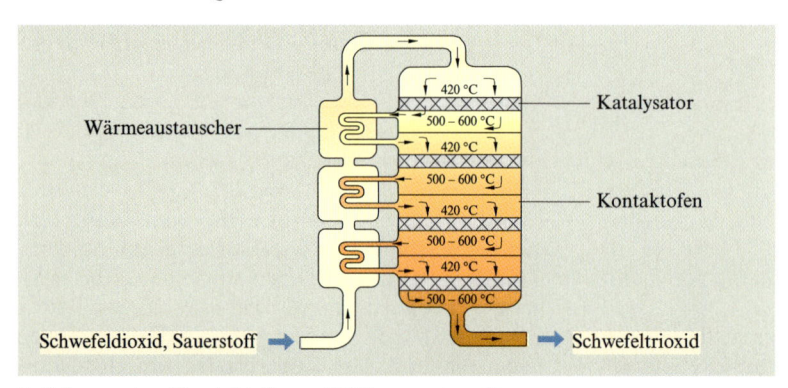

Schon gewusst?

Schwefeltrioxid ist unterhalb 17 °C ein weißer, fester Stoff, der in asbestartigen Nadeln kristallisiert. An der Luft bildet er dichte, weiße Nebel. Aufgrund seiner stark hygroskopischen Wirkung gehört flüssiges Schwefeltrioxid zu den gefährlichsten Arbeitsstoffen. Jeder Transport von Schwefeltrioxid benötigt in Deutschland eine Sondergenehmigung.

2 Schema eines Kontaktofens mit Wärmeaustauscher

Vom Schwefel zur Schwefelsäure

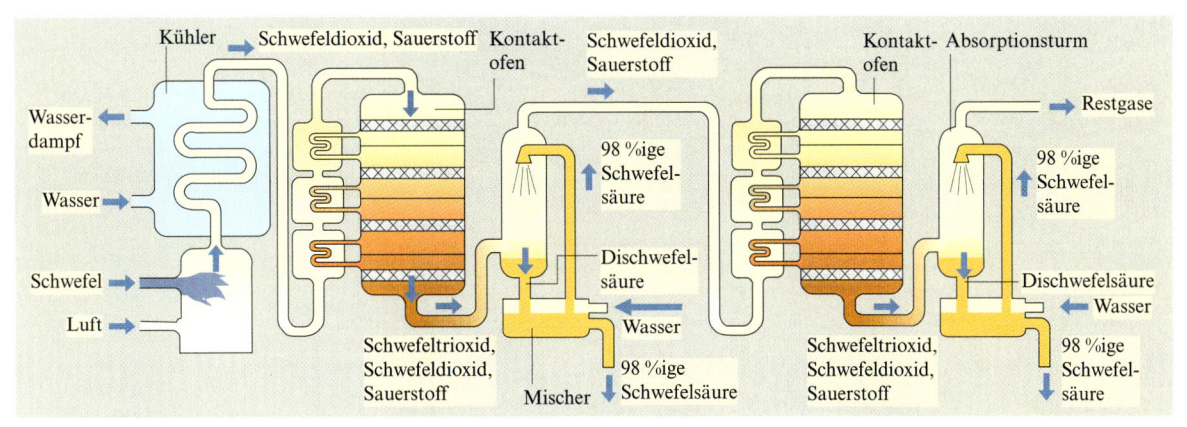

1 Doppelkontaktverfahren

Bildung von Schwefelsäure. Im letzten Verfahrensschritt entsteht in so genannten Absorptionstürmen Schwefelsäure. Schwefelsäure kann gebildet werden, indem Schwefeltrioxid in Wasser geleitet wird. Diese Reaktion verläuft jedoch sehr langsam, da Schwefeltrioxid mit Wasserdampf einen weißen Nebel bildet, der nur schlecht abzuscheiden ist. Wird Schwefeltrioxid statt in Wasser in konzentrierte Schwefelsäure eingeleitet, so reagiert es mit Schwefelsäure vollständig zu Dischwefelsäure $H_2S_2O_7$. Dischwefelsäure reagiert bei Zugabe von Wasser zu Schwefelsäure H_2SO_4.

$$SO_3 + H_2SO_4 \longrightarrow H_2S_2O_7$$
$$H_2S_2O_7 + H_2O \longrightarrow H_2SO_4$$

Bedeutung der Schwefelsäure. Obwohl uns die Schwefelsäure im Alltag selten direkt begegnet, ist sie eines der wichtigsten Produkte der chemischen Industrie. Im Jahr 2000 wurden in Deutschland 3,2 Mio. t Schwefelsäure hergestellt. Ein großer Anteil wird von der Düngemittelindustrie weiterverarbeitet. Dabei werden die in der Natur vorkommenden Minerale zunächst in leicht wasserlösliche Verbindungen umgewandelt. Hierzu werden sie mit Schwefelsäure aufgeschlossen. Weiter werden wichtige Stickstoffdünger künstlich hergestellt. So entsteht Ammoniumsulfat $(NH_4)_2SO_4$ beim Einleiten von Ammoniakgas in Schwefelsäure. Wenn Schwefelsäure mit Salpetersäure versetzt wird, bildet sich Nitriersäure. Nitriersäure wird bei der Herstellung von Sprengstoffen wie Trinitrotoluol (TNT) und Nitroglycerin eingesetzt. Schwefelsäure findet auch als Akkumulatorensäure, z. B. im Auto, und in der Waschmittelherstellung Verwendung.

2 Waschmittel

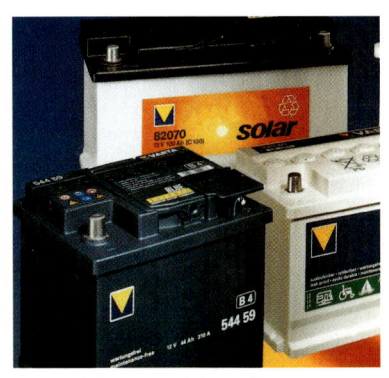

3 Kraftfahrzeugakkumulatoren

EXPERIMENT 4 [L]
Darstellung von Schwefelsäure.
Vorsicht! Abzug! Schutzbrille! Ein Schwefeldioxid-Luft-Gemisch (T) wird über einen erhitzten (Platin-) Katalysator geleitet. Das Reaktionsprodukt (Xi) wird durch drei Gaswaschflaschen geleitet. Die erste Flasche ist trocken, die zweite mit destilliertem Wasser und die dritte mit konzentrierter Schwefelsäure (C) gefüllt. Nach dem Versuch wird die Lösung in der zweiten Flasche auf Sulfat-Ionen getestet und ihr pH-Wert gemessen.

AUFGABEN

1. Erläutere, warum bei der Schwefelsäureherstellung das Schwefeltrioxid in konzentrierte Schwefelsäure und nicht in Wasser eingeleitet wird.
2. Bei der Verwendung von Schwefelsäure fällt als Produkt oft „Dünnsäure" an. Informiere dich über ihre Entsorgung und Aufarbeitung früher und heute.
3. Bei der Aufarbeitung verunreinigter Schwefelsäure wird diese häufig durch Erhitzen zersetzt. Formuliere die Reaktionsgleichung.

Vom Sand zum Glas

3000 m² Glas und Hightech: Von der 23 m hohen, 40 m breiten und 800 t schweren Kuppel des Reichstagsgebäudes in Berlin können die Besucher in den Plenarsaal des Deutschen Bundestages blicken. Gleichzeitig dient sie als Lichtquelle. Ein integriertes Sonnensegel aus 360 einzelnen Spiegeln sorgt für diffuses Tageslicht im Reichstagsgebäude.
Welche Eigenschaften hat Glas, die es in unserem täglichen Leben unentbehrlich machen? Warum ist es aus Forschung und Technik nicht mehr wegzudenken? Glas hat eine lange Tradition als Werkstoff. Wie entwickelte sich die Kunst der Glasherstellung? Wie können seine Eigenschaften gezielt verändert werden?

Glas – altbewährter Werkstoff

Glas in Natur und Geschichte. Überall, wo Gestein schmilzt und dann rasch erstarrt, findet sich in der Natur Glas. Die meisten Naturgläser sind vulkanischen Ursprungs. Obsidian – meist schwarz und hart – wurde in der Jungsteinzeit im Mittelmeerraum gehandelt. Aus diesem begehrten vulkanischen Glas ließen sich hervorragend scharfkantige Messer, Schaber und Pfeilspitzen herstellen.
Auch wenn sich ein Blitz in eine Sanddüne bohrt, schmilzt dort der Sand. Nach dem Erkalten bleibt eine Glasröhre im Sand zurück.
Wann und wo Menschen erstmals Glas herstellten, ist unbekannt. Funde belegen die Herstellung von Glas um 7000 v. Chr. durch Menschen der Jungsteinzeit. Vor über 4000 Jahren beherrschten die Menschen in Vorderasien und Ägypten die Herstellung farbiger Glasperlen. Erste Fensterscheiben verwendeten die Römer beim Bau ihrer Thermen. Die industrielle Glasproduktion begann etwa 2000 Jahre später in der Mitte des 18. Jh.

1 Obsidian – vulkanisches Glas

EXPERIMENT 1 [S]
Experimentiere mit Glasröhrchen.
Vorsicht! Schutzbrille! Glas zum Brechen nur mit Tuch anfassen! Ritze ein Glasröhrchen mit einem Glasrohrschneider. Umwickle das Röhrchen mit einem Tuch und halte es beidseitig etwa daumenbreit von der Ritzstelle entfernt. Knicke es mit leichtem Druck, sodass es an der Ritzstelle zerspringt. Schmelze die Schnittkanten in der nicht leuchtenden Brennerflamme rund.
Schmelze ein Glasröhrchen an einem Ende zu. Nimm es aus der Brennerflamme und blase vorsichtig in das Röhrchen hinein, sodass sich eine kleine Kugel bildet. Forme die erwärmte Kugel durch Drücken auf einem Stein oder einer Kachel.
Welche Eigenschaften des Glases sind für den Einsatz von Glasgeräten im Chemielabor wichtig?
Entsorgung: Glasreste in Sammelbehälter für Glasabfälle.

2 Durch einen Blitz entstandene Glasröhre im Sand (Höhe etwa 30 cm)

Vom Sand zum Glas

Im festen Zustand ist Glas äußerst spröde und zerbrechlich. Wird die Temperatur rasch geändert, können Spannungen im Glas entstehen, es bricht leicht. Glas wird beim Erhitzen weich und zähflüssig und lässt sich dann leicht formen und gestalten.

Entwicklung der Glasherstellung. In Ägypten entstanden 1500 v. Chr. die ersten Trinkgefäße und Vasen aus Glas. Dazu wurde ein **Lehm-Sand-Kern** an einem Stab befestigt und in einen Tiegel mit der Glasschmelze getaucht. Nach dem Erkalten konnte der Kern herausgekratzt werden. Durch Zugabe von Kupfer- und Cobaltsalzen färbten die Glasmacher ihre Gefäße.
Im 1. Jh. v. Chr. revolutionierte die **Glasmacherpfeife** die Kunst der Glasverarbeitung. Der Glasmacher holt mit einem langen Eisenrohr einen Glastropfen aus der Schmelze und bläst ihn zu einem Hohlkörper auf.
Das römische Reich sorgte für die rasche Entwicklung und Verbreitung der Glasherstellung. Die Glasmacherkunst verbreitete sich in die Provinzen, **Glashütten** entstanden auch in Köln und Trier.
Klöster und Kirchen wurden im Mittelalter zu den Hauptauftraggebern für Glas. In den baumreichen Mittelgebirgen Deutschlands entstanden **Waldglashütten**, die Trinkgläser und Fensterscheiben fertigten.
Im 14. bis 18. Jh. wurde Fensterglas aus so genanntem **Mondglas** gefertigt, dessen Herstellung viel Kraft und Geschicklichkeit erforderte. Hierbei heftete der Glasbläser zunächst die geblasene Kugel an einen Eisenstab und sprengte die Glasmacherpfeife ab. Er erweiterte die Öffnung der Kugel. Durch rasches Drehen des Stabes um seine Achse, das „Schleudern", weitete sich die offene Kugel zu einer Scheibe, dem Mondglas, auf. Die Glaser schnitten das Mondglas in rautenförmige Scheiben. Die dicke runde Scheibe in der Mitte gelangte als **Butzenscheibe** in den Verkauf.

Kontinuierliche Verfahren für Flachglas. Bahnbrechend war 1913 die Entwicklung des ersten kontinuierlichen Fertigungsverfahrens für klares, durchsichtiges Flachglas. Auf der Schmelze schwimmt ein langer, längs eingeschlitzter Schamottestein. Drückt man ihn in die Schmelze, so quillt flüssiges Glas oben aus dem Schlitz. Das honigzähe Glas wird an ein Fangeisen geklebt und zwischen Walzenpaaren in einem Kühlschacht langsam nach oben weggezogen. Fensterglas wurde bis in die 60er Jahre des 20. Jh. nach diesem **Ziehverfahren** gefertigt.
Für die Herstellung vollkommen ebener und klarer Glasscheiben hat sich das **Floatverfahren** durchgesetzt, das 1952 patentiert wurde. Die Glasschmelze schwimmt dabei auf flüssigem Zinn. In der bis zu 60 m langen Floatkammer sinkt die Temperatur des Glases von anfänglich 1000 °C auf 600 °C ab. Im Anschluss wird das Glas in einem Kühltunnel weiter abgekühlt und auf die gewünschten Scheibengrößen zugeschnitten. Moderne Floatglasanlagen können bis zu 3000 m² Glas pro Stunde fertigen.

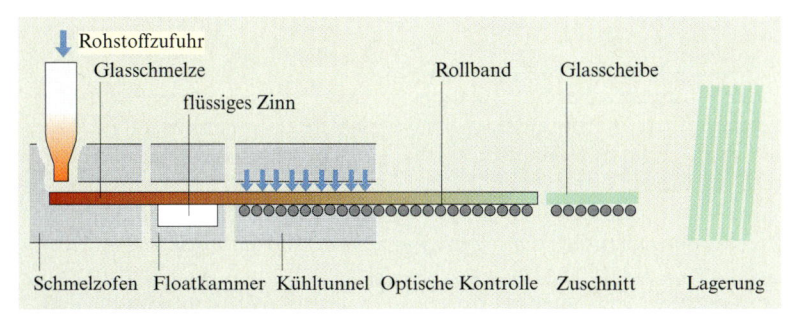

1 Schema des Floatverfahrens

2 Herstellung von Mondglas

3 Befeuerung der Schmelzwanne einer Floatglasanlage mit Erdgas

AUFGABEN

1. Notiere, wo dir im Alltag überall Glas begegnet. Überlege, welche Eigenschaften bei den Anwendungen eine Rolle spielen.
2. Informiere dich über die Schmelztemperatur von Quarzsand. Vergleiche sie mit der Temperatur eines Blitzes.
3. Waldglas wurde das grünliche Glas genannt, das im Mittelalter in den Wanderglashütten erschmolzen wurde. Als Grundlage dienten eisenhaltiger Sand und Pottasche. Warum mussten die einfachen Hütten häufig verlegt werden? Erkläre.
4. Ermittle die Schmelz- und die Siedetemperatur von Zinn und vergleiche sie mit anderen Metallen. Welche Aufgabe hat das flüssige Zinn beim Floatverfahren? Warum kann beim Floatverfahren nur Zinn eingesetzt werden?

Glas – ein moderner Werkstoff

◦ Siliciumatom ◦ Sauerstoffatom ○ Alkalimetall-Ion

1 Bergkristall, Quarzglas, Alkalisilicatglas und Molekülmodelle (zweidimensionale Ausschnitte)

Quarz – Grundstoff für Glas. Hauptbestandteil von Glas ist **Siliciumdioxid** SiO_2. Siliciumdioxid schmilzt bei 1710 °C. In der Natur kommt es als Sand, in Steinen wie Granit oder Sandstein und besonders rein als Bergkristall vor. Es tritt in unterschiedlichen Modifikationen auf. Die häufigste Modifikation ist der **Quarz**. Im Bergkristall liegt Siliciumdioxid als Quarz vor. Quarz ist hart, wasserklar und chemisch sehr reaktionsträge.

Im Kristallgitter des Quarzes ist jedes Siliciumatom mit vier Sauerstoffatomen verbunden. Die vier Sauerstoffatome bilden die Ecken eines Tetraeders mit einem Siliciumatom im Zentrum. Solche Tetraeder sind im Quarzkristall an den Ecken miteinander verknüpft, wobei jedes Sauerstoffatom zu zwei Tetraedern gehört. Dieses regelmäßige, mit der Struktur von Diamant vergleichbare Netzwerk bildet ein sehr stabiles Raumgitter.

Glas – eine erstarrte Flüssigkeit. Wird ein Quarzkristall stark erhitzt, so schmilzt er. Kühlt die Schmelze schnell ab, wird sie erst zähflüssig und erstarrt schließlich zu **Quarzglas**. Durch das schnelle Abkühlen kann das Siliciumdioxid nicht in der regelmäßigen Tetraederstruktur auskristallisieren. Die im flüssigen Zustand vorhandene Unordnung ist im Festkörper in einem ungeordneten Netzwerk eingefroren. Ein Glas ist entstanden. Hauptschwierigkeit bei der Herstellung von Quarzglas ist die Vermeidung der Kristallisation beim Abkühlen. Die Schmelze muss so schnell abkühlen, dass sich kein regelmäßiges Kristallgitter bilden kann. Erst so bildet sich ein **amorphes** Glas, d. h. ein Glas ohne kristalline Struktur – kein kristalliner Festkörper. Gläser besitzen keine feste Schmelztemperatur, sie erweichen innerhalb eines Temperaturbereiches.

Sand, Soda, Pottasche und Kalk – die Rohstoffe des Glases. Durch Zugabe von Flussmitteln wie Natrium- und Kaliumcarbonat sowie Calciumcarbonat wird die Schmelztemperatur des Stoffgemisches auf 1600 bis 1300 °C herabgesetzt. So lässt sich Glas wesentlich kostengünstiger herstellen. Durch weitere „glaswandelnde" Zusätze im Stoffgemisch Glas können die Eigenschaften von Glas wie Härte, Farbe, Transparenz, Lichtbrechung, Schmelztemperatur usw. gezielt verändert werden.

Auch wenn heute modernste wissenschaftliche Methoden zum Einsatz kommen, das Prinzip der Glasherstellung ist über die Jahrtausende gleich geblieben. Die genaue Zusammensetzung eines Glases ist allerdings oft ein gut gehütetes Geheimnis der Glasmacher.

Schon gewusst?

Obwohl Quarzglas relativ teuer ist, spielt es in der Chemie eine wichtige Rolle. Schalen, Tiegel und Destillierkolben aus Quarzglas sind schwer schmelzbar und äußerst beständig gegenüber Chemikalien. Quarzglasgeräte werden in der Großindustrie zur Konzentrierung von Schwefelsäure und zur Fabrikation von Salzsäure eingesetzt.

Schon gewusst?

Das älteste Glasrezept ist in Keilschrift auf einer Tontafel des assyrischen Königs ASSURBANIPAL (668 bis 627 v. Chr.) eingeritzt. Es lautet etwa so: „Nimm 60 Teile Sand, 180 Teile Asche aus Meerespflanzen, 5 Teile Salpeter und 3 Teile Kreide – und du erhältst Glas."

Vom Sand zum Glas

EXPERIMENT 2 [S] [Xi] [Xn]
Stelle ein Glas her und färbe es ein.
Vorsicht! Schutzbrille! Abzug! Mische 27 g Borsäure, 3 g Quarzpulver, 4 g Calciumcarbonat, 5 g Natriumcarbonat (Xi) und 11 g Lithiumcarbonat (Xn) sorgfältig in einem Mörser.
Erhitze einen Tiegel bis zur Rotglut. Fülle ihn mit 2 bis 3 Spatelspitzen des Gemisches. Füge nach dem Schmelzen weitere Portionen hinzu. Wiederhole den Vorgang, bis etwa 10 g Glas geschmolzen sind. Erhitze die Schmelze, bis sie keine Gasblasen mehr enthält. Überprüfe dies durch Entnahme einer Probe mit einem Magnesiastäbchen. Gieße die klare Schmelze auf ein heißes Eisenblech.
Notiere die Veränderungen während des Versuches und untersuche die kalte Schmelze auf typische Glaseigenschaften.
Mische unter 10 g des Gemisches sorgfältig 20 mg Kupfer(II)-oxid und 1 mg Kobalt(II)-oxid.
Experimentiere mit weiteren Metalloxiden, die dem restlichen Gemenge sorgfältig beigemischt werden. Beschreibe deine Beobachtungen.
Entsorgung: Glas in Sammelbehälter für Glasabfälle.

1 Borosilicatglas

2 Bleisilicatglas

Die wichtigsten Glasarten und ihre Verwendung. Ein wesentliches Merkmal von Glas ist seine chemische Zusammensetzung. So lässt sich die Vielfalt der Glasarten unterscheiden. 95 % des erschmolzenen Glases lassen sich den drei großen Gruppen Alkalisilicat-, Borosilicat- und Bleisilicatgläser zuordnen. Die restlichen 5 % sind Spezialgläser.

Glasart	Alkalisilicatgläser	Borosilicatgläser	Bleisilicatgläser
Handelsname	**Natron-Kalk-Glas:** Normalglas, Fensterglas, Spiegelglas, Flaschenglas **Kali-Kalk-Glas:** böhmisches Kristallglas, Kronglas **Natron-Kali-Kalk-Glas:** Thüringer Glas	**Bor-Tonerde-Glas:** Jenaer Glas, Duran-Glas, Pyrex-Glas	Bleikristallglas, Flintglas, Strass
Eigenschaften	lichtdurchlässig, porenfreie, glatte Oberfläche, starke Wärmeausdehnung, geringe Beständigkeit gegenüber Chemikalien und Temperaturänderungen	geringe Empfindlichkeit gegen Temperaturwechsel, hohe Beständigkeit gegenüber Chemikalien	sehr stark lichtbrechend
Verwendung	Trinkgläser, Flaschen, Konservengläser, Fensterglas, Spiegel, chemische Apparate (Thüringer Glas), Kronglas in der Optik	„feuerfestes" Glas (Jenaer Glas), Glühlampen, Laborgläser (Duran-Glas), Medizinische Ampullen (Injektionsfläschchen)	Geschliffene Trinkgläser, Karaffen und Vasen, optische Anwendungen

AUFGABEN

1. Bei der Glasherstellung bilden sich in der Schmelze Gasblasen, die für ein blasenfreies Glas vollständig ausgetrieben werden müssen (Läutern).
Welches Gas entweicht beim Läutern aus der Glasschmelze?
2. Erkunde die Eigenschaften und Einsatzgebiete von optischen Gläsern und Glasfasern.
3. Informiere dich z. B. im Internet über die verschiedenen modernen Einsatzgebiete von Glas.
4. Erkunde den Aufbau und die Wirkungsweise von Lichtleitern, wie sie in der Fernsehtechnik und in Endoskopen eingesetzt werden.
5. Informiere dich über die Eigenschaften von CERAN®-Kochfeldern.

Ausflug zu den Glasbläsern

1 Glasbläser bei der Arbeit

2 Fenster im Glasmuseum Weißwasser

Ob Hafenbauer, Glasschmelzer, Glasbläser oder Glasschleifer – die Glasmacherkunst verlangt Können und war lange Zeit Handarbeit.
Versetzt euch in die Arbeit der Glasmacher in den Werkstätten mit ihren speziellen Werkzeugen und Handgriffen. In den Museen zur Glasmacherkunst könnt ihr sie sehen. In noch arbeitenden Glashütten und in Schauglashütten könnt ihr den Glasmachern über die Schulter schauen oder euch sogar selbst einmal beim Glasblasen versuchen.

Für die Pioniere der Glasherstellung war die schlesische Oberlausitz eine wahre Fundgrube. Die Rohstoffe Holz und Sand, die Braunkohle zur Befeuerung der Schmelzöfen und die 1867 erbaute Eisenbahnlinie Berlin-Görlitz ließen eine stürmische Entwicklung der Region zu. 1873 wurde in der **Gemeinde Weißwasser** erstmals Glas geschmolzen. In den folgenden drei Jahrzehnten entwickelte sich hier der bedeutendste glasproduzierende Ort der Welt. Um die Jahrhundertwende waren es 11 Glasfabriken mit 40 Öfen sowie eine Porzellanfabrik, vier Glasraffinerien, eine Spiegelfabrik und eine Glasschablonenfabrik.

Im brandenburgischen Baruther Urstromtal war es ein kräftiger Sturm, der ausgedehnte Waldflächen niederriss und in der Folge die Holzpreise verfallen ließ. Dies war eine günstige Voraussetzung für die Entstehung einer Glashütte, denn Holz war für die Pottaschensiederei und die Feuerung der Öfen notwendig. Aus Pottasche und Sand entstand 1716 das grüne Waldglas. Später wurde hier das beste Milchglas hergestellt. Mitte des 19. Jahrhunderts hatte sich die **Baruther Glashütte** zur größten Glasfabrik der Provinz Brandenburg entwickelt – trotz der mächtigen Konkurrenz der **Lausitzer Glasfabriken**.

Am über 1400 °C heißen Ofen könnt ihr die Produktion selbst miterleben und vom Hüttenmeister in die chemischen und physikalischen Prozesse eingeweiht werden. In der **Hüttenanlage des Dorfes Glashütte** mit seinen Fachwerkhäusern aus den Anfängen des 18. Jahrhunderts könnt ihr euch ausführlich über Geschichte, Gegenwart und Zukunft der Glasproduktion informieren.

Ansprechpartner

Glasmuseum Weißwasser,
Glashüttenmuseum Neuhausen,
Museum für Glaskunst Lauscha,
Farbglashütte Lauscha,
Verein Glashütte,
Lausitzer Glaskompetenzzentrum

AUFGABEN

1. Organisiert einen Ausflug zu den Glasbläsern. Sammelt Fragen zur Glasherstellung.
2. In welchen Landschaften sind Glasfabriken zu finden? Nenne Beispiele.
3. Informiert euch über die Geschichte der Orte Weißwasser und Glashütte.
4. Stellt den Museumsbesuch in geeigneter Weise z. B. in einer Mappe oder auf einem Poster dar. Ein Vortrag könnte die Arbeit der Glasbläser und den Gebrauch der Werkzeuge erläutern. Auch die Arbeits- und Lebensbedingungen könnten dargestellt werden.

Anhang

Gefahrensymbole, Kennbuchstaben und Gefahrenbezeichnungen (Auswahl)

Die Gefahrenbezeichnungen werden durch die R-Sätze für die einzelnen Stoffe präzisiert (↗ unten).

T — **Giftige Stoffe (sehr giftige Stoffe T+)** verursachen durch Einatmen, Verschlucken oder Aufnahme durch die Haut meist erhebliche Gesundheitsschäden oder gar den Tod.
Was tun? Nicht direkt berühren! Unwohlsein sofort dem Lehrer melden!

Xn — **Gesundheitsschädliche Stoffe** können durch Einatmen, Verschlucken oder Aufnahme durch die Haut gesundheitsschädigend wirken.
Was tun? Nicht direkt berühren! Unwohlsein sofort dem Lehrer melden!

C — **Ätzende Stoffe** zerstören das Hautgewebe oder die Oberfläche von Gegenständen.
Was tun? Berührung mit der Haut, Augen und Kleidung vermeiden! Dämpfe nicht einatmen!

Xi — **Reizende Stoffe** haben Reizwirkung auf Haut, Augen und Atmungsorgane.
Was tun? Berührung mit Haut, Augen und Atmungsorganen vermeiden! Nicht einatmen!

F — **Leicht entzündliche Stoffe (hochent zündliche Stoffe F+)** entzünden sich von selbst an heißen Gegenständen. Zu ihnen gehören selbstentzündliche Stoffe, leichtentzündliche gasförmige Stoffe, brennbare Flüssigkeiten und Stoffe, die mit Feuchtigkeit brennbare Gase bilden.
Was tun? Vorsicht beim Umgang mit offenen Flammen und Wärmequellen! Keine Berührung mit brandfördernden Stoffen!

O — **Brandfördernde Stoffe** können brennbare Stoffe entzünden oder ausgebrochene Brände fördern.
Was tun? Kontakt mit brennbaren Stoffen vermeiden!

E — **Explosionsgefährliche Stoffe** können unter bestimmten Bedingungen explodieren.
Was tun? Schlag, Stoß, Reibung, Funkenbildung und Hitzeeinwirkung vermeiden!

N — **Umweltgefährliche Stoffe** sind sehr giftig, giftig oder schädlich für Wasserorganismen und können in Gewässern längerfristig schädliche Wirkungen haben. In der nichtaquatischen Umwelt sind sie giftig für Pflanzen, Tiere, Bodenorganismen und Bienen, können auf die Umwelt längerfristig schädliche Wirkungen haben und für die Ozonschicht gefährlich sein.
Was tun? Freisetzung der Stoffe in die Umwelt vermeiden, Stoffe der Problemabfallentsorgung zuführen!

Gefahrenhinweise (R-Sätze)

R 1 In trockenem Zustand explosionsgefährlich
R 2 Durch Schlag, Reibung, Feuer oder andere Zündquellen explosionsgefährlich
R 3 Durch Schlag, Reibung, Feuer oder andere Zündquellen besonders explosionsgefährlich
R 4 Bildet hochempfindliche explosionsgefährliche Metallverbindungen
R 5 Beim Erwärmen explosionsfähig
R 6 Mit und ohne Luft explosionsfähig
R 7 Kann Brand verursachen
R 8 Feuergefahr bei Berührung mit brennbaren Stoffen
R 9 Explosionsgefahr bei Mischung mit brennbaren Stoffen
R 10 Entzündlich
R 11 Leichtentzündlich
R 12 Hochentzündlich
R 14 Reagiert heftig mit Wasser
R 15 Reagiert mit Wasser unter Bildung hochentzündlicher Gase
R 16 Explosionsgefährlich in Mischung mit brandfördernden Stoffen
R 17 Selbstentzündlich an der Luft
R 18 Bei Gebrauch Bildung explosionsfähiger/leichtentzündlicher Dampf-Luft-Gemische möglich
R 19 Kann explosionsfähige Peroxide bilden
R 20 Gesundheitsschädlich beim Einatmen
R 21 Gesundheitsschädlich bei Berührung mit der Haut
R 22 Gesundheitsschädlich beim Verschlucken
R 23 Giftig beim Einatmen
R 24 Giftig bei Berührung mit der Haut
R 25 Giftig beim Verschlucken
R 26 Sehr giftig beim Einatmen
R 27 Sehr giftig bei Berührung mit der Haut
R 28 Sehr giftig beim Verschlucken
R 29 Entwickelt bei Berührung mit Wasser giftige Gase
R 30 Kann bei Gebrauch leichtentzündlich werden
R 31 Entwickelt bei Berührung mit Säure giftige Gase
R 32 Entwickelt bei Berührung mit Säure sehr giftige Gase
R 33 Gefahr kumulativer Wirkungen
R 34 Verursacht Verätzungen
R 35 Verursacht schwere Verätzungen
R 36 Reizt die Augen
R 37 Reizt die Atmungsorgane
R 38 Reizt die Haut
R 39 Ernste Gefahr irreversiblen Schadens
R 40 Verdacht auf krebserzeugende Wirkung
R 41 Gefahr ernster Augenschäden
R 42 Sensibilisierung durch Einatmen möglich
R 43 Sensibilisierung durch Hautkontakt möglich
R 44 Explosionsgefahr bei Erhitzen unter Einschluss
R 45 Kann Krebs erzeugen
R 46 Kann vererbbare Schäden verursachen
R 48 Gefahr ernster Gesundheitsschäden bei längerer Exposition
R 49 Kann Krebs erzeugen beim Einatmen
R 50 Sehr giftig für Wasserorganismen
R 51 Giftig für Wasserorganismen
R 52 Schädlich für Wasserorganismen
R 53 Kann in Gewässern längerfristig schädliche Wirkungen haben
R 54 Giftig für Pflanzen
R 55 Giftig für Tiere
R 56 Giftig für Bodenorganismen
R 57 Giftig für Bienen
R 58 Kann längerfristig schädliche Wirkungen auf die Umwelt haben
R 59 Gefährlich für die Ozonschicht
R 60 Kann die Fortpflanzungsfähigkeit beeinträchtigen
R 61 Kann das Kind im Mutterleib schädigen
R 62 Kann möglicherweise die Fortpflanzungsfähigkeit beeinträchtigen
R 63 Kann das Kind im Mutterleib möglicherweise schädigen
R 64 Kann Säuglinge über die Muttermilch schädigen
R 65 Gesundheitsschädlich: kann beim Verschlucken Lungenschäden verursachen
R 66 Wiederholter Kontakt kann zu spröder und rissiger Haut führen
R 67 Dämpfe können Schläfrigkeit und Benommenheit verursachen
R 68 Irreversibler Schaden möglich

Kombination der R-Sätze (Auswahl)

R 14/15 Reagiert heftig mit Wasser unter Bildung hochentzündlicher Gase
R 20/22 Gesundheitsschädlich beim Einatmen und Verschlucken
R 20/21/22 Gesundheitsschädlich beim Einatmen, Verschlucken und bei Berührung mit der Haut
R 21/22 Gesundheitsschädlich bei Berührung mit der Haut und beim Verschlucken
R 23/25 Giftig beim Einatmen und beim Verschlucken
R 23/24/25 Giftig beim Einatmen, Verschlucken und bei Berührung mit der Haut
R 24/25 Giftig bei Berührung mit der Haut und beim Verschlucken
R 36/37 Reizt die Augen und die Atmungsorgane
R 36/38 Reizt die Augen und die Haut
R 36/37/38 Reizt die Augen, Atmungsorgane und die Haut
R 50/53 Sehr giftig für Wasserorganismen, kann in Gewässern längerfristig schädliche Wirkungen haben
R 51/53 Giftig für Wasserorganismen, kann in Gewässern längerfristig schädliche Wirkungen haben
R 52/53 Schädlich für Wasserorganismen, kann in Gewässern längerfristig schädliche Wirkungen haben

Sicherheitsratschläge (S-Sätze)

- S 1   Unter Verschluss aufbewahren
- S 2   Darf nicht in die Hände von Kindern gelangen
- S 3   Kühl aufbewahren
- S 4   Von Wohnplätzen fernhalten
- S 5   Unter ... aufbewahren (geeignete Flüssigkeit vom Hersteller anzugeben)
- S 6   Unter ... aufbewahren (inertes Gas vom Hersteller anzugeben)
- S 7   Behälter dicht geschlossen halten
- S 8   Behälter trocken halten
- S 9   Behälter an einem gut gelüfteten Ort aufbewahren
- S 12 Behälter nicht gasdicht verschließen
- S 13 Von Nahrungsmitteln, Getränken und Futtermitteln fernhalten
- S 14 Von ... fernhalten (inkompatible Substanzen sind vom Hersteller anzugeben)
- S 15 Vor Hitze schützen
- S 16 Von Zündquellen fernhalten – Nicht rauchen
- S 17 Von brennbaren Stoffen fernhalten
- S 18 Behälter mit Vorsicht öffnen und handhaben
- S 20 Bei der Arbeit nicht essen und trinken
- S 21 Bei der Arbeit nicht rauchen
- S 22 Staub nicht einatmen
- S 23 Gas/Rauch/Dampf/Aerosol nicht einatmen (geeignete Bezeichnung(en) vom Hersteller anzugeben)
- S 24 Berührung mit der Haut vermeiden
- S 25 Berührung mit den Augen vermeiden
- S 26 Bei Berührung mit den Augen sofort gründlich mit Wasser abspülen und Arzt konsultieren
- S 27 Beschmutzte, getränkte Kleidung sofort ausziehen
- S 28 Bei Berührung mit der Haut sofort abwaschen mit viel ... (vom Hersteller anzugeben)
- S 29 Nicht in die Kanalisation gelangen lassen
- S 30 Niemals Wasser hinzugießen
- S 33 Maßnahmen gegen elektrostatische Aufladungen treffen
- S 35 Abfälle und Behälter müssen in gesicherter Weise beseitigt werden
- S 36 Bei der Arbeit geeignete Schutzkleidung tragen
- S 37 Geeignete Schutzhandschuhe tragen
- S 38 Bei unzureichender Belüftung Atemschutzgerät anlegen
- S 39 Schutzbrille/Gesichtsschutz tragen
- S 40 Fußboden und verunreinigte Gegenstände mit ... reinigen (Material vom Hersteller anzugeben)
- S 41 Explosions- und Brandgase nicht einatmen
- S 42 Bei Räuchern/Versprühen geeignetes Atemschutzgerät anlegen (geeignete Bezeichnung(en) vom Hersteller anzugeben)
- S 43 Zum Löschen ... (vom Hersteller anzugeben) verwenden (wenn Wasser die Gefahr erhöht, anfügen: „Kein Wasser verwenden")
- S 45 Bei Unfall oder Unwohlsein sofort Arzt hinzuziehen (wenn möglich, dieses Etikett vorzeigen)
- S 46 Bei Verschlucken sofort ärztlichen Rat einholen und Verpackung oder Etikett vorzeigen
- S 47 Nicht bei Temperaturen über ... °C aufbewahren (vom Hersteller anzugeben)
- S 48 Feucht halten mit ... (geeignetes Mittel vom Hersteller anzugeben)
- S 49 Nur im Originalbehälter aufbewahren
- S 50 Nicht mischen mit ... (vom Hersteller anzugeben)
- S 51 Nur in gut gelüfteten Bereichen verwenden
- S 52 Nicht großflächig für Wohn- und Aufenthaltsräume verwenden
- S 53 Exposition vermeiden – vor Gebrauch besondere Anweisungen einholen
- S 56 Dieses Produkt und seinen Behälter der Problemabfallentsorgung zuführen
- S 57 Zur Vermeidung einer Kontamination der Umwelt geeigneten Behälter verwenden
- S 59 Information zur Wiederverwendung/Wiederverwertung beim Hersteller/Lieferanten erfragen
- S 60 Dieses Produkt und sein Behälter sind als gefährlicher Abfall zu entsorgen
- S 61 Freisetzung in die Umwelt vermeiden. Besondere Anweisungen einholen/Sicherheitsdatenblatt zurate ziehen
- S 62 Bei Verschlucken kein Erbrechen herbeiführen. Sofort ärztlichen Rat einholen und Verpackung oder dieses Etikett vorzeigen
- S 63 Bei Unfall durch Einatmen: Verunfallten an die frische Luft bringen und ruhig stellen
- S 64 Bei Verschlucken Mund mit Wasser ausspülen (nur wenn Verunfallter bei Bewusstsein ist)

Kombination der S-Sätze (Auswahl)

- S 1/2   Unter Verschluss und für Kinder unzugänglich aufbewahren
- S 3/7   Behälter dicht geschlossen halten und an einem kühlen Ort aufbewahren
- S 3/9   Behälter an einem kühlen, gut gelüfteten Ort aufbewahren
- S 3/9/14   An einem kühlen, gut gelüfteten Ort, entfernt von ... aufbewahren (die Stoffe, mit denen Kontakt vermieden werden muss, sind vom Hersteller anzugeben)
- S 3/9/14/49   Nur im Originalbehälter an einem kühlen, gut gelüfteten Ort, entfernt von ... aufbewahren (die Stoffe, mit denen Kontakt vermieden werden muss, sind vom Hersteller anzugeben)
- S 3/9/49   Nur im Originalbehälter an einem kühlen, gut gelüfteten Ort aufbewahren
- S 3/14   An einem kühlen, von ... entfernten Ort aufbewahren (die Stoffe, mit denen Kontakt vermieden werden muss, sind vom Hersteller anzugeben)
- S 7/8   Behälter trocken und dicht geschlossen halten
- S 7/9   Behälter dicht geschlossen an einem gut gelüfteten Ort aufbewahren
- S 7/47   Behälter dicht geschlossen und nicht bei Temperatur über ... °C aufbewahren (vom Hersteller anzugeben)
- S 20/21   Bei der Arbeit nicht essen, trinken oder rauchen
- S 24/25   Berührung mit den Augen und der Haut vermeiden
- S 29/56   Nicht in die Kanalisation gelangen lassen; dieses Produkt und seinen Behälter der Problemabfallentsorgung zuführen.
- S 36/37   Bei der Arbeit geeignete Schutzhandschuhe und Schutzkleidung tragen
- S 36/37/39   Bei der Arbeit geeignete Schutzhandschuhe, Schutzkleidung und Schutzbrille/Gesichtsschutz tragen
- S 36/39   Bei der Arbeit geeignete Schutzkleidung und Schutzbrille/Gesichtsschutz tragen
- S 37/39   Bei der Arbeit geeignete Schutzhandschuhe und Schutzbrille/Gesichtsschutz tragen

Hinweise zur Arbeit mit Gefahrstoffen

Beim Arbeiten mit Chemikalien sind die geltenden Rechtsvorschriften (Chemikaliengesetz, Gefahrstoffverordnung, Technische Regeln für den Umgang mit Gefahrstoffen, Arbeits- und Unfallschutzvorschriften) einzuhalten. Dies gilt in gleichem Maße für die Entsorgung der beim Arbeiten anfallenden Gefahrstoffabfälle; das grundlegende Gesetz hierfür ist das Kreislaufwirtschafts- und Abfallgesetz.

Alle in diesem Buch bei Experimenten angeführten Gefahrstoffe werden in einer Liste am Anfang des Buches mit den jeweils zutreffenden R-, S- und E-Sätzen aufgeführt. Die Übersicht zur Entsorgung von Gefahrstoffabfällen auf der folgenden Seite stellt den prinzipiellen Ablauf der Behandlung und des Sammelns bis zur Entsorgung sowie der Übergabe der Gefahrstoffabfälle zur Sondermüllentsorgung dar. Die Behandlung und das Sammeln der Abfälle setzt solide Kenntnisse der Lehrerinnen und Lehrer voraus. Daher kann die Übersicht nur eine Orientierungshilfe sein.

Stoffe mit E 1
Natriumchlorid, Natriumcarbonat, Wasserstoffperoxidlösung
Verdünnen
Abwasser ▼

Stoffe mit E 2
Mineralsäuren, Essigsäure, Laugen
Neutralisieren
Abwasser ▼

Stoffe mit E 3
Eisen (Späne), Calciumcarbonat, Mangan(IV)-oxid, Aktivkohle
Hausmüll ▼

Stoffe mit E 4
Bleisalze
Als Sulfid fällen, Niederschlag absetzen lassen.
Niederschlag
Sammelbehälter I
„Anorganische Chemikalienreste" (T, C)
pH > 10 beachten!
Sondermüllentsorgung (evtl. Recycling)

Stoffe mit E 5
Fluoride, Oxalate
Mit Calciumchloridlösung fällen und Niederschlag abtrennen.
Flüssigkeit ▼   Feststoff ▼
Abwasser   **Hausmüll**

Stoffe mit E 7
Stickstoffdioxid, Chlorwasserstoff, Ammoniak
Abzug!
Wenn möglich, Stoffe absorbieren oder verbrennen.
Abluft ▼

Stoffe mit E 9
Roter Phosphor, Kohlenstoffdisulfid, Diethylether
In kleinsten Portionen *vorsichtig (!)* verbrennen; kleinste Kohlenstoffdisulfidmengen im Freien verdunsten lassen.
Abluft ▼

Stoffe mit E 10
halogenfrei
Lösemittelreste, z. B. Petroleumbenzin, Methanol, Toluol
Sammelbehälter II
„Organische Reste halogenfrei"
(F, T bzw. F, Xn)

halogenhaltig
Lösemittelreste, z. B. Bromethan, Trichlormethan
Sammelbehälter III
„Organische Reste halogenhaltig"
(F, T bzw. F, Xn)
Sondermüllentsorgung

Stoffe mit E 11
Nickelsalze, Cobaltsalze, Kupfersalze
Als Hydroxid fällen (pH = 8), Niederschlag absetzen lassen.
Flüssigkeit ▼   Schlamm ▼
Abwasser   **Sammelbehälter I**
„Anorganische Chemikalienreste" (T, C)
pH > 10 beachten!
Sondermüllentsorgung (evtl. Recycling)

Stoffe mit E 13
Silbersalze, Kupfersalze
Mit unedlem Metall (z. B. Eisen) behandeln, eine Nacht stehen lassen.
Flüssigkeit ▼   Metall ▼
Abwasser   **Recycling oder Sondermüllentsorgung**

Stoffe mit E 15
Calcium
Abzug!
Vorsichtig mit Wasser umsetzen, Gase verbrennen oder ableiten, Rückstände verdünnen.
Abwasser ▼

Stoffe mit E 16
Alkalimetalle, z. B. Natrium, Kalium
Mit Ethanol bzw. Butanol (Kalium) *vorsichtig* umsetzen; nach 1 bis 3 Tagen wie Stoffe mit E 2 weiterbehandeln (neutralisieren).
Abwasser ▼

Chlorwasser, Brom, Bromwasser, Iod
Mit Natriumthiosulfatlösung umsetzen.
Abwasser ▼

Chromsalze, Chromate
Mit Natriumhydrogensulfitlösung bei pH = 2 zu Chrom(III)-Salzlösung reduzieren; nach etwa 2 Stunden in den Sammelbehälter geben.
Sammelbehälter I
„Anorganische Chemikalienreste" (T, C)
Sondermüllentsorgung (evtl. Recycling)

Quecksilber, quecksilberhaltige Rückstände
Sammelbehälter
„Quecksilberreste" (T+)
(verschlossen aufbewahren)
Recycling oder Sondermüllentsorgung

Entsorgungsratschläge (E-Sätze)

E 1 Verdünnen, in den Ausguss geben (WGK 0 bzw. 1)
E 2 Neutralisieren, in den Ausguss geben
E 3 In den Hausmüll geben, gegebenenfalls im Polyethylenbeutel (Stäube)
E 4 Als Sulfid fällen
E 5 Mit Calcium-Ionen fällen, dann E 1 oder E 3
E 6 Nicht in den Hausmüll geben
E 7 Im Abzug entsorgen
E 8 Der Sondermüllbeseitigung zuführen (Adresse zu erfragen bei der Kreis- oder Stadtverwaltung), Abfallschlüssel beachten
E 9 Unter größter Vorsicht in kleinsten Portionen reagieren lassen (z. B. offen im Freien verbrennen)
E 10 In gekennzeichneten Behältern sammeln:
  1. „Organische Abfälle – halogenhaltig"
  2. „Organische Abfälle – halogenfrei"
  dann E 8
E 11 Als Hydroxid fällen (pH = 8), den Niederschlag zu E 8
E 12 Nicht in die Kanalisation gelangen lassen (S-Satz S 29)
E 13 Aus der Lösung mit unedlem Metall (z. B. Eisen) als Metall abscheiden (E 14, E 3)
E 14 Recycling-geeignet (Redestillation oder einem Recyclingunternehmen zuführen)
E 15 Mit Wasser vorsichtig umsetzen, frei werdende Gase absorbieren oder ins Freie ableiten
E 16 Entsprechend den speziellen Ratschlägen für die Beseitigungsgruppen beseitigen

Atombau der Elemente mit den Ordnungszahlen 1 bis 54

Periode	Protonenanzahl ≙ Ordnungszahl	Element Name	Symbol	Elektronenanzahl der Elektronenschale					
				1.	2.	3.	4.	5.	6.	7.
1	1	Wasserstoff	H	1						
	2	Helium	He	2						
2	3	Lithium	Li	2	1					
	4	Beryllium	Be	2	2					
	5	Bor	B	2	3					
	6	Kohlenstoff	C	2	4					
	7	Stickstoff	N	2	5					
	8	Sauerstoff	O	2	6					
	9	Fluor	F	2	7					
	10	Neon	Ne	2	8					
3	11	Natrium	Na	2	8	1				
	12	Magnesium	Mg	2	8	2				
	13	Aluminium	Al	2	8	3				
	14	Silicium	Si	2	8	4				
	15	Phosphor	P	2	8	5				
	16	Schwefel	S	2	8	6				
	17	Chlor	Cl	2	8	7				
	18	Argon	Ar	2	8	8				
4	19	Kalium	K	2	8	8	1			
	20	Calcium	Ca	2	8	8	2			
	21	Scandium	Sc	2	8	8+1	2			
	22	Titan	Ti	2	8	8+2	2			
	23	Vanadium	V	2	8	8+3	2			
	24	Chrom	Cr	2	8	8+4	2*			
	25	Mangan	Mn	2	8	8+5	2			
	26	Eisen	Fe	2	8	8+6	2			
	27	Cobalt	Co	2	8	8+7	2			
	28	Nickel	Ni	2	8	8+8	2			
	29	Kupfer	Cu	2	8	8+9	2*			
	30	Zink	Zn	2	8	8+10	2			
	31	Gallium	Ga	2	8	18	3			
	32	Germanium	Ge	2	8	18	4			
	33	Arsen	As	2	8	18	5			
	34	Selen	Se	2	8	18	6			
	35	Brom	Br	2	8	18	7			
	36	Krypton	Kr	2	8	18	8			
5	37	Rubidium	Rb	2	8	18	8	1		
	38	Strontium	Sr	2	8	18	8	2		
	39	Yttrium	Y	2	8	18	8+1	2		
	40	Zirconium	Zr	2	8	18	8+2	2		
	41	Niob	Nb	2	8	18	8+3	2*		
	42	Molybdän	Mo	2	8	18	8+4	2*		
	43	Technetium	Tc	2	8	18	8+5	2		
	44	Ruthenium	Ru	2	8	18	8+6	2*		
	45	Rhodium	Rh	2	8	18	8+7	2*		
	46	Palladium	Pd	2	8	18	8+8	2*		
	47	Silber	Ag	2	8	18	8+9	2*		
	48	Cadmium	Cd	2	8	18	8+10	2		
	49	Indium	In	2	8	18	18	3		
	50	Zinn	Sn	2	8	18	18	4		
	51	Antimon	Sb	2	8	18	18	5		
	52	Tellur	Te	2	8	18	18	6		
	53	Iod	I	2	8	18	18	7		
	54	Xenon	Xe	2	8	18	18	8		

* Bei diesen Elementen bestehen Abweichungen in der Anordnung der Elektronen.

Register

f. nach der Seitenzahl bedeutet „und folgende Seite",
ff. „und folgende Seiten".

A
Abbinden 99
Acrylfasern 45
Alabaster 101
Alanin 15 f., 32
Alkalimetalle 58
Alkalisilicatgläser 111
Aminogruppe 15
Aminosäuremoleküle 32
Aminosäure 15 f.
–, Alanin 15 f., 32
–, Cystein 15 f., 32
–, Eigenschaften 15
–, essenzielle 16
–, Glutaminsäure 15 f.
–, Glycin 15 f., 32
–, Lysin 15 f.
–, Nachweis 15
–, nicht essenzielle 16
–, Phenylalanin 16
–, Serin 15 f.
–, Valin 15 f.
Ammoniak 66, 68 ff., 82 f., 88
–, Bau 68
–, Bedeutung 68
–, Bildung 69
–, Eigenschaften 69
–, Modell und Formel 68
–, Nachweis 69
–, Oxidation 82
–, Verbrennungsofen 83
–, Vorkommen 68
Ammoniaksynthese 70 ff., 88
–, Geschichte 72
–, Grundlagen 70
–, Hin- und Rückreaktion 70
–, Katalysator 71
–, Kreislaufprinzip 71
–, Reaktionsbedingungen 71
–, thermischer Gegenstrom 71
Ammoniumcarbonat 76
Ammoniumchlorid 67, 74 ff., 77
Ammoniumhydrogencarbonat 76
Ammoniumhydrogenphosphat 76
Ammonium-Ion 75
Ammoniumnitrat 76
Ammoniumsulfat 76
Ammoniumverbindungen 74 ff., 88

Ammoniumverbindungen, Bildung 75
–, Eigenschaften 76
–, Verwendung 76 f.
amorph 110
Amphoterie 57, 64
Amylopektin 25
Amylose 25
Atombindung 40, 63, 68
–, polar 79
Atome 50 f.
–, Bau 50 ff.
Atomhülle 51 f.
Außenelektronen 51
ASSURBANIPAL 110

B
BAEKELAND, HENDRIK 41
Bakelit 36, 41, 48
Ballaststoff 27
Barytwasser 59
Baumwollkapsel 26
Baustoff 98, 102
Beilsteinprobe 39
Benzin 95
Bergkristall 110
Beton 100
BIURET-Reaktion 17, 28
Blasformen 97
Bleikristallglas 111
Bleisilicatgläser 111
BOISBAUDRAN, PAUL-EMILE L. DE 53
Borosilicatgläser 111
Bor-Tonerde-Glas 111
BOSCH, CARL 72
Branntkalk 99
BRAUN, KARL FERDINAND 70
Bulimie 31
Buta-1,3-dien 43
Butzenscheibe 109

C
Calcit 98
Calcium 59
Calciumcarbonat 98 f., 110 f.
Calciumhydroxid 102
Calciumnitrat 67
Calciumoxid 99
Calciumsulfat-Dihydrat 101
Carbonsäure 15
Carboxylgruppe 15 f.

CAROTHERS, WALLACE H. 44
Cellulose 24, 26 f.
–, Bau 27
–, Bedeutung 27
–, Eigenschaften 27
–, Gewinnung 26
–, Nachweis 26
Cellulosefasern 27
CHARDONNET, HILAIRE DE 44
Chemiefasern 44 f., 48
Chilesalpeter 67, 72, 83 f.
Chlorierung 96
Cracken 95
–, katalytisches 95
–, thermisches 95
CROOKES, WILLIAM 72
Cystein 15 f., 32

D
Denaturierung 14
Destillation 95
–, fraktionierte 95
Dipeptide 16
Direktchlorierung 96
Disaccharid 21
Dischwefelsäure 107
Distickstoffmonooxid 78
Distickstofftetraoxid 78
DOEBEREINER, JOHANN W. 52
Doppelkontaktverfahren, Schwefelsäuresynthese 107
Duran-Glas 111
Duroplast 36, 40 f., 48
–, Eigenschaften 40
–, Verwendung 40
–, Struktur 40
–, Verarbeitung 41

E
Edelstahl 93
Einfachzucker 19
Eisen 90 ff.
Eiweißbedarf 17
Eiweiße 13 ff., 17, 32, 68
–, Abbau 17, 32
–, Bau 17
–, Denaturierung 14
–, Hydrolyse 17
–, Nachweis 17, 81
–, pflanzliche 14
–, tierische 14

Elastomere 36, 42 f., 48
–, Eigenschaften 42
–, Struktur 42
Elastomere, Verarbeitung 43
Elektronen 50 f.
Elektronenanordnung 51
Elektronenoktett 51, 67
Elektronenschale 51
Elektrostahlverfahren 92
Elemente 50 f.
Elementgruppe 62, 64
Eliminierung 96
Energiebedarf 31
Energieniveau 51
Energiestufen 51
Erdalkalimetalle 59
Erdöl 94 f.
Ernährung 30
Ess-Brech-Sucht 31
Essen 30
Essgewohnheiten 30
Ethen 94 ff.
Extruder 39, 97

F
FCKW 62
Fehlernährung 31
FEHLING'sche Lösung 20, 25, 28
Fette 10 ff., 32
–, Bildung 12
–, Abbau 12, 32
–, Eigenschaften 11
–, pflanzliche 11 f.
–, tierische 11 f.
fettes Öl 11
Fettfleckprobe 10 f.
Fettmolekül 12, 32
Fettsäuren 12
–, essenzielle 12
–, gesättigte 12
–, Linolensäure 12
–, Linolsäure 12
–, Ölsäure 12
–, ungesättigte 12
Flachglas 109
Flintglas 111
Floatverfahren 109
Fraktion 95
FRASCH-Verfahren 104
Fruchtzucker 18, 20
Fructose 18 f., 21, 32

–, Bau 19, 32
–, Eigenschaften 18 f.
–, Nachweis 19

G
Gangart 90
Gerüstsubstanz 26
Gesamtenergiebedarf 31
Gesetz der Periodizität 52, 54 f., 64
Gichtgas 90
Gips 98, 101
Gipsguss 102
Glas 108 ff.
–, Herstellung 109, 112
Glashütte 109, 112
Glasmacherpfeife 109
Glucose 18 f., 21, 25, 27 f., 32
–, Bau 19, 32
–, Eigenschaften 18 f.
–, Nachweis 19
Glutamin 16
Glutaminsäure 15 f.
Glycerol 12, 32
Glycerolester 12
Glycin 15 f., 32
GOODYEAR, CHARLES 42
Granit 110
Gruppeneigenschaften 58 ff., 62
Gummi 36, 42 f., 48

H
HABER, FRITZ 72
Halogene 62 f.
Halogenide 63
Hanffaser 26
Hartgummi 43
Hart-PVC 39, 97
Hauptgruppenelemente 53 ff.
Hauptnährstoffe 86
Haushaltszucker 20, 22
HDPE 38
Hochofen 90 f.
Hydrierung 47
Hydrolyse 17, 21, 25, 27
Hydronium-Ion 75

I
Iod-Kaliumiodid-Lösung 24
Isomere 19

J
Jenaer Glas 111

K
Kalander 97
Kali-Kalk-Glas 111
Kaliumcarbonat 110
Kaliumnitrat 67
Kalk 99
Kalkbrennen 99
Kalkkreislauf, technischer 99
Kalklöschen 99
Kalkmörtel 98 f.
Kalkstein 98 f.
Kalkwasser 59

Karamell 23
Kartoffelstärkekörner 24
Kautschuk 36, 42 f.
–, Natur- 42 f.
Kautschuk, synthetischer 43
Ketogruppe 19
Kohlenhydrate 9, 18 f., 30 f., 32
Kohlenstoff 60
Kohlenstoffdioxid 99
Kohlenstoffmonooxid 90 f.
Kondensation 21, 25, 27, 40
Königswasser 81
Kontaktofen, Ammoniaksynthese 71
Kontaktverfahren, Bildung von Schwefeltrioxid 106
Kreide 98
Kristallin 110
Kristallwasser 101
Krokant 20
Kunstharz 41
Kunststoffabfall 45 f.
Kunststoffe 33 ff., 48
–, als Werkstoffe 35
–, Eigenschaften 34 f., 36
–, Einteilung 36, 48
–, Recycling 46 ff.

L
Lachgas 78
Lactose 21
Latex 42
LDPE 38, 46
LD-Verfahren 92
LE CHATELIER, HENRY 70
Leistungsumsatz 31
LIEBIG, JUSTUS VON 73, 86
LINDE-Verfahren 67
Linolensäure 12
Linolsäure 12
Löschkalk 99
Luft, flüssige 67
Luftschadstoffe 79
Lysin 15 f.

M
MACINTOSH, CHARLES 42
Magersucht 31
Magnesium 59
Makromoleküle 25, 36 f., 39 f., 42
Maltose 21
Malzzucker 21
MARGGRAF, A. S. 23
Marienglas 101
Marmor 98 f.
Mauersalpeter 67
MENDELEJEW, DMITRI 52 f.
MEYER, LOTHAR 52
Mikrofaser 45
Milchzucker 21
Mineraldüngung 86
Mineralstoffe 86
MITTASCH, PAUL ALWIN 72
Modifikation 104
Mondglas 109

Monochlorethen 96
Monomere 36 f., 48
Monosaccharide 19, 21, 25, 27, 32

N
Nachweismittel 59
Nährstoffe 25, 28 ff., 32
–, Energiegehalt 31
–, im Stoffwechsel 32
Nahrung 9, 17, 30
–, Grundbestandteile 30
Nahrungsbeziehungen 87
Nahrungskette 87
Nahrungsmittel 16, 21, 27 ff., 32, 85
Nahrungsnetze 86 f.
Natrium 58
Natriumcarbonat 110 f.
Natriumnitrat 67, 72
Natron-Kali-Kalk-Glas 111
Natron-Kalk-Glas 111
Naturkautschuk 42 f.
Naturseide 44
Naturstoffe 9 ff., 32, 36
Nebengruppen 53
Nebengruppenelemente 53, 64
Neoprene® 43
NEWLANDS, ALEXANDER 52
Nitrate 84 f., 88
–, als Schadstoffe 85
–, Eigenschaften 84 f.
–, Massenanteil in Nahrungsmitteln 85
–, Nachweis 85
–, Verwendung 85
Nitrifikation 85
Nitrophoska-Dünger 86
Nitrose Gase 78
Nylon® 44 f.

O
Obsidian 108
Ölsäure 12
organische Düngung 84, 86
OSTWALD, WILHELM 82
Oxochlorierung 96

P
PEAL, SAMUEL 42
Peptide 16
Peptidgruppe 16 f.
Periodensystem der Elemente 49 ff., 52 ff., 64
Periodizität 52
–, Gesetz der 52, 54 f., 64
Perlon® 44 f.
PET 35, 47
Phenoplast 36, 40 f.
Phenylalanin 16
polare Atombindung 79
Polyamid 44 f.
Polyamidfaser 45
Polycarbonat 34
Polyesterfasern 45
Polyethylen 36, 38 f., 46, 48

Polyethylenterephthalat 47
Polykondensation 40 f., 48
Polymere Stoffe 36, 48, 60 f., 64
Polymerisate 38
Polymerisation 38, 43, 48
Polypeptide 16 f.
Polysaccharide 25, 27
Polystyrol 36, 48
Polyvinylchlorid 39, 62, 94 ff.
–, Bildung 96
– Verarbeitung 97
Pottasche 110
Pressstoffe 41
Prinzip des kleinsten Zwangs 70 f.
Protonen 50
Protonenübergang 75
PVC 36, 39, 62, 94 ff., 96 f.
–, Hart-PVC 39, 97
–, Weich-PVC 39, 97
Pyrex-Glas 111
Pyrolyse 47

Q
Quarz 110 f.
Quarzglas 110

R
Raumgitter 110
Reduktionsmittel 90 f.
Roheisen 90 ff.
Rohöl 94 f.
Rohrzucker 20
Rübenzucker 20

S
Saccharide 18
Saccharose 20 f., 23
Salmiak 67, 76
Salmiakgeist 68
Salpeter 67, 84
Salpetersäure 80 ff., 88
–, Eigenschaften 81
–, konzentrierte 81, 88
–, rauchende 81
–, technische Herstellung 82 f.
–, verdünnte 81, 88
–, Verwendung 81
Salpetersäureanlage 83
Sandstein 110
Sauerstoff 66 f.
Säureamid-Gruppe 44
SCHLACK, PAUL 44
Schlacke 90
Schwefel 103 ff.
Schwefeldioxid 104 ff.
Schwefelsäure 103 f., 106 f.
Schwefeltrioxid 106 f.
SELIWANOFF-Reagenz 23
Serin 15 f.
Silicium 36, 61
Siliciumdioxid 110
Silicone 37
Soda 110
Spannbeton 100

Spritzgießen 97
Spurenelemente 86
Stahl 90 ff., 93
Stahlbeton 100
Stärke 24 f.
–, Bau 25
–, Eigenschaften 24
–, Nachweis 24
–, Nährstoff 25
Stärkekörner 29
Stickstoff 65 ff., 88
–, Bau 67
–, Darstellung 67
–, Eigenschaften 66
–, Kreislauf 73
–, Vorkommen 67
Stickstoffdioxid 78 f., 82 f.
Stickstoffdüngemittel 66, 72, 76, 85
Stickstoffmonooxid 78 f., 82 f.

Stickstoffoxide 78 f., 88
–, Bau 79
–, Bildung 78
–, Eigenschaften 79
–, Luftschadstoffe 79
–, Verwendung 78
Stickstoffumsatz, im Boden 87
Stickstoffverbindungen 86
Strangpressen 97
Strass 111
Stuckgips 101
Styropor® 36
Sulfide 105
Summenformel 21, 25
–, Disaccharide 21
–, Stärke 25
Suspensionspolymerisation 96

T
Tetraeder 110
Thermoplast 36, 38 f., 48
–, Struktur 39
–, Verarbeitung 39
Thüringer Glas 111
Ton 98, 100
Traubenzucker 18, 20

V
Vakuum-Destillation 95
Valin 15 f.
van-der-Waals-Kräfte 39
Vielfachzucker 25
Vinylchlorid 96
Volldünger 86
Vulkanisation 42 f.

W
Weichgummi 43
Weich-PVC 39, 97
Werkzeugstahl 93
Winkler, Clemens 53

X
Xanthoproteinreaktion 17, 28, 81

Z
Zement 98, 100, 102
Zementmörtel 100
Ziehverfahren 109
Zucker 18, 22
Zuckercouleur 23
Zuckergewinnung 22
Zuckerrohr 20
Zuckerrübe 22 f.
Zweifachzucker 20 f.

Abbildungsverzeichnis

Airbus Deutschland: 35/5, 40/2; akg-images, Berlin: 44/3; Aktionsforum Glasverpackung, Saarbrücken, 110/1 rechts; Albrecht, T., Berlin: 89/links; 103; Arbeitsgemeinschaft PVC und Umwelt e.V., Bonn: 34/1, 38/2; archiv-berlin/J. Henkelmann: 100/1; Augenklick/Baumann: 35/1; Bao, Huiming, Baton Rouge: 83/3; BASF AG, Ludwigshafen: 36/2, 70/1, 72/Hintergrund, 83/1,2; Bayer AG, Leverkusen: 106/1; Bilderbox/E. J. Wodicka: 98/oben, 100/2; BMO-Baustoffwerke Münster-Osnabrück, Holdorf: 102/2; Brinkop, A., Kolkwitz: 112/1; COMPO GmbH, Münster: 86/2, 86/5; Corbis/L. Lefkowitz: 59/1; Deutsche Bahn AG: 37/3; Deutsches KunststoffMuseum, Düsseldorf, Studio Menzel: 41/1 links, 41/3; Deutsches Technikmuseum, Zucker-Museum, Berlin: 22/1, 23/1; DHV, Gmund am Tegernsee: 44/2; dkr, Köln: 46/3; DLR, Berlin-Adlershof: 68/2, 104/oben; Döring, V., Hohen Neuendorf: 12/1, 18/E11, 24/2, 30/1, 31/1, 38/3, 39/E2, 42/2, 58/1, 58/unten, 62/1–3, 63/Mitte, 75/1, 78/1,3, 80/1, 81/1,2, 84/E11, 93/1, 107/2, 113; dpa/Berlin Picture Gate: 60/2; dpa-Bildarchiv: 36/1, 37/1, 68/oben, 84/1, 90/oben; Duales System Deutschland AG: 46/1; EVC, European Vinyls Corporation: 97/1; Fischer, R., Berlin: 9/Vordergrund, 33; Fotoatelier H.-J. Mock, Mühlhausen: 77/2, 106/rechts; GAFF Fotoarchiv/P. Adenis: 40/1; Gerolsteiner Brunnen GmbH, Gerolstein: 35/3; Gira Giersiepen GmbH & Co. KG, Radevormwald: 41/1 rechts; Glasmuseum Weißwasser/O. L.: 112/2; Grospietsch, T., Berlin: 43/2; Helga Lade Fotoagentur: 78/2; Hilleberg The Tentmaker AB: 37/2; Hooge, H., Gleichen-Benniehausen: 79/2; imageshop.com: 11/1; Industriegruppe Baugipse, Darmstadt: 102/1; Institut für Gesteinshüttenkunde, RWTH Aachen/H. Reuter, W. Remarque: 99/1; Klopfer, K., Potsdam: 10/2, 20/2; Knopfe, M., Freiberg: Einband, 61/1,3, 89/rechts, 110/1 links; Köhler, F., Bornheim: 68/1; Kretschmer, K., Berlin: 98/1; Kreutzmann, Premnitz: 45/2; Landesarchiv Berlin/B. Esch-Marowski: 108/oben; Ludwig Preiß Industrie- und Pressedienst GmbH, Berlin: 92/3; Lufthansa AG: 55/1; Malzahn, H., Berlin: 60/3; Manufaktum, Waltrop: 53/1,2; Messer Griesheim GmbH, Krefeld: 66/1; Mineralogie Universität Bremen: 3/oben, 61/2, 101/1, 105/1; Nayhauß, D. v., Berlin: 16/1, 20/1, 21/1,2, 27/3, 37/4, 85/1, 94/oben, 101/2, 108/1; OKAPIA, Frankfurt/M.: 27/2; OSRAM GmbH, München: 66/3; Panasonic, Hamburg: 34/2; Phywe Systeme GmbH, Göttingen: 56/1; Pilkington Holding GmbH, Essen: 109/3; Salzgitter AG: 91/2, 92/1; Schott Glas, Mainz: 111/1; Schuster, R., Greifswald: 26/1, 86/1; Seilnacht, T., Mühlheim: 104/1; Siemens AG, München: 55/2; Simeon, R., Baden-Baden: 60/1, 72/1, 108/2; StockFood Munich/H. Banderob: 77/1; Superbild Bildagentur, Berlin: 10/1, 65/Vordergrund; Sympatex Technologies GmbH, Wuppertal: 35/2, 45/1; Theuerkauf, H. Gotha: 9/Hintergrund, 14/3, 17/1, 22/2, 24/1, 28/1; ullstein bild, Berlin: 35/4, 42/1, 44/1, 72/2; Varta Batterie AG, Hannover: 107/3; Vinnolit Kunststoff GmbH, Ismaning: 96/2; Wacker Silitronic, Burghausen: 61/4; Wick, H., Bad Camberg: 38/1; zefa visual media: 11/oben, 14/1, 18/oben, 26/oben

Die nicht aufgeführten Bilder entstammen dem Archiv des Verlages.